제36회 공인중개사 시험대비 **전면개정판**   동영상강의 www.pmg.co.kr

박문각 공인중개사

브랜드만족
1위
박문각

20
25

근거자료
별면표기

서석진 그림민법

서석진 편저

- 어렵고 방대한 민법의 체계화
- 기출테마를 캐릭터&스토리텔링한 그림으로 한눈에 파악
- 관념적이고 추상적인 법률용어와 법률관계를 시각화
- 치밀한 기출분석을 통한 출제차수 표시로 난이도 파악 가능

박문각

이 책의 머리말

강의를 시작한 지 10년쯤 되던 해에 문득 이런 생각이 들었습니다.
'학생들은 왜 이토록 민법을 어려워할까? 어떻게 하면 민법을 좀 더 쉽게 이해시킬 수 있을까?'
고민 끝에 찾은 해답은 '내 머릿속에 있는 것들을 그림으로 그려 보여주자!'였고, 그 실행을 위해 만든
것이 바로 이 책, 「그림민법」입니다.

이 독특한 방식의 교재는 제 자신도 놀랄 정도로 좋은 반응을 얻었고, 지난 10년간의 시험을 통해
실전에서의 효과도 충분히 검증되었습니다.

이 책의 특징은 다음과 같습니다.

01 시험에 출제되는 대부분의 주제를 캐릭터와 스토리가 있는 그림으로 보여주어 관념적이고
추상적인 법률용어나 법률관계를 눈에 보이는 형태로 바꾸어 놓았습니다. 특히 이 책의 모든
캐릭터는 제가 직접 일러스트 작가와 소통하여 만든 것으로, 학습자들의 이해와 기억에 효과
적으로 작용할 것입니다.

02 이 책이 그림을 강조한다고 해서 글 부분이 약한 것은 결코 아닙니다. 시험에 필요한 내용을
빠짐없이 압축하고 정리하여, 읽으면 읽을수록 치밀하게 정리된 글 부분도 그림 못지않은 이
책의 강점으로 느껴질 것입니다.

03 시각적 편의성을 중시했습니다. 책을 펼쳤을 때 관련 내용이 양쪽 페이지에 모두 보이도록
하고, 가능하면 한 주제가 다음 페이지로 넘어가지 않도록 구성했습니다. 줄바꿈도 어절 단
위로 하여 읽는 흐름이 자연스럽게 이어지도록 하였습니다.

04 '기출차수 본문 표시'는 다른 수험서에서 보기 힘든 「그림민법」만의 새로운 시도입니다. 13회 시험 이후의 기출문제를 분석해 출제 차수를 본문에 직접 표시하여, 책만 보아도 중요한 부분이 어디인지를 쉽게 알 수 있도록 하였습니다. 이제 「그림민법」은 기출문제의 모든 좌표를 담은 지도이자 빅데이터로서, 합격을 목표로 하는 수험생들에게 훌륭한 나침반이 되어 줄 것입니다.

이 책이 여러분의 험난한 여정에 작은 등불이 되기를 진심으로 기원합니다.

도전하고 성취하십시오.

You can do it!

편저자 서석진

이 책의 등장인물

쓰레기

그림민법의 남자 주인공입니다. 하는 짓이 쓰레기라 이름도 '쓰레기'입니다. 쓰레기가 좌충우돌하면서 일으키는 많은 사건들을 통해 우리는 민법을 배우게 됩니다.

그림민법의 여자 주인공입니다. 최근에 공인중개사 시험에 합격했고 주로 삼촌의 대리인으로 활약합니다. 꽤 예쁘지만 약간의 똘끼가 있는 4차원의 캐릭터입니다.

수진이

그 외 등장인물

매우 엄한 성격으로 사고를 친 쓰레기를 팬더로 만들어 버립니다. 아들 때문에 속을 썩다 결국 도중에 돌아가십니다.

쓰레기 아빠, 수진이 삼촌

중년 남자

일인다역을 하는 인물로 대부분의 사례에서 부동산거래를 하는 보통의 중년 남자로 등장합니다.

일인다역을 하는 인물로 대부분의 사례에서 부동산거래를 하는 보통의 중년 여자로 등장합니다.

중년 여자

CONTENTS

이 책의 차례

PART
02

물권법

CONTENTS

이 책의 차례

PART

04

민사특별법

공인중개사 민법 시험범위

총칙 　　물권 　　계약 　　특별법

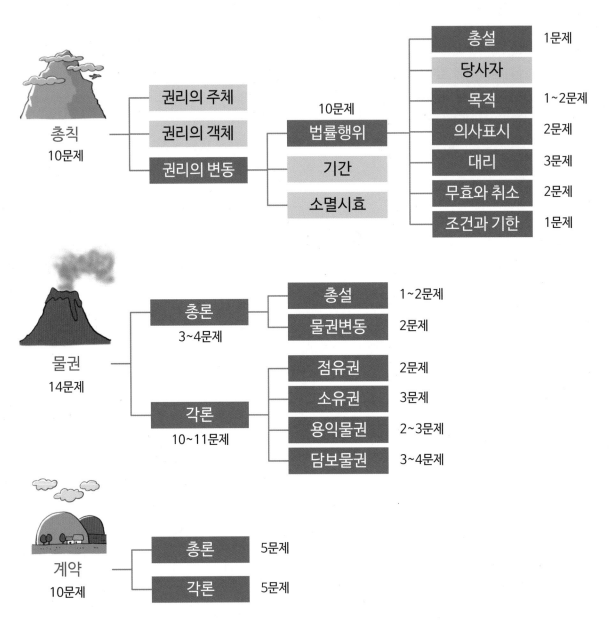

총칙
10문제

- 권리의 주체
- 권리의 객체
- 권리의 변동

　　10문제
- 법률행위
- 기간
- 소멸시효

총설	1문제
당사자	
목적	1~2문제
의사표시	2문제
대리	3문제
무효와 취소	2문제
조건과 기한	1문제

물권
14문제

- 총론
　　3~4문제
  - 총설 　　1~2문제
  - 물권변동 　　2문제
- 각론
　　10~11문제
  - 점유권 　　2문제
  - 소유권 　　3문제
  - 용익물권 　　2~3문제
  - 담보물권 　　3~4문제

계약
10문제

- 총론 　　5문제
- 각론 　　5문제

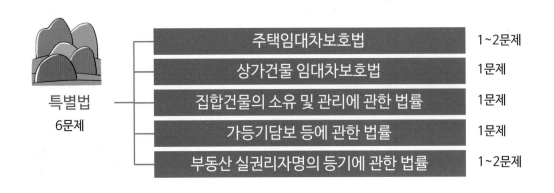

특별법
6문제

주택임대차보호법	1~2문제
상가건물 임대차보호법	1문제
집합건물의 소유 및 관리에 관한 법률	1문제
가등기담보 등에 관한 법률	1문제
부동산 실권리자명의 등기에 관한 법률	1~2문제

제1편 민법총칙

제1장 권리의 변동
발생·변경·소멸

1 권리변동의 모습

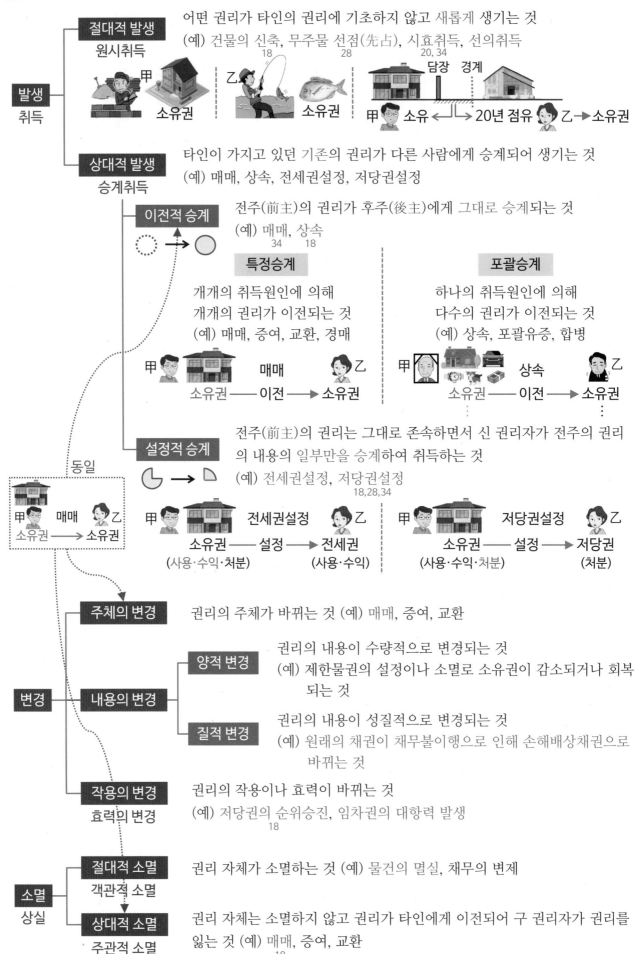

발생 취득

절대적 발생 원시취득
어떤 권리가 타인의 권리에 기초하지 않고 새롭게 생기는 것
(예) 건물의 신축, 무주물 선점(先占), 시효취득, 선의취득
18   28   20, 34

甲 소유권

乙 소유권

담장 경계
甲 소유 ←┤├→ 20년 점유 乙 → 소유권

상대적 발생 승계취득
타인이 가지고 있던 기존의 권리가 다른 사람에게 승계되어 생기는 것
(예) 매매, 상속, 전세권설정, 저당권설정

이전적 승계
전주(前主)의 권리가 후주(後主)에게 그대로 승계되는 것
(예) 매매, 상속
34   18

특정승계
개개의 취득원인에 의해
개개의 권리가 이전되는 것
(예) 매매, 증여, 교환, 경매

甲   매매   乙
소유권 —— 이전 —→ 소유권

포괄승계
하나의 취득원인에 의해
다수의 권리가 이전되는 것
(예) 상속, 포괄유증, 합병

甲   상속   乙
소유권 —— 이전 —→ 소유권
⋮

설정적 승계
전주(前主)의 권리는 그대로 존속하면서 신 권리자가 전주의 권리의 내용의 일부만을 승계하여 취득하는 것
(예) 전세권설정, 저당권설정
18,28,34

동일

甲   매매   乙
소유권 —→ 소유권

甲   전세권설정   乙
소유권 —— 설정 —→ 전세권
(사용·수익·처분)   (사용·수익)

甲   저당권설정   乙
소유권 —— 설정 —→ 저당권
(사용·수익·처분)   (처분)

변경

주체의 변경
권리의 주체가 바뀌는 것 (예) 매매, 증여, 교환

내용의 변경

양적 변경
권리의 내용이 수량적으로 변경되는 것
(예) 제한물권의 설정이나 소멸로 소유권이 감소되거나 회복되는 것

질적 변경
권리의 내용이 성질적으로 변경되는 것
(예) 원래의 채권이 채무불이행으로 인해 손해배상채권으로 바뀌는 것

작용의 변경 효력의 변경
권리의 작용이나 효력이 바뀌는 것
(예) 저당권의 순위승진, 임차권의 대항력 발생
18

소멸 상실

절대적 소멸 객관적 소멸
권리 자체가 소멸하는 것 (예) 물건의 멸실, 채무의 변제

상대적 소멸 주관적 소멸
권리 자체는 소멸하지 않고 권리가 타인에게 이전되어 구 권리자가 권리를 잃는 것 (예) 매매, 증여, 교환
18

2 권리변동의 원인 : 법률요건

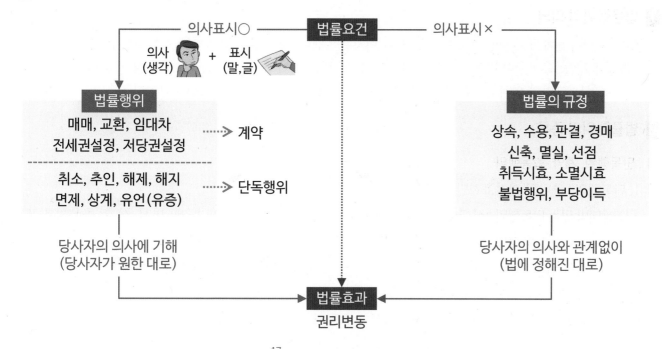

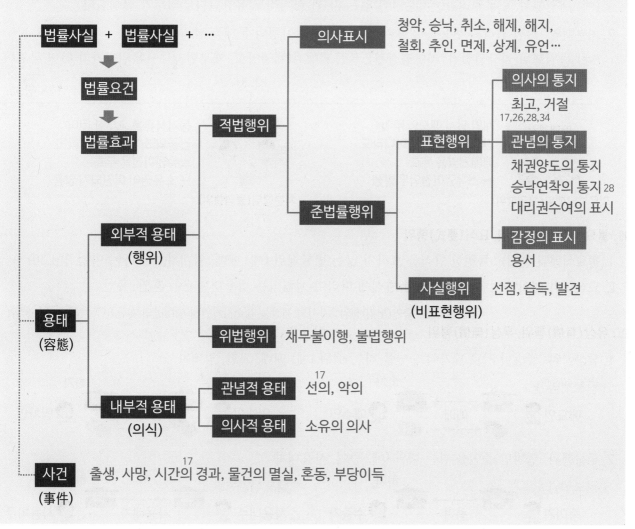

13

제2장 법률행위

1 법률행위의 의의

일정한 법률효과의 발생을 의욕하는 내면의 의사를(생각) 외부로 표시하는(말, 글…) 행위를 의사표시라고 하는데, (예컨대 계약의 청약이나 승낙, 법률행위의 취소나 추인, 계약의 해제, 채무의 면제, 유언(유증) 등) 법률행위는 그러한 의사표시를 필수불가결(必須不可缺)의 요소로 하는 법률요건이다.

2 법률행위의 종류

Ⅰ. 단독행위, 계약, 합동행위

1. 단독행위 : 하나의 의사표시만으로 성립 甲 ──일방적 의사표시──▶ ( ) 乙

(1) **상대방 있는 단독행위** : 상대방에게 도달해야 효력발생 (예) 취소[33], 추인[19,32,33], 해제[22,33], 면제[19], 상계[32], 공유지분 포기[32]

(2) **상대방 없는 단독행위** : 상대방에게 도달 不要 (예) 유언(유증)[33], 소유권 포기[28], 재단법인설립[32]

2. 계약 : 대립하는 두 개의 의사표시의 합치(합의)로 성립 甲 ──청약──▶ 합의 ◀──승낙── 乙

(1) **채권계약** : (예) 증여, 매매[24], 교환[24], 임대차, 일방예약[19] … → 협의의 계약

(2) **물권계약** : (예) 지상권설정계약, 전세권설정계약, 저당권설정계약 … ┐ 광의의 계약

(3) **가족법상 계약(신분계약)** : (예) 혼인, 입양 … ┘

3. 합동행위 : 2개 이상의 의사표시가 평행적·구심적으로 합치하여 성립 (예) 사단법인설립

Ⅱ. 의무부담행위, 처분행위(★)

1. 의무부담행위[23] : 일정한 의무의 발생을 목적으로 하는 법률행위 / 이행의 문제가 남는다.

(예) 채권행위[24] → 무권리자(=처분권이 없는 자)가 하더라도 유효하다(=의무가 발생한다).

2. 처분행위[24] : 직접 권리의 변동을 일으키는 법률행위 / 이행의 문제를 남기지 않는다.

(예) 물권행위(지상권설정, 저당권설정), 준물권행위(채권양도, 채무면제)[23,34] → 무권리자가 하면 무효이다.

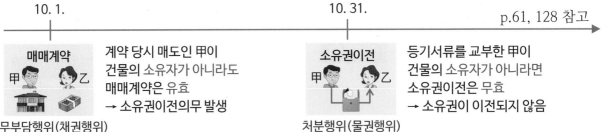

| 10. 1. | | 10. 31. | | p.61, 128 참고 |

계약 당시 매도인 甲이 건물의 소유자가 아니라도 매매계약은 유효 → 소유권이전의무 발생

의무부담행위(채권행위)

등기서류를 교부한 甲이 건물의 소유자가 아니라면 소유권이전은 무효 → 소유권이 이전되지 않음

처분행위(물권행위)

Ⅲ. 불요식(不要式)행위, 요식(要式)행위

1. 불요식행위(원칙) : 특정한 방식을 요하지 않는 법률행위 (예) 매매, 임대차, 대리권수여행위(p.36)[17,30]

2. 요식행위(예외) : 법이 정한 일정한 방식에 따라야 성립하는 법률행위 (예) 혼인, 유언

Ⅳ. 유상(有償)행위, 무상(無償)행위

> **출연(出捐)행위** : 자신의 재산을 감소시키면서 상대방의 재산을 증가시켜 주는 행위[17]
> (예) 소유권이전, 대금지급

1. 유상행위 : 쌍방이 서로 대가적 출연을 하는 행위 (예) 매매, 교환, 임대차[24]

2. 무상행위 : 일방만 출연을 하는 행위 (예) 증여, 사용대차[24]

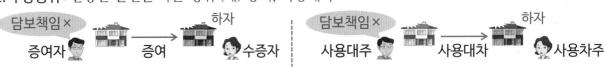

3 법률행위의 요건

법률행위가 당사자가 원한 대로의 법률효과^{권리변동}를 발생하기 위해서는 일정한 요건을 갖추어야 하는바, 이에는 성립요건과 효력요건(=유효요건)이 있다.

전자는 어떤 행위가 법률행위로서 존재하기 위한 최소한의 외형적 요건으로, 이를 결하면 법률행위가 성립하지 않는다(부존재, 불성립).

반면 후자는 법률행위의 성립(존재)을 전제로 하여 그 법률행위가 실질적으로 효력을 발생하기 위한 요건으로, 이를 결하면 당사자가 원한 대로의 법률효과가 발생하지 않는다(무효 또는 취소).

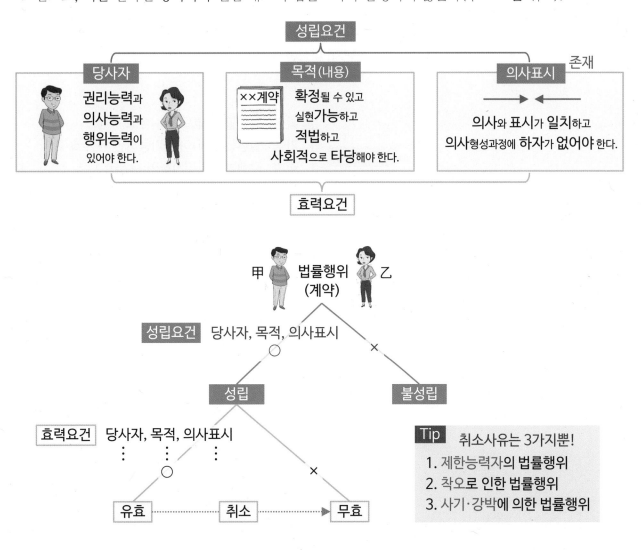

법률행위의 불성립과 무효·취소의 구별

1. 법률행위가 성립하지 않은 경우에는 무효에 관한 법리가 적용되지 않는다.
   법률행위가 성립하지 않은 경우에는 무효행위의 전환이나 무효행위의 추인에 관한 규정이 적용되지 않는다.[19]

2. 법률행위가 성립하지 않은 경우에는 취소의 문제가 생기지 않는다.
   (1) 매매의 당사자 쌍방이 매매의 목적물인 토지의 지번을 착각한 경우 : 계약서에 표시된 토지에 대한 매매계약은 성립하지 않았으므로 취소의 대상이 되지 않는다. → p.24 [13,15+,19,25,27,35]
   (2) 매도인의 기망에 의해 토지의 일정부분을 매매대상에서 제외한 경우 : 제외된 부분에 대하여는 매매계약이 체결(=성립)되지 않았으므로 그 특약만을 취소할 수는 없다. → p.48 [16]
   (3) 숨은(무의식적) 불합의의 경우 : 계약 자체가 성립하지 않으므로 착오로 인한 취소의 문제가 생기지 않는다. → p.114 [19] [27]

정리 법률행위의 효력요건

모든 법률행위에 공통적으로 요구되는 효력요건

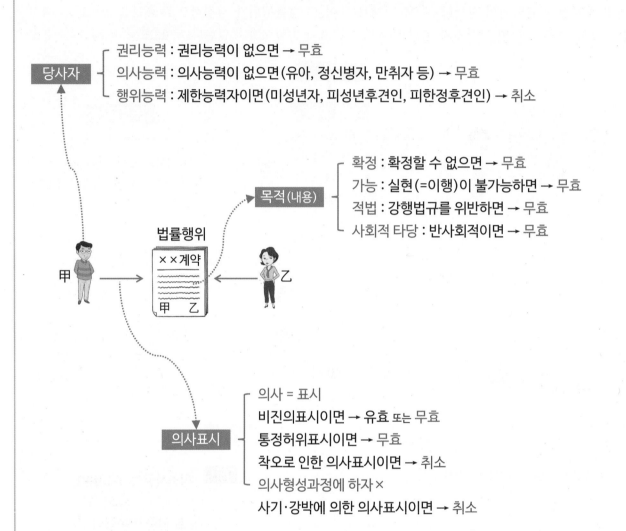

당사자
┌ 권리능력 : 권리능력이 없으면 → 무효
├ 의사능력 : 의사능력이 없으면(유아, 정신병자, 만취자 등) → 무효
└ 행위능력 : 제한능력자이면(미성년자, 피성년후견인, 피한정후견인) → 취소

목적(내용)
┌ 확정 : 확정할 수 없으면 → 무효
├ 가능 : 실현(=이행)이 불가능하면 → 무효
├ 적법 : 강행법규를 위반하면 → 무효
└ 사회적 타당 : 반사회적이면 → 무효

법률행위
××계약
甲 乙
甲 → ← 乙

의사표시
┌ 의사 = 표시
│ 비진의표시이면 → 유효 또는 무효
│ 통정허위표시이면 → 무효
│ 착오로 인한 의사표시이면 → 취소
└ 의사형성과정에 하자×
   사기·강박에 의한 의사표시이면 → 취소

특별효력요건

개개의 법률행위에 관하여 법률의 규정이나 당사자 간의 특약에 의하여 요구되는 효력요건

• 대리행위 : 대리권의 존재[24]
• 조건부 법률행위, 기한부 법률행위 : 조건의 성취, 기한의 도래 [20,24,32]
• 유언 : 유언자의 사망
• 토지거래허가구역 내의 토지거래계약 : 관할관청의 허가[24]

※ 농지취득자격증명은 농지를 취득하는 자가 그 소유권에 관한 등기를 신청할 때에 첨부하여야 할 서류로서 농지를 취득하는 자에게 농지취득의 자격이 있다는 것을 증명하는 것일 뿐 농지취득의 원인이 되는 매매 등 법률행위의 효력발생요건은 아니다. [19,24,28]

보충 법률행위의 당사자

법률행위가 유효하기 위해서는 법률행위의 당사자가 법률행위 당시 일정한 능력을 갖추어야 하는바, 이에는 권리능력, 의사능력, 행위능력이 있다.

Ⅰ. 권리능력

권리능력이란 권리의 주체가 될 수 있는 법률상의 지위 내지 자격을 말한다.

민법은 모든 사람(자연인)에게 권리능력을 인정하고, 일정한 범위 내에서는 법인에게도 권리능력을 부여하고 있다.

자연인

법인

Ⅱ. 의사능력

의사능력이란 자기 행위의 의미를 인식하고 그 결과를 예측하여 정상적으로 의사를 결정할 수 있는 정신적 능력을 말한다.

유아, 정신병자, 만취자 등은 이러한 능력이 결여되어 있는데, 이러한 자들을 의사무능력자라고 한다. 의사능력의 유무는 구체적인 행위에 대해서 개별적으로 판단한다.

의사무능력자가 한 법률행위는 무효이다.

의사무능력자의 법률행위
금전소비대차계약
저당권설정계약

의사능력이란 자신의 행위의 의미나 결과를 정상적인 인식력과 예기력을 바탕으로 합리적으로 판단할 수 있는 정신적 능력 내지는 지능을 말하는 것으로, 의사능력의 유무는 구체적인 법률행위와 관련하여 개별적으로 판단되어야 한다. 원고가 직접 금융기관을 방문하여 금 50,000,000원을 대출받고 금전소비대차약정서 및 근저당권설정계약서에 날인하였다고 할지라도, 원고가 어릴 때부터 지능지수가 낮아 정규교육을 받지 못한 채 가족의 도움으로 살아왔고, 위 계약일 2년 8개월 후 실시된 신체감정결과 지능지수는 73, 사회연령은 6세 수준으로 이름을 정확하게 쓰지 못하고 간단한 셈도 불가능하며, 원고의 본래 지능수준도 이와 크게 다르지 않을 것으로 추정된다는 감정결과가 나왔다면, 원고가 위 계약 당시 결코 적지 않은 금액을 대출받고 이에 대하여 자신 소유의 부동산을 담보로 제공함으로써 만약 대출금을 변제하지 못할 때에는 근저당권의 실행으로 인하여 소유권을 상실할 수 있다는 일련의 법률적인 의미와 효과를 이해할 수 있는 의사능력을 갖추고 있었다고 볼 수 없고, 따라서 위 계약은 의사능력을 흠결한 상태에서 체결된 것으로서 무효이다(대판 2002. 10. 11. 2001다10113).

Ⅲ. 행위능력

행위능력이란 단독으로 완전·유효하게 법률행위를 할 수 있는 능력을 말한다.

행위능력이 결여되거나 부족한 자를 제한능력자라고 하는데, 이에는 미성년자, 피성년후견인, 피한정후견인이 있다.

행위능력은 의사능력과 달리 객관적·획일적 기준(나이, 선고)에 의해 결정된다.

1. 미성년자 : 만 19세에 달하지 않은 사람
2. 피성년후견인 : 질병, 장애, 노령, 그 밖의 사유로 인한 정신적 제약으로 사무를 처리할 능력이 지속적으로 결여된 사람으로서 가정법원으로부터 성년후견개시의 심판을 받은 자
3. 피한정후견인 : 질병, 장애, 노령, 그 밖의 사유로 인한 정신적 제약으로 사무를 처리할 능력이 부족한 사람으로서 가정법원으로부터 한정후견개시의 심판을 받은 자

제한능력자가 법정대리인(친권자나 후견인)의 동의 없이 단독으로 한 법률행위는 취소할 수 있다.

4 법률행위의 목적 (≒계약의 내용)

법률행위의 목적이란 법률행위의 당사자가 그 법률행위에 의해 발생시키려고 하는 법률효과를 말한다.
(가령 매매의 목적은 재산권이전과 대금지급이고(563), 임대차의 목적은 목적물에 대한 사용·수익과 차임지급이다(618)).
법률행위가 유효하기 위해서는 그 목적이 확정되고, 실현가능하고, 적법하고, 사회적으로 타당해야 한다.

I. 목적의 확정

1. **의의** : 법률행위가 유효하기 위해서는 법률행위의 목적이 확정될 수 있어야 한다.

2. **확정시기** : 법률행위가 유효하기 위해서 법률행위의 목적이 반드시 법률행위 성립 당시에 확정되어 있을 필요는 없고, 그 목적을 실현할 때까지, 즉 이행기까지만 확정되면 족하다.

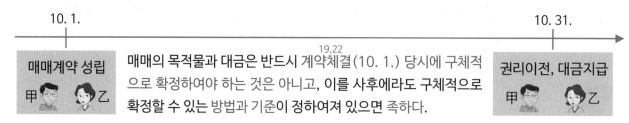

II. 목적의 가능

1. **의의** : 법률행위가 유효하기 위해서는 법률행위의 목적이 실현(=이행)가능한 것이어야 한다.

2. **가능과 불능의 구별** : 과학적·물리적으로 가능하더라도 사회통념상 불가능하면 불능이다.

3. **원시적 불능과 후발적 불능(★)**

   (1) **원시적 불능** : 법률행위 성립 당시부터 이미 불능인 경우 → 법률행위는 무효

   (예) 이미 멸실된 건물에 대한 매매계약을 체결한 경우

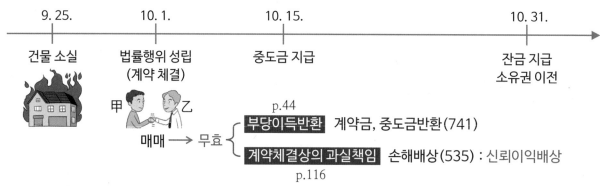

   (2) **후발적 불능** : 법률행위 성립 후에 불능으로 된 경우 → 법률행위는 무효로 되지 않는다.[19,20]

   (예) 매매계약 체결 후에 매매목적물인 건물이 멸실된 경우

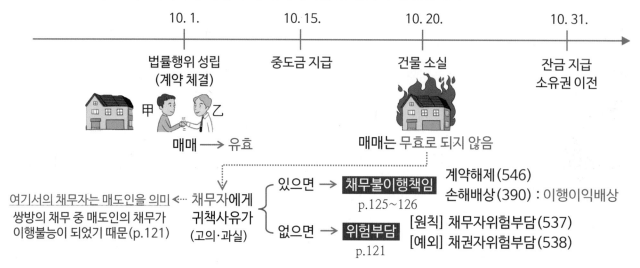

18

III. 목적의 적법

1. 의의 : 법률행위가 유효하기 위해서는 법률행위의 목적이 법(강행규정)에 적합해야 한다.
   = 강행법규

2. 강행규정과 임의규정

   (1) 강행규정 : 법령 중에서 선량한 풍속 기타 사회질서에 관계 있는 규정으로, 당사자의 의사에 의해 그 적용을 배제할 수 없다. 강행규정은 다시 효력규정과 단속규정으로 나누어진다.

   1) 효력규정 : 위반한 행위의 사법상 효력을 무효로 하는 규정이다. 효력규정을 위반한 법률행위는 무효이다.

   2) 단속규정 : 위반할 경우 처벌(단속)은 하지만 그 법률행위 자체의 사법상 효력은 인정하는 규정이다. 즉 단속규정을 위반한 경우 공법상·행정상의 제재(처벌)를 받을 뿐 법률행위 자체는 유효하다.

   (2) 임의규정 : 법령 중에서 선량한 풍속 기타 사회질서에 관계없는 규정이다. 임의규정은 당사자의 의사가 불분명한 경우 그 의사를 해석하는 기준에 불과하므로 당사자의 의사에 의해 적용을 배제할 수 있다.

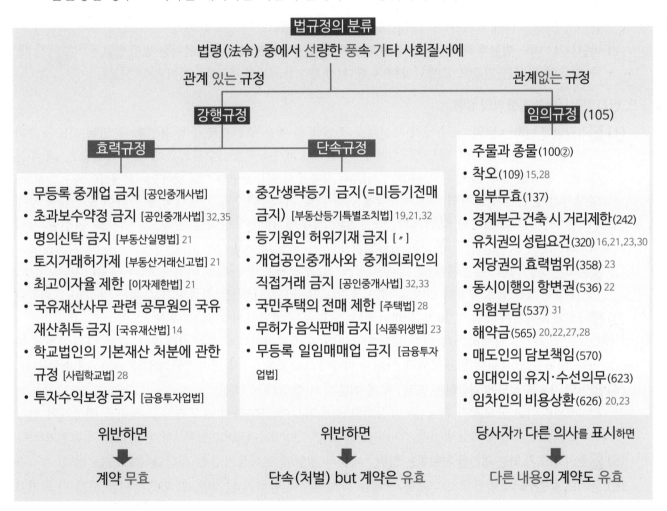

3. 강행규정 관련 쟁점

   (1) 탈법행위(脫法行爲) : 강행규정을 간접적으로 위반하는 행위(가령 국유재산사무에 종사하는 공무원이 타인[14]의 명의로 국유재산을 취득하는 행위)를 탈법행위라고 하는데, 이러한 탈법행위도 무효이다.

   (2) 추인 不可 : 강행규정을 위반한 법률행위는 무효행위의 추인(139)에 의하여 유효로 될 수 없다.[31,32]

   (3) 비진의표시나 표현대리의 법리 적용×[19,28,33] : 강행규정을 위반하여 무효인 계약은 계약상대방이 선의·무과실인 경우에도 비진의표시나 표현대리의 법리가 적용될 여지가 없다. (가령 사원총회결의 없이 한 비법인사단[22] 대표자의 총유재산 처분[19,29], 토지거래허가제를 위반한 토지거래계약에는 표현대리에 관한 규정이 적용되지 않는다.)

   (4) 신의성실의 원칙 : 강행규정을 위반한 법률행위를 한 사람이 스스로 그 무효를 주장하는 것이 신의칙에 위배된다고 볼 수 없다(그 무효 주장을 신의칙 위배를 이유로 배척한다면 오히려 강행규정에 의해 배제하려는 결과를 실현시키는 셈이 되므로). 즉, 강행규정을 위반한 자도 스스로 그 약정의 무효를 주장할 수 있다.

Ⅳ. 목적의 사회적 타당

1. 의의 : 법률행위가 유효하기 위해서는 법률행위의 목적이 사회적으로 타당해야 한다(103).

계약의 <u>내용</u>이 <u>선량한 풍속 기타 사회질서</u>에 <u>위반</u>되면 ⟶ 계약 무효
　　　　 =목적　　　 =반사회적

2. 판례의 반사회성 판단기준과 판단시기

(1) 판단기준 : 민법 제103조에 의하여 무효로 되는 반사회질서의 법률행위는 법률행위의 목적인 권리❶ 의무의 내용이 선량한 풍속 기타 사회질서에 위반되는 경우뿐만 아니라, 그 내용 자체는 반사회❸ 질서적인 것이 아니라고 하여도 법률적으로 이를 강제하거나 그 법률행위❷에 반사회질서적인 조건 또는 금전적 대가가 결부됨으로써 반사회질서적 성질을 띠게 되는 경우❹ 및 상대방에게 표시되거나 알려진 법률행위의 동기가 반사회질서적인 경우를 포함한다.

(2) 판단시기 : 어느 법률행위가 선량한 풍속 기타 사회질서에 위반되어 무효인지는 법률행위가 이루어진 때,[30] 즉 법률행위 시를 기준으로 판단하여야 한다(선·풍·기는 부단히 변천하는 가치관념이므로).

3. 반사회질서의 법률행위의 유형

(1) 정의관념에 반하는 행위 : 소송에서 사실대로 증언해 줄 것을 조건으로 통상 용인될 수 있는 정도를 초과[25, 31] 하는 급부를 제공받기로 하는 약정(지나치게 과도할 때에만 무효), 수사기관에서 허위진술을 해 주는[21, 26, 30] 대가로 일정한 급부를 받기로 한 약정(급부의 상당성 여부를 판단할 필요 없이 반사회질서의 행위로 무효),[26, 30, 33, 35] 형사사건에 관한 변호사의 성공보수약정[26, 34](민사사건은 제외)[33], 다수의 보험계약을 통하여 보험금을 부정[24, 25, 28] 취득할 목적으로 체결한 보험계약, 공무원의 직무에 관하여 청탁을 하고 그 대가로 금전을 지급 하기로 한 약정, 과도하게 무거운 위약벌약정[25]

(2) 인륜에 반하는 행위 : 부첩계약 및 그 부수적 약정, 부첩관계를 전제로 하는 증여나 생활비지급약정
단, 부첩관계를 단절하면서 위자료 내지 생활비 명목으로 금원을 지급하기로 하는 약정은 유효하다.

(3) 지나치게 사행적인 행위 : 도박자금 대여계약, 노름빚을 변제하기로 하는 약정[21, 28]
단, 도박채무를 변제하기 위하여 도박채무자가 도박채권자에게 부동산처분에 관한 대리권을 수여 하는 행위는 반사회적 법률행위가 아니다(따라서 그와 같은 사정을 알지 못한 제3자는 소유권을 취득한다).

(4) 개인의 자유를 심하게 제한하는 행위 : 평생 이혼하지 않겠다는 약정[21, 24]
단, 해외파견된 근로자가 귀국 후 일정기간 소속회사에 근무하지 않으면 소요경비를 배상해야 한다 는 약정은 반사회적 법률행위가 아니다(근로계약기간이 아니라 경비반환채무의 면제기간을 정한 것이므로).

(5) 생존의 기초가 되는 재산을 처분하는 행위 : 사찰의 존립에 필요불가결한 재산을 증여하는 계약

(6) 동기의 불법(★) : 법률행위의 내용 자체는 사회질서에 반하지 않지만, 그 법률행위를 하게 된 동기가 사회질서에 반하는 경우 (예) 도박을 하려고 돈을 빌리거나 도박장을 열려고 건물을 빌리는 경우
→ 동기가 불법적인 경우에도 법률행위는 유효한 것이 원칙이나(즉 반사회질서의 법률행위가 아님),[19, 21, 31] 그 불법적인 동기가 상대방에게 표시되거나 알려진 경우에는 예외적으로 반사회질서의 법률행위에 해당하여 무효가 된다.

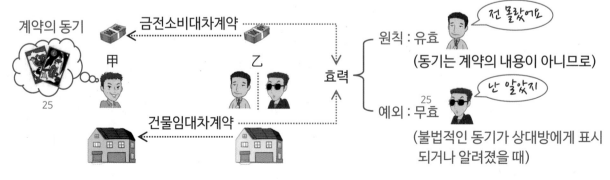

4. 반사회질서의 법률행위의 효과

(1) 무효 $\begin{cases} \text{이행 전 : 이행할 필요×} \\ \text{이행 후 : 부당이득반환청구× → 불법원인급여(746)} \end{cases}$

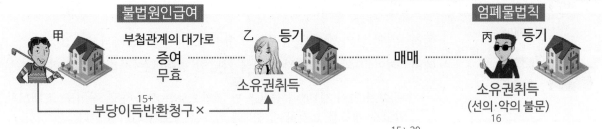

불법의 원인(=반사회질서의 법률행위)에 의해 급여한 것은 부당이득반환을 청구하지 못한다.
→ '불법을 저지른 자의 권리행사에 국가는 조력(助力)하지 않겠다.'는 취지

불법원인급여

甲 — 부첩관계의 대가로 증여 무효 → 乙 등기 소유권취득

부당이득반환청구× [15+]

엄폐물법칙

乙 — 매매 — 丙 등기 소유권취득 (선의·악의 불문) [16]

(2) **절대적 무효** : 반사회질서의 법률행위로서 무효인 경우에는 선의의 제3자에 대하여도 그 무효를 주장 [15+,20] 할 수 있다. ※ 주의 : '절대적 무효에서 제3자는 언제나 권리를 취득하지 못한다.'는 식으로 단순암기하지 말 것!

(3) **확정적 무효** : 반사회질서의 법률행위는 확정적으로 무효이고, 그 무효사유가 치유될 수 없으므로 무효행위의 추인(139)에 의해 유효로 될 여지가 없다. [15+,24,25,28]

반사회질서의 법률행위가 아닌 것(★)

1. **강박에 의한 법률행위** : 법률행위의 성립과정에 강박이라는 불법적인 수단이 사용된 경우에는 강박에 [23,27] 의한 의사표시의 하자(의사결정의 자유를 제한 → 취소)나 흠결(강박의 정도가 극심하여 의사결정의 자유를 완전 박탈 → 무효)을 이유로 효력을 논의할 수 있을지언정 반사회질서의 법률행위로서 무효라고 할 수는 없다.

甲 ········· 증여 ········· 강박을 이유로 취소할 수 있을 뿐 반사회질서의 법률행위는 아님 ········· 乙

2. **허위표시(가장행위)**

(1) 강제집행을 면할 목적으로 부동산에 허위의 근저당권설정등기를 경료하는 행위는 허위표시이기 [15+,17,19,22,25,27,31,35] 때문에 무효일 뿐, 반사회질서의 법률행위로 볼 수는 없다.

丙 — 채권 → 甲 ········· 저당권설정 ········· 허위표시여서 무효일 뿐 반사회적 법률행위는 아님 ········· 乙

(2) 양도소득세를 회피할 목적으로 실제 거래대금보다 낮은 금액으로 계약서(다운계약서)를 작성하여 [22,27,35] 매매계약을 체결한 경우에도 그것만으로 반사회질서의 법률행위로 무효로 된다고 할 수는 없다.

3. **미등기전매, 중간생략등기** [16,24]

(1) 양도소득세 회피 및 투기 목적으로 미등기인 채로 매매계약을 체결하였다고 해서 그것만으로 그 매매계약이 반사회질서의 법률행위로 무효로 된다고 할 수 없다.

甲 ···매매··· 乙 ···매매··· 丙
등기× ···→ 등기
반사회적 법률행위? No

1	소유권보존		甲
2	소유권이전	매매	乙
3	소유권이전	매매	丙

→

1	소유권보존		甲
2	소유권이전	매매	丙

(2) 상속세 면탈의 목적으로 피상속인이 사망한 후 피상속인 명의로부터 타인에게 소유권이전등기를 경료하였다 하여도, 이를 사회질서에 반하는 무효의 행위라고 볼 수는 없다.

甲 ···상속··· 乙 ···매매··· 丙
등기× ···→ 등기
반사회적 법률행위? No

1	소유권보존		甲
2	소유권이전	상속	乙
3	소유권이전	매매	丙

→

1	소유권보존		甲
2	소유권이전	매매	丙

4. **명의신탁** [18] : 명의신탁약정은 강행법규(부동산실명법) 위반으로 무효일 뿐, 그 자체로 선량한 풍속 기타 사회질서에 위반하는 행위로 볼 수 없다(따라서 명의수탁자의 등기는 불법원인급여에 해당하지 않는다). [22] → p.157

5. 부동산의 이중매매(★)

(1) 의의

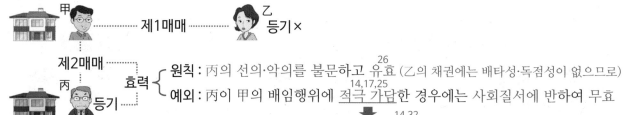

甲 ──── 제1매매 ──── 乙 등기×

제2매매

丙 등기

효력 {
원칙 : 丙의 선의·악의를 불문하고 유효[26] (乙의 채권에는 배타성·독점성이 없으므로)
예외 : 丙이 甲의 배임행위에 적극 가담[14,17,25]한 경우에는 사회질서에 반하여 무효
}

⬇ 제2매수인이 제1매매 사실을 안 것만으로는 부족하고, 적어도 그 매도사실을[14,32] 알고도 매도를 요청하여 계약에 이르는 정도가 되어야 한다.

(2) 제2매매가 유효한 경우

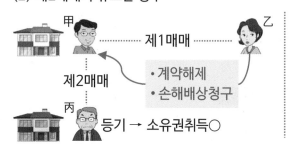

甲 ──── 제1매매 ──── 乙

제2매매 ← · 계약해제
· 손해배상청구

丙 등기 → 소유권취득○

1) 乙 → 丙 : 乙은 丙에 대하여는 아무런 권리를 주장할 수 없다.

2) 乙 → 甲 : 乙은 甲에 대해 채무불이행책임을 물어 계약해제[26](원상회복청구) 및 손해배상청구[17]를 할 수 있다. (p.125~126 참고)

(3) 제2매매가 무효인 경우

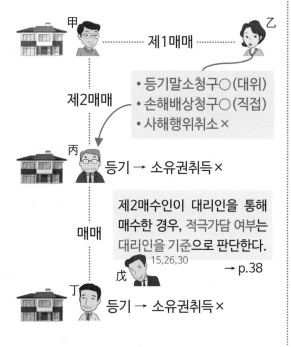

甲 ──── 제1매매 ──── 乙

제2매매 → · 등기말소청구○ (대위)
· 손해배상청구○ (직접)
· 사해행위취소×

丙 등기 → 소유권취득×

제2매수인이 대리인을 통해 매수한 경우, 적극가담 여부는 대리인을 기준으로 판단한다.[15,26,30] → p.38

매매

戊

丁 등기 → 소유권취득×

1) 乙 → 甲 : (2)의 2)와 같다.

2) 乙 → 丙
① 등기말소청구○ : 乙은 丙에게 직접 등기말소를 청구할[17,26,32] 수 없고, 甲을 대위하여 말소청구를 해야 한다[16,25](채권자대위권). ※진정명의회복을 위한 이전등기청구도 不可[28]
② 손해배상청구○ : 乙은 丙에 대해 직접 불법행위로 인한 손해배상을 청구할 수 있다.[28]
③ 사해행위취소× : 乙은 甲·丙 간의 매매계약에 대하여 채권자취소권을 행사할 수 없다[17,25](금전채권자가 아니므로). → p.166

3) 丁
① 소유권취득× : 丁은 선의인 경우에도 소유권을 취득하지[14,17,24,25,26,28,32] 못한다(甲·丙 간의 매매는 절대적 무효이고, 등기에는 공신력이 없으므로).
② 丁 → 丙 : 丁은 丙에 대하여 매도인의 담보책임을 물어 매매계약을 해제하고 손해배상을 청구할 수 있다(전부 타인의 권리의 매매에서의 매도인의 담보책임 → p.131 참고).

(4) 이중매매법리의 다른 법률관계에의 적용

1) 제2행위가 증여인 경우[24] : 타인에게 매도한 부동산임을 알면서 증여받아 매도인의 배임행위에 적극가담한 결과에 이르렀다면 반사회질서의 법률행위로서 무효이다.

2) 제2행위가 저당권설정인 경우[27,29] : 이미 매도된 부동산임을 알고도 저당권설정을 요청하거나 유도하여 계약에 이르렀다면 반사회질서의 법률행위로서 무효이다.

3) 점유취득시효가 완성된 경우[15,16,20,22] : 점유취득시효완성 후 소유권이전등기 전에 제3자 앞으로 소유권이전등기가 경료되면 시효취득자는 제3자에게 시효취득을 주장할 수 없는 것이 원칙이나, 제3자가 시효완성사실을 알면서 적극 가담하여 매수한 경우에는 그 매매는 반사회질서의 법률행위로 무효가 된다. → p.75

4) 이중임대차의 경우[32] : 이중매매를 사회질서에 반하는 법률행위로서 무효라고 하기 위하여는 제2매수인이 매도인의 배임행위를 유인·교사하거나 이에 협력하는 등 적극적으로 가담하는 것이 필요한 바, 이러한 법리는 이중으로 임대차계약을 체결한 경우에도 그대로 적용될 수 있다.

6. 불공정한 법률행위(=폭리행위)

사례 매수인이 매도인의 어리석음을 이용하여 폭리를 취득한 경우

(1) 의의 : 당사자의 궁박, 경솔, 무경험으로 인하여 현저하게 공정을 잃은 법률행위(=폭리행위)(104)

(2) 성립요건

1) **객관적 요건** : 급부와 반대급부 사이의 현저한 불균형
  ① **판단기준** : 당사자의 주관적 가치가 아닌 거래상의 객관적 가치에 의하여야 한다.[29]
  ② **판단시기** : 법률행위 시[29](=계약체결 당시[28])를 기준으로 판단한다.

2) **주관적 요건**
  ① **피해자** : 궁박, 경솔, 무경험
    ㉠ **궁박** : 경제적 궁박뿐만 아니라 정신적·심리적 궁박도 포함한다.[15+,25,29]
    ㉡ **무경험** : 특정영역에서의 경험부족이 아니라 거래 일반에 대한 경험부족을 의미한다.[24,29]
    ㉢ **하나만 갖추면 충분** : 궁박, 경솔, 무경험은 모두 구비되어야 하는 것이 아니라 그 중 일부만 갖추어[24]
       져도 충분하다.
    ㉣ **대리행위의 경우** : 궁박은 본인의 입장에서[15+,17,18,28,31,34], 경솔과 무경험은 대리인을 기준으로 판단한다.[25,34] → p.38
  ② **폭리자** : 폭리행위의 악의(피해자의 사정을 알면서 이용하려는 의사 要, 인식만으로는 부족)[15+,34]

3) **입증책임** : 급부와 반대급부가 현저하게 균형을 잃었다 하여 곧 궁박, 경솔, 무경험으로 인해 이루어진[15+,18,24]
   것으로 추정되지 않는다(따라서 불공정한 법률행위를 주장하는 자는 스스로 궁박, 경솔, 무경험을 증명해야 한다).

(3) 효과

1) **무효** { **이행 전** : 이행할 필요×
             이행 후 : 부당이득반환청구?
   불공정한 법률행위의 양 당사자는 이미 이행한
   것의 반환을 청구할 수 없다(×)/있다(×).[16]

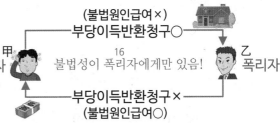

2) **절대적 무효** : 불공정한 법률행위의 무효는 선의의 제3자에게도 대항(주장)할 수 있다.[18] 따라서 토지
   매매가 불공정한 법률행위로 무효이면 그 전득자는 선의라도 소유권을 취득하지 못한다.

3) **무효행위의 추인×** : 불공정한 법률행위로서 무효인 경우에는 무효행위의 추인(139)에 의해 새로운[20,25]
   법률행위로서 유효로 될 수 없다. → p.45

4) **무효행위의 전환○** : 불공정한 법률행위에도 무효행위의 전환(138)에 관한 법리가 적용될 수 있다.[24,25,28,29,31,34]
   즉 불공정한 법률행위도 무효행위의 전환에 의해 다른 법률행위로서 유효로 될 수 있다. → p.45

5) **부제소합의(不提訴合意)** : 불공정한 계약으로 인해 불이익을 입는 당사자로 하여금 소송을 통하여
   그와 같은 불공정성을 주장하지 못하도록 하는 부제소합의[24] 역시 무효이다.

(4) 적용범위

1) **증여×** : 제104조는 증여계약에는 적용되지 않는다.[16,18,25,28] 즉 증여와 같이 대가적 출연이 없는 무상행위는
   불공정한 법률행위가 될 수 없다(무상행위는 그 공정성 여부를 논의할 성질의 법률행위가 아니므로).

2) **경매×** : 경매에는 제104조가 적용될 여지가 없다.[18,25,28,31] 즉 경매대금이 시가보다 현저히 저렴하더라도
   불공정한 법률행위임을 이유로 경매의 무효를 주장할 수 없다.

3) **단독행위○** : 제104조는 계약뿐만 아니라 단독행위에도 적용된다(가령 구속된 남편을 석방, 구제하기 위하여
   아내가 경제적, 정신적으로 궁박한 상태에서 남편을 대리하여 한 채권포기행위는 불공정한 법률행위로서 무효이다).

5 법률행위의 해석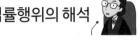

Ⅰ. 의의 법률행위의 목적(≒계약의 내용)을 명확하게 밝히는 작업 = 의사표시의 해석

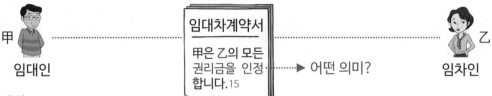

甲 임대차계약서 ......▶ 어떤 의미? 乙
임대인 甲은 乙의 모든 권리금을 인정·합니다.15 임차인

Ⅱ. 해석의 대상

법률행위를 해석할 때는 당사자의 내심적 의사(=진의) 여하에 관계없이 그 서면의 기재내용에 의하여 당사자가 표시행위에 부여한 객관적 의미를 합리적으로 해석하여야 한다.

즉 의사표시 해석의 대상은 표의자의 <u>내심적 효과의사</u>(=眞意)가 아니라 <u>표시상의 효과의사</u>이다.

의사(생각) 표시(말,글)

㎡당 96만원 ㎡당 69만원

Ⅲ. 해석의 방법

1. 자연적 해석

- 의의 : 표의자의 내심의 의사(=진의)를 밝히는 것 → 표의자 보호 15
- 적용영역 : 상대방 없는 의사표시(상대방 없는 단독행위), 가족법상 법률행위(유언)
  단, 상대방 있는 의사표시라도 상대방이 표의자의 진의를 알고 있는 경우 15
  에는 자연적 해석이 적용된다. 13,14,15,15+,16,19.24,25,27
- 오표시무해(誤表示無害)의 원칙 : 표의자와 상대방이 일치된 의사를 가진 경우에는 설령 그 표시가 잘못되었더라도 의사표시는 당사자의 일치된 의사대로 효력이 발생한다는 원칙 (예) 매매당사자 쌍방이 모두 토지의 지번을 착각한 경우

오표시무해의 원칙

표의자 甲 ─ 잘못된 표시 → 상대방 乙
의사 ······ 의사의 일치 ······ 의사
제발낙지 / 새발낙지 / 제발낙지
리모콘 / 레미콘 / 리모콘
휴게소 / 톨게이트 / 휴게소
→ 일치된 의사대로 해석 ←

X토지(969-36) | Y토지(969-39) 매매계약서
甲 乙 합의 → 오표시 969-39

계약서상의 969-39는 오표시이고 甲과 乙이 일치하여 969-36에 대하여 매매가 된 것으로 생각하고 있으므로 매매계약은 X토지에 관하여 성립한 것으로 보아야 한다.
13,14,15+,27

	매매	등기	소유권취득
X토지(36)	성립	×	×
Y토지(39)	×	무효	×

13,15,15+,16

Y토지에 대한 매매계약은 성립조차 하지 않았으므로 甲은 착오를 이유로 Y토지 매매계약을 취소할 수 없다. → p.15
13,15+19,24,25,27,35

2. 규범적 해석

15,17,22,24
- 의의 : 표시행위(말, 글)의 객관적 의미를 밝히는 것 → 상대방 보호
- 적용영역 : 상대방 <u>있는</u> 의사표시(상대방 있는 단독행위, 계약)

표시(말,글)
- 사례 : 모든 경우의 화재에 대해 책임지겠다. → 불가항력으로 인한 경우도 포함
  임대인은 임차인의 모든 권리금을 인정하겠다. → 임대차 종료 시에 임대인이 권리금을 반환할 것을 약정한 것으로 볼 수는 없고, 임차인이 나중에 임차권을 승계한 자로부터 권리금을 수수하는 것을 임대인이 용인하겠다는 취지이다.15

3. 보충적 해석
- 의의 : 당사자의 가상적(가정적) 의사를 밝히는 것
- 적용영역 : 모든 법률행위에 적용 but 주로 계약의 공백(틈)을 보충하는 기능
- 사례 : 장차 부과될 양도소득세액을 착오한 경우 (5억 →8억)

Ⅳ. 해석의 기준

당사자가 기도하는 목적 → 사실인 관습(106) → 임의규정(105) → 신의성실의 원칙

제106조【사실인 관습】법령 중의 선량한 풍속 기타 사회질서에 관계없는 규정과 다른 관습이 있는 경우에 당사자의 의사가 명확하지 아니한 때에는 그 관습에 의한다.	제105조【임의규정】법률행위의 당사자가 법령 중의 선량한 풍속 기타 사회질서에 관계없는 규정과 다른 의사를 표시한 때에는 그 의사에 의한다.

(예) 종물은 주물의 처분에 따른다(100②).

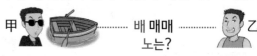

甲 ······· 배 매매 ······· 乙
노는?

Ⅴ. 관련문제 : 법률행위의 해석을 통한 당사자의 확정 21

1. 타인의 이름을 임의로 사용하여 계약을 체결한 경우 계약당사자의 확정

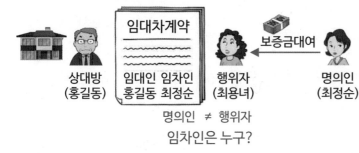

임대차계약

상대방   임대인 임차인   행위자   명의인
(홍길동)   홍길동 최정순   (최용녀)   (최정순)
                                  ←보증금대여

명의인 ≠ 행위자
임차인은 누구?

1. 행위자와 상대방의 의사가 일치하면
→ 일치하는 의사대로 당사자를 확정 13,15
2. 일치하는 의사를 확정할 수 없으면
→ 상대방이 합리적인 인간이라면 누구를 계약당사자로 이해할 것인가에 의하여 당사자를 결정 17

2. 대리인을 통하여 계약을 체결하는 경우 계약당사자의 확정 21

일방 당사자가 대리인을 통하여 계약을 체결하는 경우에 있어서 상대방이 대리인을 통하여 본인과 사이에 계약을 체결하려는 데 의사가 일치하였다면 대리인의 대리권의 존부 문제와는 무관하게 상대방과 본인이 그 계약의 당사자이다.

3. 타인의 명의로 부동산을 매수하거나 낙찰받은 경우 매수인의 확정

丙 ······· 매매 / 경매 ······· 乙 (매수인) ······· 명의신탁 ······· 甲
                          명의수탁자   명의신탁자

(1) **매매** : 타인을 통하여 부동산을 매수함에 있어서 매수인 명의 및 등기 명의를 그 타인의 명의로 하기로 하였다면, 이와 같은 매수인 및 등기명의의 신탁관계는 그들 사이의 내부적 관계에 불과한 것이므로 특별한 사정이 없는 한 대외적으로는 그 타인(=명의수탁자)을 매매당사자로 보아야 한다. → 계약명의신탁에 해당

(2) **경매** : 경매절차에서 부동산을 매수하려는 사람이 매수대금을 자신이 부담하면서 다른 사람의 명의로 매각허가결정을 받기로 약정한 경우, 그 경매절차에서 매수인의 지위에 서게 되는 사람은 어디까지나 그 명의인(=명의수탁자)이다. → 계약명의신탁에 해당(p.157)

4. 3자간(=중간생략형) 등기명의신탁과 계약명의신탁의 구별

3자간(중간생략형) 등기명의신탁   계약명의신탁

丙 (매도인) 매매 甲 (매수인) 명의신탁 乙   丙 (매도인) 매매 乙 (매수인) 명의신탁 甲
         명의신탁자   등기 명의수탁자   등기 명의수탁자   명의신탁자

3자간 등기명의신탁인지 계약명의신탁인지의 구별은 계약당사자(=매수인)가 누구인가를 확정하는 문제로 귀결되는바, 계약명의자가 명의수탁자로 되어 있더라도 계약당사자(=매수인)를 명의신탁자로 볼 수 있다면 3자간 등기명의신탁이 된다. 즉 계약명의자인 명의수탁자가 아니라 명의신탁자에게 계약에 따른 법률효과를 직접 귀속시킬 의도로 계약을 체결한 사정이 인정된다면 명의신탁자가 계약당사자라고 할 것이므로, 이 경우의 명의신탁관계는 3자간 등기명의신탁으로 보아야 한다.

제3장 의사표시

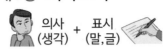

1 서설

법률행위가 당사자가 원한 대로의 효력을 발생하기 위해서는 의사표시에 있어서 의사와 표시가 일치하고 의사형성과정에 하자가 없어야 한다.

의사와 표시가 일치하지 않거나(의사의 흠결), 의사형성과정에 하자가 있으면(하자 있는 의사표시) 법률행위는 당사자가 원한 대로의 효과가 발생할 수 없다. 즉, 그러한 법률행위는 처음부터 무효이거나 혹은 취소할 수 있다.

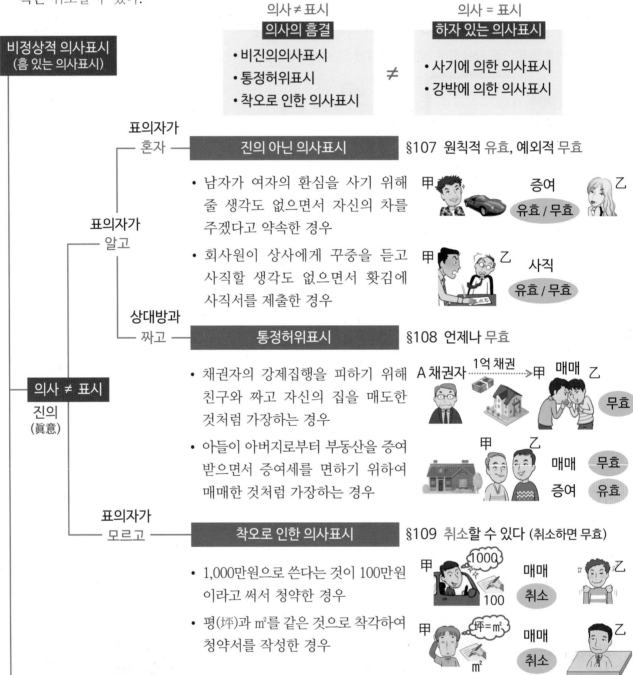

2 진의 아닌 의사표시(107)

사례 증여자가 증여의 의사(=진의) 없이 증여한 경우

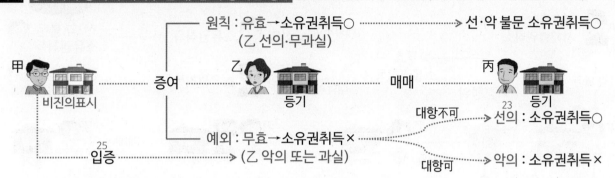

Ⅰ. **의의** 표의자가 자신의 의사(=진의)와 다른 표시임을 알고서[16] 한 의사표시 / 상대방과의 통정은 없음[27,32]

1. **진의(眞意)** : 특정한 내용의 의사표시를 하고자 하는 표의자의 생각○[15] (예) 월세방, 모닝, 키플링
   표의자가 진정으로 마음속에서 바라는 사항×[17,27] (예) 대저택, 벤츠S, 샤넬

2. **비진의표시가 아닌 것으로 유의할 사례** : 아래의 예는 모두 진의에 의한 의사표시이므로 상대방이 그러한 사정을 알았거나 알 수 있었을 경우에도 유효하다.
   (1) **강박에 의한 증여의 의사표시**[15,16,21,23] : 비록 재산을 강제로 뺏긴다는 것이 표의자의 본심에 잠재되어 있었다 하더라도 표의자가 강박에 의하여서나마 증여를 하기로 (결심)하고 그에 따라 증여의 의사표시를 한 이상 증여의 내심의 효과의사(=진의)가 결여된 것이라고 할 수 없다.
   (2) **최선**[16]**이라고 판단한 의사표시** : 표의자가 의사표시의 내용을 진정으로 마음속에서 바라지는 않았으나 당시의 상황에서는 최선이라고 판단하여 한 의사표시는 진의 아닌 의사표시라고 할 수 없다.
   (3) **타인을 위한 대출신청**[19,25] : 법률상 또는 사실상의 장애로 자기 명의로 대출받을 수 없는 자를 위하여 대출금채무자로서의 명의를 빌려준 자에게 채무부담의 의사가 없는 것이라고 할 수 없다.
   (4) **자의로 제출한 중간퇴직의 의사표시**[19] : 근로자가 회사의 강요에 의하지 않고 자의로 사직서를 제출하여 한 중간퇴직의 의사표시는 진의 아닌 의사표시로 볼 수 없다.

Ⅱ. **효과**

> **Tip : 법조문의 구조**
> 제○○조 (제목) …한다. 그러나 …한다.
>   **본문** 원칙   **단서** 예외

1. **당사자 사이의 효과**
   (1) **원칙** : 유효[19,23,24,25] ← 상대방이 선의·무과실인 경우[16,25]
      (예) 사립대학교 조교수가 사태수습을 위하여 형식상 사직원을 제출한 경우
   (2) **예외** : 무효[19,21,32] ← 상대방이 악의이거나[19,27] 과실이 있는 경우[23]
      (예) 근로자가 회사의 경영방침(사용자의 지시)에 따라 사직원을 제출하여 중간퇴직한 경우

2. **제3자에 대한 효과**
   비진의표시가 무효인 경우에도 선의의[15,25] 제3자에게는 대항(=주장)하지 못한다(상대적 무효).[16,27]

Ⅲ. **적용범위**

1. **단독행위**[21,23,25] : 적용○. 가령 진의 없이 한 취소, 해제, 추인도 원칙적으로 유효하나, 상대방이 진의 아님을 알았거나 알 수 있었을 경우에는 무효이다.
2. **신분행위** : 적용×. 가령 혼인, 입양에서의 비진의표시는 언제나 무효이다(의사주의).
3. **공법행위**[15] : 적용×. 공법행위는 진의가 아닌 경우에도 언제나 유효하다(표시주의).
   (예) 공무원이 사직의 의사 없이 사직원을 제출한 경우에도 그 사직원은 유효
4. **대리권 남용**[14,16,19,25,28] : 유추적용○. 판례는 배임적 대리행위의 효력에 대해 제107조를 유추적용한다. → p.36 참고

3 통정허위표시(108)

사례1 **채권자의 강제집행을 면하기 위한 가장매매(은닉행위가 없는 경우)** 13,14,15+,22,27

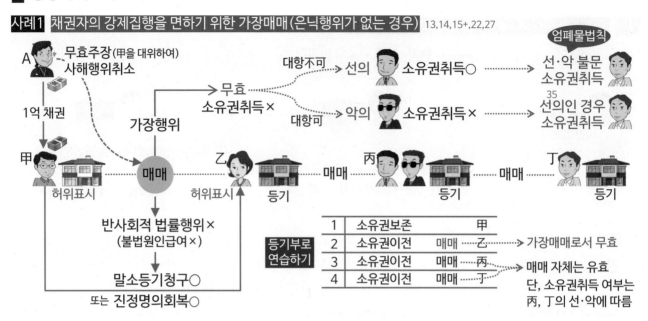

엄폐물법칙

A → 무효주장(甲을 대위하여)
사해행위취소

1억 채권

가장행위

대항不可 → 선의 소유권취득○ → 선·악 불문 소유권취득
무효 소유권취득×
대항可 → 악의 소유권취득× → 선의인 경우 소유권취득 35

甲 허위표시 ── 매매 ── 乙 허위표시 등기 ── 매매 ── 丙 등기 ── 매매 ── 丁 등기

반사회적 법률행위×
(불법원인급여×)

말소등기청구○
또는 진정명의회복○

등기부로 연습하기

1	소유권보존		甲	
2	소유권이전	매매	乙	→ 가장매매로서 무효
3	소유권이전	매매	丙	→ 매매 자체는 유효
4	소유권이전	매매	丁	단, 소유권취득 여부는 丙, 丁의 선·악에 따름

사례2 **증여세를 면하기 위한 가장매매(은닉행위가 있는 경우)** 16,18,21,29,30

가장행위 → 무효

甲(父) ── 매매/증여 ── 乙(子) 등기 ── 매매 ── 丙 등기
소유권취득○
선·악 불문 소유권취득

은닉행위 → 유효

등기부로 연습하기

1	소유권보존		甲
2	소유권이전	매매	乙
3	소유권이전	매매	丙

등기원인을 허위로 기재한 점은 처벌받지만, 乙 명의의 등기 자체는 실체관계에 부합하므로 유효하다.
(단속규정 위반) → p.19

I. 의의

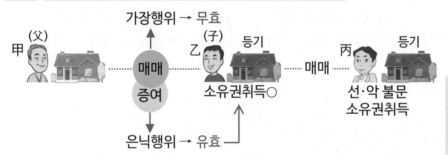

──→ 의사와 표시의 불일치에 관하여 상대방과의 사이에 합의가 있어야 한다. 30
(=통정, 통모, 양해, 짜고…)

1. **허위표시** : 표의자가 상대방과 통정해서 하는 진의 아닌 의사표시를 말한다.

2. **가장행위** : 허위표시로 한 법률행위를 말한다. 가장행위는 무효이다. (예) 가장매매, 가장임대차는 무효

3. **은닉행위** : 가장행위 속에 감추어진 행위, 즉 가장행위를 하면서 실제로 달성하고자 하는 법률행위를 말한다. 은닉행위는 그것이 숨겨져 있다는 이유로 무효로 되지 않고, 그에 요구되는 요건을 갖추면 유효하다. (예) 사례 2에서의 증여는 유효 15+,33

II. 효과

1. 당사자 사이의 효과

(1) **무효** : 허위표시는 당사자 사이에서는 언제나 무효이다. 22,35

(2) **반사회질서의 법률행위는 아님** : 허위표시 자체가 불법은 아니므로 허위표시에 기해 상대방에게 급부한 것은 불법원인급여에 해당하지 않아 부당이득반환을 청구할 수 있다.

(3) **채권자취소의 대상이 됨** : 허위표시로 무효인 경우에도 채권자취소(=사해행위취소)의 대상이 될 수 있다. 30,35
(예) 채무자가 유일한 부동산을 허위로 매매한 경우, 그 매매도 사해행위취소의 대상이 될 수 있다.
→ p.166

2. 제3자에 대한 효과

허위표시의 무효는 선의의 제3자에게 대항(주장)하지 못한다(상대적 무효).

III. 적용범위

단독행위 : 제108조는 계약뿐만 아니라 단독행위에도 적용된다. 가령 상대방과 통정하여 허위로 한 취소나 해제는 무효이다. 단, 상대방 없는 단독행위에는 적용될 여지가 없다(통정할 상대방이 없으므로).

허위표시의 제3자(★)^{13,14,15+,22,27}

【민법 제108조 제2항】통정허위표시의 무효는 선의의 제3자에게 대항하지 못한다.
그 누구도 15+,33

1. 제3자
   허위표시의 당사자 및 포괄승계인 이외의 자로서 허위표시에 의하여 외형상 형성된 법률관계를 기초로
   새로운[30] 이해관계를 맺은 자 =외관(外觀)

2. 선의
   (1) 제3자는 선의이면 족하고 과실 유무는 묻지 않는다. 즉 선의이기만 하면 과실이 있어도 보호된다.[22,27,35]
   (2) 제3자는 선의로 추정되므로 허위표시의 무효를 주장하는 자가 제3자의 악의를 입증해야 한다.[27,32,35]

3. 대항하지 못한다.
   허위표시의 당사자뿐만 아니라 그 누구도[15+,33] 선의의 제3자에게는 허위표시의 무효를 주장할 수 없다.
   그러나 선의의 제3자가 스스로 허위표시의 무효를 주장하는 것은 무방하다.[13,14]

4. 전득자에 대한 관계
   (1) 선의의 제3자로부터 다시 권리를 취득하는 자(전득자)는 선의·악의를 불문하고 권리를 취득한다.[13]
   (2) 악의의 제3자로부터 선의로 전득한 자도 허위표시의 제3자로 보호를 받는다.

엄폐물법칙

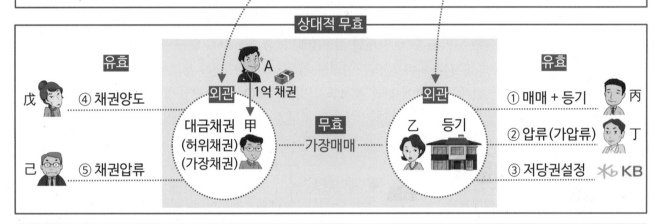

상대적 무효

戊 ── ④ 채권양도 ── 외관 / 대금채권 甲 (허위채권)(가장채권) / A 1억 채권
己 ── ⑤ 채권압류

무효 가장매매

외관 / 乙 등기

① 매매 + 등기 丙
② 압류(가압류) 丁
③ 저당권설정 ❋KB

유효 / 유효

허위표시의 제3자에 해당하는 자	① 가장매매의 매수인으로부터 그 목적물을 다시 매수한 자(가등기[23]한 자도 포함)
	② 가장매매의 목적물을 압류 또는 가압류한 가장매수인의 채권자
	③ 가장매매의 매수인으로부터 저당권[23]을 설정받은 자
	④ 가장매매의 매도인으로부터 대금채권(허위채권)[33]을 양도받은 자
	⑤ 가장매매에 기한 대금채권(허위채권)을 압류 또는 가압류한 가장매도인의 채권자[26,31]
	⑥ 허위의 가등기에 기한 본등기에 터잡아 그 부동산을 양수한 자
	⑦ 가장저당권의 실행으로 부동산을 경락받은 자
	⑧ 허위의 주채무에 대한 보증계약을 체결한 후 그 채무를 이행한 보증인[31,34]
	⑨ 가장채권자가 파산한 경우 그의 파산관재인[31,34](단, 파산관재인의 선의·악의 여부는 파산관재인 개인을 기준으로 하는 것이 아니라 총 파산채권자를 기준으로 판단한다.)[30,32]
	⑩ 실제로는 전세권설정계약을 체결하지 않았으면서 금융기관으로부터 자금을 융통할 목적으로 임차인과 임대인 간의 합의(=통정)에 따라 임차인 명의로 전세권설정등기를 경료한 경우, 그 전세권 위에 저당권을 취득하거나 전세권부채권을 가압류한 자[26,31][23]
허위표시의 제3자에 해당하지 않는 자	① 가장매매의 매수인의 상속인(포괄승계인)
	② 제3자를 위한 계약에서 수익의 의사표시를 한 제3자(수익자)[23,26]
	③ 채권의 가장양도에 있어서의 변제 전 채무자[31]
	④ 선순위 저당권이 가장포기된 경우에 있어서의 기존의 후순위 저당권자
	⑤ 가장매매에 기한 손해배상청구권의 양수인(通說)
	⑥ 대리인이 상대방과 통정하여 허위표시를 한 경우에 있어서의 본인[26,33]
	⑦ 차주와 통정하여 가장소비대차계약을 체결한 금융기관으로부터 그 계약을 인수한 자[34]

4 착오로 인한 의사표시(109)

사례 착오로 인해 건물을 매도한 경우

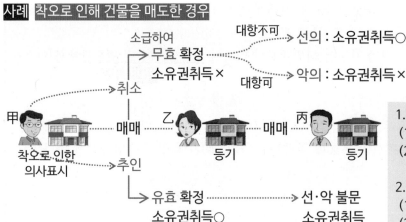

등기부로 연습하기

1	소유권보존		甲
2	소유권이전	매매	乙
3	소유권이전	매매	丙

1. 甲이 착오를 이유로 매매계약을 취소하면
 (1) 乙은 소급하여 소유권을 상실하고
 (2) 선의의 丙은 소유권을 유지하고
    악의의 丙은 소유권을 상실한다.
2. 甲이 추인하면(=취소권을 포기하면)
 (1) 乙은 확정적으로 소유권을 취득하고
 (2) 丙은 선·악을 불문하고 소유권을 유지한다.

Ⅰ. **의의** 표의자가 자신의 의사와 표시가 일치하지 않음을 <u>모르고</u> 한 의사표시
 ┈┈▶ 이 점에서 비진의표시나 허위표시와 구별된다.

Ⅱ. **착오의 유형**

 1. **표시상의 착오** : 표시를 잘못한 경우(誤記) (예) 1,000이라고 쓸 생각이었는데 100이라고 쓴 경우

 2. **내용(의미)의 착오** : 표시의 의미를 잘못 이해한 경우 (예) ㎡를 평(坪)과 같은 것으로 생각하고 쓴 경우

 3. **법률의 착오** : 법률규정의 유무나 의미를 잘못 인식한 경우 (예) 양도세가 부과될 사안인데 부과되지 않을
   것으로 오인한 경우 → 판례는 법률에 관한 착오도 그것이 중요부분에 관한 것이면 취소를 인정한다.

 4. **동기의 착오(★)** : 법률행위(계약)의 내용에는 착오가 없고 의사결정의 동기에만 착오가 있는 경우
   (예) 인근에 전철역이 생긴다는 정보를 듣고 토지를 매수하였으나 헛소문인 것으로 밝혀진 경우

 ➡ 계약취소? ⎰ 원칙 : 취소할 수 없다.
                              (동기는 계약의 내용이 아니므로)
                           ⎱ 예외 : 취소할 수 있다.
                              (동기가 표시되어 계약의 내용이 되었을 때)

 (1) **원칙** : 동기에 착오가 있더라도 법률행위를 취소할 수 없는 것이 원칙이다. 동기는 법률행위의 내용이
   아니기 때문이다. (예) 토지를 매수하였는데 법령상의 제한으로 인하여 의도한 목적대로 사용할 수
   없는 경우(곧바로 벽돌공장을 지을 수 있는 줄 알고 토지를 매입한 사례)

 (2) **예외** : 동기가 상대방에게 표시되어 법률행위의 내용이 된 경우에는 예외적으로 동기의 착오를 이유로
   법률행위를 취소할 수 있다. (예) 20~30평 정도 도로편입을 예상했는데 197평이 편입된 경우
   단, 동기를 법률행위(계약)의 내용으로 삼기로 하는 별도의 합의까지는 요하지 않는다.

 (3) **동기의 착오가 상대방에 의해 유발된 경우** : 동기의 표시 여부를 불문하고 취소할 수 있다.
   (예) 공무원의 법령오해에 따른 권고로 귀속해제된 토지를 귀속재산인 줄 알고 국가에 증여한 경우

Ⅲ. **착오취소의 요건**
 ┈┈▶ p.167 참고
 1. **취소의 요건과 입증책임**

   109 ① 본문
   법률행위의 내용의 중요부분에 착오가 있는 때에는
             입증
             표의자(착오자)
   취소할 수 있다. ◀ 주장 ── 甲

   109 ① 단서
   그 착오가 표의자의 중대한 과실로 인한 때에는
             입증
             상대방
   취소하지 못한다. ◀ 주장 ── 乙

   (1) **중요부분의 착오에 대한 입증 ⇨ 표의자(착오자)** : 착오를 이유로 의사표시를 취소하는 자(=표의자)는
     그 착오가 의사표시에 결정적인 영향을 미쳤다는 점, 즉 만약 그 착오가 없었더라면 의사표시를 하지
     않았으리라는 점을 증명하여야 한다.

   (2) **중과실 존부에 대한 입증 ⇨ 상대방** : 표의자(착오자)의 취소권 행사를 저지하려는 상대방이 표의자에게
     중대한 과실이 있음을 증명하여야 한다.

2. 법률행위의 내용의 중요부분에 착오가 있을 것

(1) 중요부분인지 여부의 판단

1) 이중적 기준 : 표의자가 그러한 착오가 없었더라면 의사표시를 하지 않았으리라고 생각될 정도로 중요해야 하고(주관적 중요성), 보통 일반인도 표의자의 처지에 섰더라면 그러한 의사표시를 하지 않았으리라고 생각될 정도로 중요한 것이어야 한다(객관적 중요성).

2) 경제적 관점 고려 : 당해 착오로 인하여 표의자가 경제적인 불이익을 입은 것이 아니라면 중요부분의[25] 착오라고 할 수 없다. (예) 보증인이 주채무자의 재산에 가압류등기가 있는 줄 모르고 보증계약을[19,23] 하였으나 그 가압류가 원인무효인 것으로 밝혀진 경우

(2) 판례

중요부분의 착오 → 취소可	중요부분의 착오 아님 → 취소不可
• 토지의 현황에 관한 착오(농지→하천)[25]	• 부동산매매에서 시가에 관한 착오[15,16]
• 교환계약에서 토지의 경계에 관한 착오	• 부동산매매에서 수량에 관한 근소한 착오[15,28]
• 주채무자의 동일성에 관한 보증인의 착오	• 계획관리지역지정 예상 → 보전관리지역 지정

3. 표의자에게 중대한 과실이 없을 것

(1) 중대한 과실 : 표의자의 직업, 행위의 종류 등에 비추어 보통 요구되는 주의를 현저하게 결여한 것

중대한 과실 → 취소不可	중대한 과실 아님 → 취소可
• 공장설립을 위해 토지를 매수하는 자가 공장건축의 가부를 관할관청에 문의하지 않은 경우[14,17]	• 부동산중개업자가 매매의 목적물을 잘못 소개하였는데 매수인이 직접 알아보지 않은 경우
• 공인중개사를 통하지 않고 개인적으로 토지거래를 하면서 임야도, 임야대장을 확인하지 않은 경우[23]	• 고려청자를 고가로 매수하면서 출처조회나 전문적 감정인의 감정을 거치지 않은 경우

(2) 상대방이 표의자의 착오를 알고 이용한 경우 : 이때는 착오가 표의자의 중대한 과실로 인한 것이라도[26,28,31,35] 표의자는 착오를 이유로 의사표시를 취소할 수 있다(그러한 상대방은 보호할 가치가 없으므로).

4. 임의규정 : 제109조는 임의규정이므로 당사자의 합의로 착오에 의한 취소권의 발생을 배제할 수 있다.[15,28]

Ⅳ. 착오의 효과

1. 당사자 사이의 효과

(1) 취소 : 표의자는 착오를 이유로 자신의 의사표시를 취소할 수 있고, 취소된 법률행위는 처음부터 무효인 것으로 본다(소급무효). ┌ 이행 전 : 이행할 필요× └ 이행 후 : 부당이득반환청구

(2) 취소자의 손해배상책임× : 착오를 이유로 취소한 자는 상대방에 대하여 손해배상책임을 지지 않는다.[16,26,31] (착오를 이유로 취소하는 것은 위법하지 않아 불법행위가 성립하지 않기 때문)

2. 제3자에 대한 효과 : 착오를 이유로 한 취소는 선의의 제3자에게 대항하지 못한다(상대적 무효).[35]

Ⅴ. 적용범위

소송행위, 공법행위 : 적용×, 소송행위나 공법행위는 착오가 있더라도 민법에 따라 취소할 수 없다.
(예) 소(訴)의 취하는 공법행위이므로 착오가 있더라도 취소할 수 없다.
반면 소취하합의는 사법상의 계약이므로 착오가 있으면 취소할 수 있다.

Ⅵ. 다른 제도와의 관계

1. 착오와 사기 : 타인의 기망행위로 착오가 생긴 경우, 착오로 인한 취소권과 사기로 인한 취소권이 경합하므로 표의자는 어느 쪽이든 선택하여 행사할 수 있다.[15]

2. 착오와 해제 : 이미 해제된 계약도 착오를 이유로 취소할 수 있다.[13,15,19,22,23,25,26,31,32,35]

① 甲, 乙 : 매매계약 체결   ② 乙 : 착오 발견, 중도금지급×
③ 甲 → 乙 : 채무불이행을 이유로 계약 해제
④ 乙 → 甲 : 착오를 이유로 계약 취소可 ┄┄ 계약해제의 효과로서 발생하는 손해배상책임을 면하기 위하여

3. 착오와 하자담보책임 : 매매계약의 중요부분에 착오가 있는 경우, 매수인은 매도인의 하자담보책임이 성립하는지와 상관 없이 착오를 이유로 매매계약을 취소할 수 있다(위작인 줄 모르고 그림을 매수한 경우).[31]

5 하자 있는 의사표시(110)

사례 사기나 강박을 당해 건물을 매도한 경우

소급하여 → 무효 확정 소유권취득×

대항不可 → 선의 : 소유권취득○
대항可 → 악의 : 소유권취득×

→ 취소
甲 하자 있는 의사표시
매매 → 乙 사기 강박 등기 매매 → 丙 등기
→ 추인

→ 유효 확정 소유권취득○ → 선·악 불문 소유권취득○

등기부로 연습하기

1	소유권보존		甲
2	소유권이전	매매	乙
3	소유권이전	매매	丙

1. 甲이 사기·강박을 이유로 매매계약을 취소하면
   (1) 乙은 소급하여 소유권을 상실하고
   (2) 선의의 丙은 소유권을 유지하고
       악의의 丙은 소유권을 상실한다.
2. 甲이 추인하면(=취소권을 포기하면)
   (1) 乙은 확정적으로 소유권을 취득하고
   (2) 丙은 선·악을 불문하고 소유권을 유지한다.

Ⅰ. **의의** 사기나 강박을 당하여 한 의사표시 / 하자 있는 의사표시는 의사결정의 과정에 하자가 있을 뿐 의사와 표시가 불일치하는 것은 아니라는 점에서 의사가 흠결된 경우(비·허·착)와 구별된다.

    * **착오와 사기의 구별** 채무자의 기망행위로 인해 신원보증서류인 줄 알고 연대보증서면에 서명날인한 경우
    → 사기를 이유로 취소×, 착오를 이유로 취소○

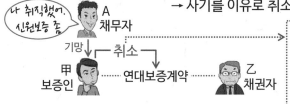

나 취직했어. 신원보증 좀
A 채무자
기망 ↓ 취소 →
甲 보증인 ···· 연대보증계약 ···· 乙 채권자

이는 의사와 표시가 일치하지 않는 표시상의 착오에 해당하므로[28] 비록 그 착오가 제3자의 기망행위에 의해 일어난 것이라 하더라도 사기에 의한 의사표시의 법리가 아닌[19] 착오에 의한 의사표시의 법리만을 적용하여 취소권 행사의 가부를 가려야 한다.

Ⅱ. **사기·강박의 요건**

1. **사기**

(1) **사기자의 고의** : 사기는 고의에 의해서만 성립하고, 과실에 의한 사기는 인정되지 않는다.[15+]

(2) **기망행위** : 어떤 사정을 상대방에게 알려줄 법률상의 고지의무가 있는 자가 이를 알려주지 않은 경우에는 단순한 침묵도 기망이 될 수 있다(부작위(不作爲)에 의한 기망).
  1) 교환계약의 당사자가 자기 소유 목적물의 시가를 묵비하거나 허위로 높게 고지한 것 → 기망×[21,25,32,35] [14,15,19,24]
  2) 아파트 분양자가 인근에 공동묘지가 있다는 사실을 수분양자에게 고지하지 않은 것 → 기망○[27,35]
  3) 임차인이 임차권을 양도하면서 임대인의 동의 여부를 양수인에게 설명하지 않은 것 → 기망○

(3) **기망행위의 위법성** : 기망행위는 위법한 것이어야 한다.

    * **허위·과장광고의 위법성** { 다소의 허위·과장 : 위법× (예) 상가분양회사의 과장광고(첨단오락타운)[27]
    구체적 사실을 비난받을 정도로 허위로 고지 : 위법○ (예) 백화점의 변칙세일

(4) **기망과 의사표시 사이의 인과관계** : 사기의 경우는 착오의 경우와는 달리 기망행위로 인하여 법률행위의 중요부분에 착오를 일으킨 경우뿐만 아니라 법률행위의 내용으로 표시되지 아니한 의사결정의 동기에 착오를 일으킨 경우에도 그 법률행위를 사기를 이유로 취소할 수 있다.

2. **강박**

(1) **강박자의 고의** : 과실에 의한 강박은 성립할 수 없다.

(2) **강박행위** : 강박의 정도에 따라 의사표시의 효과가 달라진다.
  1) 극심○ → 의사결정의 자유를 완전히 박탈 → 의사표시는 처음부터 무효이다.[17,23,25]
  2) 극심× → 의사결정의 자유를 제한하는 정도 → 의사표시를 취소할 수 있다(제110조).

(3) **강박행위의 위법성** : 강박행위는 위법한 것이어야 한다.

    부정행위에 대한 고소·고발의 위법성 { 원칙 : 정당한 권리행사 → 위법×
    예외 : 부정한 이익을 취득할 목적인 경우 → 위법○[15]

(4) **강박과 의사표시 사이의 인과관계**

Ⅲ. 사기·강박의 효과

1. 상대방의 사기·강박 : 표의자는 그 의사표시를 취소할 수 있다(110①).

2. 제3자의 사기·강박 13,18,19,21,23,27

(1) 취소의 요건 : 표의자는 상대방이 제3자의 사기·강박 사실을 <u>알았거나</u> <u>알 수 있었을 경우</u>에 한하여
   그 의사표시를 취소할 수 있다(110②).

> 상대방의 악의나 과실에 대한 입증책임은 의사표시를 취소하고자 하는 표의자에게 있다.

상대방과 동일시할 수 있는 제3자의 사기 · 강박

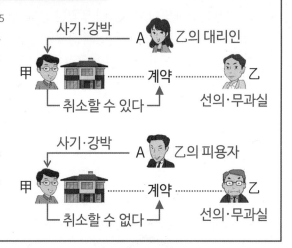

* **상대방의 대리인에 의한 사기 · 강박** 14,15+,18,19,25,27,31,35
   상대방의 대리인(A)은 상대방(乙)과 동일시할 수 있으므로 이 경우는 제3자의 사기·강박에 해당하지 않는다. 따라서 상대방(乙)이 그 사실에 대해 선의·무과실인 경우에도 甲은 계약을 취소할 수 있다.

* **[비교] 상대방의 단순한 피용자에 의한 사기 · 강박**
   상대방의 단순한 피용자는 상대방과 동일시할 수 없으므로 이 경우는 제3자의 사기·강박에 해당한다. 따라서 상대방이 그 사실에 대해 악의 또는 과실이 있는 경우에 한하여 계약을 취소할 수 있다.

(2) 제3자에 대한 손해배상청구 : 제3자의 사기·강박으로 인하여 계약을 체결한 자는 그 계약을 취소하지 않고서도 그 제3자를 상대로 불법행위로 인한 손해배상을 청구할 수 있다. 16,18,25

3. 제3자에 대한 효과 : 사기·강박으로 인한 취소는 선의의 제3자에게 대항하지 못한다(상대적 무효). 15,18

Ⅳ. 적용범위

공법행위, 소송행위 : 적용×. 공법행위나 소송행위는 사기·강박을 이유로 취소하지 못한다. 16,25

Ⅴ. 다른 제도와의 관계

1. 사기와 담보책임 : 사기로 인한 취소와 담보책임은 경합하므로 선택적으로 주장할 수 있다. → p.132
   (예) 매수인이 매도인의 기망에 의해 하자 있는 물건을 매수한 경우 15,15+

2. 사기·강박과 불법행위책임

(1) **취소와 손해배상청구** : 의사표시의 취소와 함께 불법행위로 인한 손해배상을 청구할 수 있다.

(2) **부당이득반환청구와 손해배상청구** : 선택적 행사 可, 중첩적 행사 不可 (∵이중배상금지)

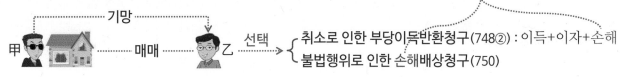

6 의사표시의 효력발생

Ⅰ. 의사표시의 효력발생시기

1. **원칙 : 도달주의(111①)** [16,24] – 상대방 있는 의사표시는 상대방에게 도달한 때에 그 효력이 생긴다.

  (1) **도달의 의의** : 의사표시의 도달이란 사회관념상 상대방이 그 통지의 내용을 알 수 [16] 있는 객관적인 상태에 놓인 것을 지칭하고, 상대방이 그 통지를 현실적으로 수령하였거나[17] 그 통지의 내용을 알았을[30,35] 것까지는 요하지 않는다.

  (2) **도달의 예**

    1) 서신이 상대방의 우편함에 투입된 경우 : 도달○

    2) 우편물이 상대방의 가족에게 교부된 경우 : 도달○

    3) 상대방이 정당한 사유 없이 우편물의 수령을 거절하는 경우 : 도달○(수취거부 시에 효력발생)[17,35]

    4) 수신인 기재를 잘못하여 상대방이 개봉할 여지가 없는 경우 : 도달×

  (3) **도달의 효과**

    1) **(자기)구속력** : 의사표시가 효력이 발생하면[=상대방에게 도달하면] 표의자는 그 의사표시를 철회할 수 없다.[22,28,30]

    2) **발송 후의 사정변경** : 의사표시자가 의사표시를 발송한 후에 사망하거나[16,18,24,27,30,35] 제한능력자가 되어도[22,24,27] 의사표시의 효력에 영향을 미치지 않는다(111②). 즉 표의자가 사망했다고 해서 무효가 되거나 표의자가 제한능력자가 되었다고 해서 취소할 수 있게 되는 것이 아니다.

  (4) **도달의 입증**

    1) 등기우편(ex.내용증명우편)[35]으로 발송되고 반송되지 않은 경우[22,27,30] : 도달된 것으로 추정○

    2) 보통우편으로 발송한 경우[16,24] : 도달된 것으로 추정×

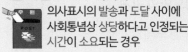

2. **예외 : 발신주의**

  (1) 무권대리에서 상대방의 최고에 대한 본인의 추인(131)

  (2) 격지자 간의 계약성립시기(531) : 승낙 발송 시 계약성립 [15,17,20,26] → p.115

Ⅱ. 의사표시의 수령능력

제한능력자에 대한 의사표시의 효력 : 의사표시의 상대방이 의사표시의 수령 당시 제한능력자인 경우에는 표의자는 그 의사표시로써 상대방에게 대항하지[35] 못한다. 다만, 상대방의 법정대리인이 도달사실을 안 이후에는 대항할 수 있다(112).[17,23]

① 甲 → 乙 : 의사표시의 효력발생을 주장할 수 없다. 단, 乙의 법정대리인이 도달사실을 안 이후에는 의사표시의 효력발생을 주장할 수 있다.

② 乙 → 甲 : 의사표시의 효력발생을 주장할 수 있다.

Ⅲ. 의사표시의 공시송달 [16,22,24,28]

표의자가 과실 없이 상대방을 알지 못하거나 상대방의 소재를 알지 못하는 경우(113)

제4장 법률행위의 대리

1 총설

Ⅰ. **의의** : 대리란 타인이 본인의 이름으로 의사표시를 하거나 의사표시를 수령함으로써 그 법률효과를 직접 본인에게 귀속시키는 제도이다.

대리인   현명(顯名)   능동대리   수동대리   권리와 의무

Ⅱ. 대리의 3면관계

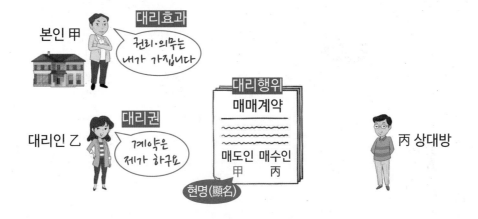

Ⅲ. 대리의 종류

1. **임의대리 · 법정대리** : 대리권의 발생원인에 따른 구별 → 대리권의 소멸사유와 복임권에서 차이

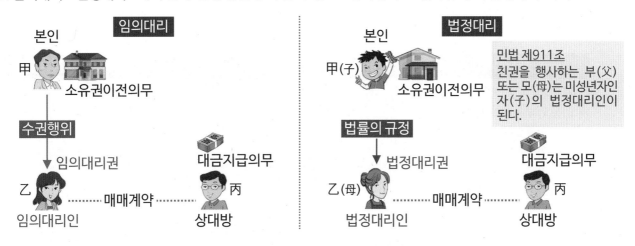

민법 제911조
친권을 행사하는 부(父) 또는 모(母)는 미성년자인 자(子)의 법정대리인이 된다.

2. **능동대리 · 수동대리** : 의사표시의 방향에 따른 구별 → 현명의 주체와 공동대리의 제한에서 차이

일반적으로 임의대리권은 수동대리권(=수령대리권)을 포함한다.

3. **유권대리 · 무권대리** : 대리권의 유무에 따른 구별 → 대리행위의 효과에서 차이

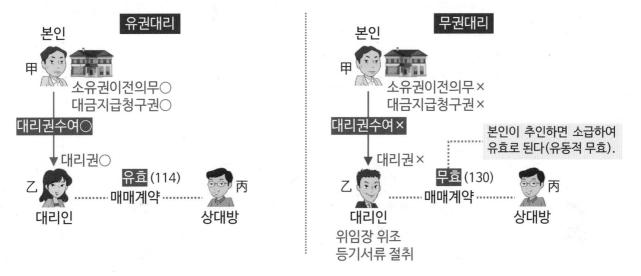

본인이 추인하면 소급하여 유효로 된다(유동적 무효).

위임장 위조
등기서류 절취

2 대리권

Ⅰ. **의의** : 대리인이 본인의 이름으로 의사표시를 하거나 수령함으로써 그 법률효과를 직접 본인에게 귀속
　　　시킬 수 있는 지위 내지 자격 / 대리권은 권리가 아니라 권한(지위·자격)일 뿐

Ⅱ. **발생**

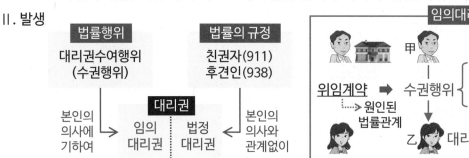

법률행위	법률의 규정
대리권수여행위 (수권행위)	친권자(911) 후견인(938)

본인의 의사에 기하여 → 임의 대리권 / 법정 대리권 ← 본인의 의사와 관계없이

대리권

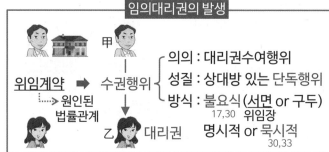

임의대리권의 발생

甲

위임계약 ➡ 수권행위 ┌ 의의 : 대리권수여행위
　·····➤ 원인된 　　　　　├ 성질 : 상대방 있는 단독행위
　　　 법률관계 　　　　　└ 방식 : 불요식(서면 or 구두)
乙 대리권 　　　　　　17,30 위임장
　　　　　　　　　　　　명시적 or 묵시적
　　　　　　　　　　　　　　30,33

Ⅲ. **범위(★)**

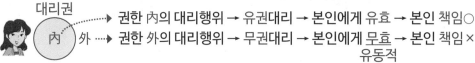

대리권 內·····➤ 권한 內의 대리행위 → 유권대리 → 본인에게 유효 → 본인 책임○
外·····➤ 권한 外의 대리행위 → 무권대리 → 본인에게 무효 → 본인 책임×
　　　　　　　　　　　　　　　　　　　　　　유동적

1. **법정대리권의 범위**

2. **임의대리권의 범위** : 임의대리권의 범위는 수권행위의 해석을 통해 결정된다.

　　　　　　　　27,29
(1) 해석기준 ┌ 보존행위(○) : 아무런 제한 없이 할 수 있다.
　　(118) 　├ 이용·개량행위(△) : 물건이나 권리의 성질이 변하지 않는 범위에서만 할 수 있다.
　　　　　　└ 처분행위(×) : 할 수 없다. 처분행위를 하려면 별도의 수권(특별수권)을 받아야 한다.

보존행위○	이용·개량행위△	처분행위×
• 가옥의 수선 • 미등기부동산의 등기 22,23,28 • 소멸시효의 중단 22 • 채권의 추심 • 기한이 도래한 채무의 변제 • 부패하기 쉬운 물건의 매각 22	• 물건의 임대○ • 무이자소비대차를 이자부로 변경○ 22 • 논 → 밭× (물건의 성질이 변함) • 예금 → 주식·사채× (권리의 성질이 변함) 　　　　　　22	• 물건의 매각 • 채무의 면제 • 계약의 해제, 취소 • 전세권·저당권의 설정

(2) **임의대리권의 범위에 관한 판례(★)**

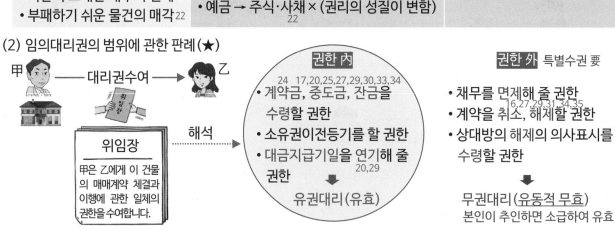

甲 ── 대리권수여 ➡ 乙

권한 內
24　17,20,25,27,29,30,33,34
• 계약금, 중도금, 잔금을 수령할 권한
• 소유권이전등기를 할 권한
• 대금지급기일을 연기해 줄 권한
　　　　　　20,29
⬇
유권대리 (유효)

위임장
甲은 乙에게 이 건물의 매매계약 체결과 이행에 관한 일체의 권한을수여합니다.

해석 ➡

권한 外 특별수권 要
16,27,29,31,34,35
• 채무를 면제해 줄 권한
• 계약을 취소, 해제할 권한
• 상대방의 해제의 의사표시를 수령할 권한
⬇
무권대리 (유동적 무효)
본인이 추인하면 소급하여 유효

대리권의 남용(배임적 대리행위)

1. **의의** : 대리인이 외형적·형식적으로는 대리권의 범위 내에서 대리행위를 하였지만(유권대리)
　　　　 실질적으로는 본인의 이익이 아닌 자기 또는 제3자의 이익을 위해서 대리권을 행사한 경우

2. **효과** : 판례는 배임적 대리행위의 효력에 대해 비진의표시에 관한 규정(107①)을 유추적용한다. → p.27
　　　　　　　　　　　　　　　　　　　16,29

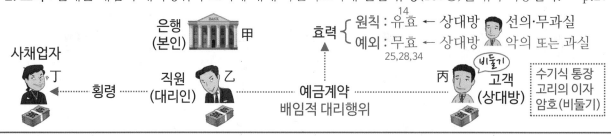

사채업자

은행 (본인) 甲

직원 (대리인) 乙

丁 ◀ 횡령

효력 ┌ 원칙 : 유효 ← 상대방 선의·무과실
　　　└ 예외 : 무효 ← 상대방 악의 또는 과실
　　　　　　　25,28,34

丙 고객 (상대방)

수기식 통장 고리의 이자 암호(비둘기)

예금계약
배임적 대리행위

Ⅳ. 제한

1. 자기계약 · 쌍방대리 금지(124)

(1) 의의

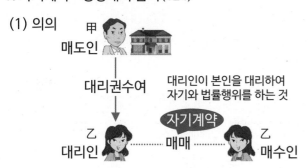 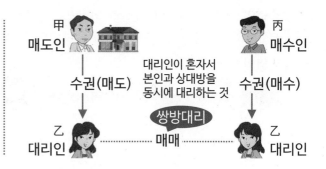

(2) 허용 여부

1) **원칙적 금지** : 자기계약이나 쌍방대리는 본인의 이익을 해할 우려가 있으므로 원칙적으로 금지된다. 가령 부동산 입찰절차에서 동일 물건에 관하여 이해관계가 다른 2인 이상의 대리인이 된 경우[20] 그 대리인이 한 입찰은 무효이다(쌍방대리 금지 위반).

2) **예외적 허용** : ① 본인의 허락이 있거나[25,30,33] ② 다툼이 없고 기한이 도래한 채무의 이행[27](=변제)의 경우

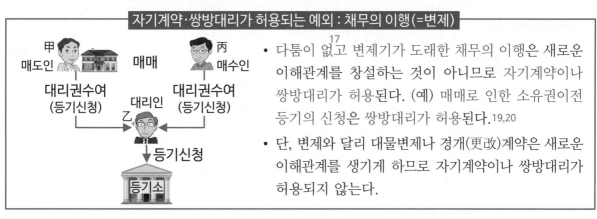

> **자기계약·쌍방대리가 허용되는 예외 : 채무의 이행(=변제)**
>
> - 다툼이 없고[17] 변제기가 도래한 채무의 이행은 새로운 이해관계를 창설하는 것이 아니므로 자기계약이나 쌍방대리가 허용된다. (예) 매매로 인한 소유권이전 등기의 신청은 쌍방대리가 허용된다.[19,20]
> - 단, 변제와 달리 대물변제나 경개(更改)계약은 새로운 이해관계를 생기게 하므로 자기계약이나 쌍방대리가 허용되지 않는다.

(3) 위반의 효과 : 자기계약·쌍방대리의 금지규정을 위반한 대리행위는 무권대리가 된다. 따라서 기본적으로 무효이지만 본인이 추인하면 소급하여 유효가 된다(유동적 무효).[28]

(4) 적용범위 : 자기계약과 쌍방대리는 임의대리에서뿐만 아니라 법정대리에서도 금지된다.

2. 공동대리(119)

(1) **대리인이 수인인 경우** : 원칙 – 각자대리 / 예외 – 공동대리[16,24,25,27,29,30,31,33]

(2) **'공동'의 의미** : 의사결정의 공동○, 표시행위의 공동×

(3) **적용범위** : 공동대리의 제한은 수동대리에는 적용되지 않는다.[13]
    즉, 공동대리인도 의사표시의 수령은 각자가 단독으로 할 수 있다.

(4) **위반** : 무권대리로서 본인이 추인하면 유효로 될 수 있다(유동적 무효).

Ⅴ. 소멸

1. 임의대리권·법정대리권의 공통소멸사유(127)

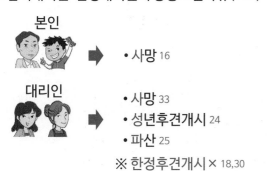

- 사망[16]
- 사망[33]
- 성년후견개시[24]
- 파산[25]
- ※ 한정후견개시 × [18,30]

2. 임의대리권에 특유한 소멸사유(128)

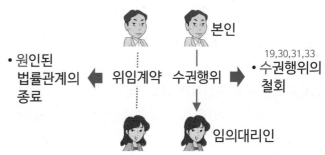

- 원인된 법률관계의 종료
- 위임계약
- 수권행위
- 수권행위의 철회[19,30,31,33]

3 대리행위

※ 대리행위 : 대리인이 본인의 이름으로 하는 법률행위

Ⅰ. 현명(顯名)주의

→ 법률효과(=권리·의무)가 본인에게 귀속된다는 의미

1. **현명의 의의** : 대리인이 자신의 의사표시가 <u>본인을 위한 것</u>임을 표시하는 것(114)

        수동대리의 경우에는 상대방이 현명(=본인에 대한 의사표시임을 표시)을 해야 한다.

2. **현명의 방식** : 현명의 방식에는 특별한 제한이 없고(不要式), 반드시 명시적일 필요도 없다.

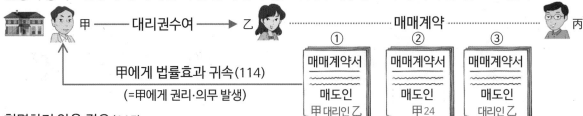

甲 ── 대리권수여 ──▶ 乙 ·········· 매매계약 ·········· 丙

① 매매계약서 / 매도인 甲 대리인 乙

② 매매계약서 / 매도인 甲24

③ 매매계약서 / 매도인 대리인 乙

甲에게 법률효과 귀속(114)
(=甲에게 권리·의무 발생)

3. **현명하지 않은 경우(115)**

매매계약서 / 매도인 乙

  원칙 : 그 의사표시는 <u>대리인 자신(</u>[15+,24]<u>)을 위한 것</u>으로 본다. → 간주○, 추정×[16]

      대리인에게 법률효과(=권리·의무)가 귀속한다는 의미

      → 대리인은 착오를 이유로 계약을 취소할 수 없다.

  예외 : 본인( )에게 효과가 귀속한다. ← <u>상대방이 알았거나 알 수 있었을 경우</u>

        (예) 乙이 丙에게 甲의 위임장을 제시한 경우 [15+,20,35]

Ⅱ. 대리행위의 하자

甲   乙

의사의 흠결(비, 허, 착)
의사표시의 하자(사·강)
선의·악의 및 과실 유무

⇒ 누구를 표준으로 결정하는가?

········ 계약 ········ 丙

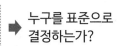

1. **일반적인 경우(116①)** : 대리인([13,27])을 표준으로 결정한다. 단, 그 효과는 본인([33])에게 귀속한다.

 (1) **비진의표시, 허위표시** : 진의 아닌[27] 의사표시인지 여부는 대리인을 표준으로 결정한다. 또한 대리인이 상대방과 통정하여 허위표시를 하였다면 본인이 선의라도 그 대리행위는 본인에게 무효이다.

 (2) **착오, 사기·강박** : 사기·강박을 당했는지[24] 여부는 대리인을 표준으로 결정하지만, 그로 인한 취소권은[33] 본인에게 귀속한다. 즉 대리인이 사기·강박을 당한 경우, 본인은 그 계약을 취소할 수 있다.

 (3) **이중매매의 경우 적극가담 여부는 대리인을 기준**[15,26] : 이중매매가 대리인에 의해 이루어진 경우, 제2매수인의 대리인이 매도인의 배임행위에 적극가담하였다면, 본인(=제2매수인)이 그러한 사정을 몰랐더라도 그 매매계약은 반사회질서의 법률행위로서 무효가 된다.[30] → p.22

 (4) **불공정한 법률행위**[15+,17,18,25,28,31,34] : 궁박은 본인의 입장에서, 경솔·무경험은 대리인을 기준으로 판단한다. → p.23

2. **본인의 지시에 좇아 특정한 법률행위를 한 경우(116②)** : 본인( )을 표준으로 결정한다.

    대리인이 본인의 지시에 좇아 특정한 법률행위를 한 경우에는 본인을 기준으로 선의·악의 및 과실 여부를 결정한다. 가령 대리인이 본인이 지정한 물건을 매수한 경우, 본인이 그 물건에 하자가 있다는 것을 알고 있었으면 설령 대리인이 몰랐더라도 본인은 매도인에 대하여 하자담보책임을 물을 수 없다.

Ⅲ. 대리인의 능력

1. **의사능력 要**[17] : 의사무능력자가 한 대리행위는 무효이다.[19]

2. **행위능력 不要** : 대리인은 행위능력자임을[34] 요하지 않는다(117).

    따라서 대리행위는 제한능력자가 한 경우에도 취소할 수 없다.[29,31]

    단, 대리인과 본인 간의 내부적 위임계약은 대리행위가 아니므로 대리인의 제한능력을 이유로 취소할 수 있다.[16]

甲

위임계약 | 대리권수여
↓
乙 ─ 매매계약 ─ 丙
미성년자
취소可[16]
취소不可[14,16,24,31]

4 대리효과

법률효과는 모두 본인에게 귀속 : 법률행위 자체의 효과(소유권이전의무와 대금지급청구권)뿐만 아니라 그에 따른 부수적 효과(취소권[24], 해제권, 손해배상청구권, 원상회복의무[29,34] 등)도 모두 본인에게 귀속한다. 가령 대리인에 의해 체결된 계약이 해제된 경우, 해제로 인한 원상회복의무는[29,34] 본인이 부담한다. 이는 본인이 대리인으로부터 급부를 인도받지 못하였거나 대리인에게 해제의 원인에 관한 귀책사유가 있다 하더라도 마찬가지이다.

5 복대리

Ⅰ. 의의 및 성질

복대리인이란 대리인이 그 권한 내의 행위를 하게 하기 위하여 대리인 자신의 이름으로 선임하는 본인의[1] [19,33][2.] [3.] [4.]
대리인을 말한다.

	임의대리인	법정대리인
요건	승낙, 부득이한 사유	자유롭게 선임
책임	과실책임	무과실책임
감경	본인의 지명	부득이한 사유

1. 복대리권(子權)은 대리권(母權)을 초과할 수 없다.
2. 복대리인 선임행위, 즉 복임행위는 대리행위가 아니다.[17,19]
3. 복대리인은 언제나 임의대리인이다.[19,20]
4. 복대리인은 대리인의 대리인이 아니라 본인의 대리인이다.
[19,21,29,30,31,32,33]

Ⅱ. 대리인의 복임권과 책임(★)

1. 임의대리인의 복임권과 책임(120,121)

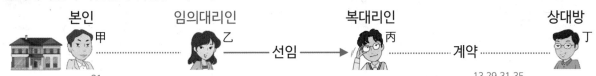

(1) **요건**: 본인의[21] 승낙이나 부득이한 사유가 있는 때에만 선임할 수 있다(원칙적으로 복임권 없음).[13,29,31,35]
  [32,34] • **명시적 승낙**: 대리인 자신에 의한 처리가 필요한 사무의 경우에는 명시적 승낙 없이는 복대리인을 선임하지 못한다.
  • **묵시적 승낙**: 대리인 자신에 의한 처리가 필요하지 않은 사무의 경우(=대리인의 능력에 따라 성공 여부가 결정되는 것이 아닌 사무)에는 본인이 복대리 금지의 의사를 명시하지 않는 한 묵시적인 승낙이 있는 것으로 본다.

(2) **책임**: 선임·감독상의 과실이 있을 때에만 책임을 진다(과실책임).[13,15,23,30,32]

(3) **책임 감경**: 본인의[21] 지명에 의해 선임한 경우에는 그 부적임 또는 불성실함을 알고 본인에 대한 통지나 해임을 태만히 한 때에만 책임을 진다.

2. 법정대리인의 복임권과 책임(122)

(1) **요건**: 그 책임으로 복대리인을 선임할 수 있다(자유롭게 선임).[33,34] [13,15,30]

(2) **책임**: 선임·감독상의 과실이 없는 때에도 책임을 진다(무과실책임).

(3) **책임 감경**: 부득이한[17,21] 사유로 선임한 때는 선임·감독상의 과실이 있는 때에만 책임을 진다(과실책임).

Ⅲ. 복대리인의 지위(123)

1. **본인이나 상대방에 대한 관계**: 복대리인은 대리인과 동일한 권리와 의무를 가진다.[19,21,34]

2. **대리인과의 관계**: 복대리권의 존재 및 범위는 대리권에[17] 의존한다(母權, 子權 관계).
 (1) 복대리권은 대리권을 초과할 수 없고, 대리권이 소멸하면 복대리권도 소멸한다.[13,19,30,32]
 (2) 복대리인이 선임되었다고 해서 대리인의 대리권이 소멸하는 것은 아니다.

3. **복대리인의 복임권**: 복대리인은 성질상 임의대리인이므로 임의대리인과 동일한 요건과 책임으로 다시 복대리인을 선임할 수 있다. 본인의 승낙 또는 부득이한 사유 / 과실책임[15]

Ⅳ. 복대리권의 소멸

1. **일반적 소멸사유**: 본인의 사망 / 복대리인의 사망, 성년후견개시, 파산

2. **임의대리권의 특유한 소멸사유**: 내부적 법률관계(가령 위임계약)의 종료, 수권행위의 철회

3. **대리권의 소멸**: 대리권(母權)이 소멸하면 복대리권(子權)도 소멸한다.[13,15,18,19,30]

6 무권대리

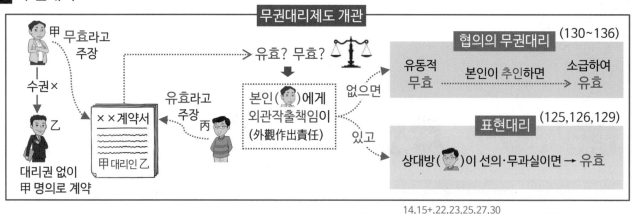

무권대리제도 개관

甲 무효라고 주장
수권×
乙
대리권 없이 甲 명의로 계약

××계약서
甲 대리인 乙

유효라고 주장
丙

유효? 무효?

본인(😊)에게 외관작출책임이 (外觀作出責任)

없으면
있고

협의의 무권대리 (130~136)
유동적 무효 ──본인이 추인하면──> 소급하여 유효

표현대리 (125,126,129)
상대방(😊)이 선의·무과실이면 → 유효

I. 협의의 무권대리(★)

1. 계약의 무권대리(131~135)

(1) 본인과 상대방 사이의 관계(131~134)

본인
甲
대리권수여× →
무권대리인
乙 위임장 위조 등기서류 절취

매매계약서
甲: 소유권이전
丙: 대금지급
甲(代)乙 丙

상대방
丙

甲에게 효력이 없으나, 甲이 추인하면 소급하여 효력이 생긴다(유동적 무효). [14,15+,22,23,25,27,30]

추인

1) **의의**: 무권대리행위의 효과를 본인에게 발생케 하는 본인의 의사표시
2) **성질**: 의사표시(단독행위[22], 상대방의 동의 不要[19]), 형성권, 사후대리권의 수여는 아님
3) **요건**
 ① **시기**: 상대방(丙)이 계약을 철회하기[16] 전에 해야 한다.
 ② **상대방**: 추인의 상대방에는 제한이 없다.[23] 무권대리인(乙)[15+,28,34], 상대방(丙)[19,23,35], 승계인(丁) 등
  단, 상대방에게 추인하지 않은 경우에는 상대방에게 대항하지 못한다.[15,26,28] 즉 상대방이 추인사실을 모른 경우 계약을 철회할 수 있고, 이때 본인은 추인의 효과를 주장하지 못한다.[16,33]
 ③ **방법**: 묵시적 추인도 가능[30] (예) 매매대금 수령○, 유예 요청○, 장기간 방치×[16,35]
  일부추인이나 변경을 가한 추인은 상대방의 동의가 없는 한 무효이다.[17,26][21,30]
4) **효과**: 본인이 추인하면 무권대리행위는 소급하여 유효가 된다(133).[17,18,23,26,27,30,33,35]

거절

1) **의의**: 본인이 추인의 의사가 없음을 통지하는 것
2) **성질**: 의사의 통지(준법률행위) → p.13
3) **효과**: 본인이 추인을 거절하면 무권대리행위는 무효로 확정된다.[22]

등기말소청구
부당이득반환청구

4) **무권대리인이 본인을 상속한 경우**: 무권대리인이 본인의 지위에서 추인을 거절하는 것은 금반언(禁反言)의 원칙이나 신의칙에 반하여 허용될 수 없다. [14,15+,17,21,22,25,28,31,32,34]

최고

1) **의의**: 상대방이 본인에게 추인 여부의 확답을 촉구하는 것
2) **성질**: 의사의 통지(준법률행위)[17,28] → p.13
3) **요건**
 ① **상대방**: 최고는 본인에게 해야 하고, 무권대리인에게는 할 수 없다.
 ② **선의·악의 여부**: 상대방(丙)은 선의·악의를 불문하고 최고할 수 있다.[30]
4) **효과**: 본인이 상당한 기간 내에 확답을 발하지 않으면 추인을 거절한 것으로 본다(131). [15+,16,21,27][31,33,35]

철회

1) **의의**: 무권대리행위를 무효로 확정시키는 상대방의 의사표시
2) **성질**: 의사표시(단독행위[19]), 형성권
3) **요건**
 ① **시기**: 본인(甲)이 추인하기[21] 전에 해야 한다.
 ② **상대방**: 철회는 본인뿐만 아니라 무권대리인에게도 할 수 있다.
 ③ **선의·악의 여부**: 최고와 달리 철회는 선의의 상대방만 할 수 있다(134).[14,19,22,26,27,29,32,34,35]
(4) **효과**: 무권대리행위는 무효로[32] 확정되고, 본인은 더 이상 그 행위를 추인할 수 없다.[16]

(2) 무권대리인의 상대방에 대한 책임(135) [14,33]

본인 甲 — 대리권수여× → 무권대리인 乙 — 계약이행 또는 손해배상 — 선택 [15+,21] → 상대방 丙

② 추인× (본인)
① 대리권 증명× (무권대리인)
④ 행위능력○ : 제한능력자는 면책 [19,28,33,34]
③ 선의·무과실 (상대방)

※ 무과실책임 : 제135조의 책임은 대리권의 흠결에 관하여 대리인에게 과실 등의 귀책사유가 있어야만 인정되는 것이 아니고, 무권대리행위가 제3자의 기망이나 문서위조 등 위법행위로 야기되었더라도 그 책임이 부정되지 않는다. [26]

2. 단독행위의 무권대리(136)

(1) 상대방 있는 단독행위의 무권대리

1) 예 : 계약을 체결한 임의대리인이 본인의 특별수권 없이 그 계약을 취소하거나 해제한 경우

2) 효과 : 그 대리행위는 유동적 무효로서, 본인은 이를 추인하여 유효로 할 수 있다. [23]

(2) 상대방 없는 단독행위의 무권대리

1) 예 : 대리권 없이 타인의 이름으로 재단법인을 설립한 경우

2) 효과 : 그 대리행위는 확정적 무효로서, 본인은 이를 추인하여 유효로 할 수 없다. [28]

민법상의 각종 추인

무권대리행위의 추인	제130조 【무권대리】 대리권 없는 자가 타인의 대리인으로 한 계약은 본인이 이를 추인하지 아니하면 본인에 대하여 효력이 없다. 이 추인은 본인이 무권대리행위의 효과를 자기에게 귀속시키도록 하는 의사표시이다.	 甲 수권× 추인 소급효○ 무권대리인 乙 계약 丙 위임장을 위조하여 甲의 이름으로 계약
무효행위의 추인	제139조 【무효행위의 추인】 무효인 법률행위는 추인하여도 그 효력이 생기지 아니한다. 그러나 당사자가 그 무효임을 알고 추인한 때에는 새로운 법률행위로 본다. 이 추인은 새로운 의사표시에 의한 새로운 법률행위이다.	 A 채권 甲 가장매매 乙 (2020년) 소급효× 甲 추인 乙 (2025년)
취소할 수 있는 법률행위의 추인	제143조 【추인의 방법, 효과】① 취소할 수 있는 법률행위는 제140조가 규정한 자가 추인할 수 있고 추인 후에는 취소하지 못한다. 이 추인은 취소할 수 있는 법률행위를 취소하지 않겠다는 의사표시, 즉 취소권의 포기이다.	 甲 동의× 추인 乙 계약 丙 미성년자
취소된 법률행위의 추인 [24]	취소한 법률행위는 처음부터 무효인 것으로 간주되므로 법률행위가 일단 취소된 이상 그 후에는 취소할 수 있는 법률행위의 추인에 의하여 다시 유효하게 할 수는 없고, 다만 무효행위의 추인의 요건과 효력으로서는 추인할 수 있다.	
무권리자의 처분행위에 대한 권리자의 추인 [28,31,34]	무권리자가 타인의 권리를 자기의 이름으로 또는 자기의 권리로 처분한 경우, 본인(=권리자)이 그 처분을 추인하면 무권대리의 추인의 경우와 같이 그 처분은 소급하여 본인에게 효력이 발생한다.	 甲 추인 소급효○ 무권리자 乙 처분 丙 등기를 자기 명의로 이전한 후 乙 자신의 이름으로 처분

II. 표현대리

1. 대리권수여표시에 의한 표현대리(125)

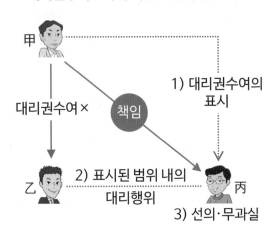

(1) **요건** [23,26]

　1) 본인에 의한 대리권수여의 표시가 있었을 것
　　① 성질 : 관념(사실)의 통지○, 의사표시×
　　② 사회통념상 대리권을 추단케 하는 직함이나 명칭의
　　　사용을 승낙 또는 묵인한 것 → 대리권수여표시 [15]
　　　(예) 경주조선호텔 일본 총대리점, 연락사무소

　2) 표시된 범위 내에서 대리행위를 하였을 것
　　표시된 범위를 넘은 경우 → 126조의 표현대리 성립

　3) 상대방은 선의·무과실일 것

(2) **효과** : 계약이행책임(대리권을 수여한 것처럼)

(3) **적용범위** : 임의대리○, 법정대리×, 복대리○

---

2. 권한을 넘은 표현대리(126)(★)

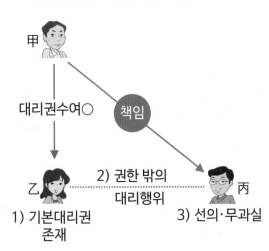

복임권 없는 대리인이 본인의 승낙 없이 임의로 선임한 복대리인을 통하여 권한 외의 법률행위를 한 경우에도 권한을 넘은 표현대리가 성립할 수 있다.

(1) **요건**

　1) 대리인에게 기본대리권이 존재할 것 [33]
　　① 공법행위대리권○[15+,22], 일상가사대리권○[14,17,18,20], 법정대리권○[17,18,23,33]
　　② 이미 소멸한 대리권○[18,20,26,32] : 129 + 126 → 126
　　③ 인감도장의 교부○, 보관×, 인감증명서만의 교부×[15]

　2) 권한을 넘는 대리행위를 하였을 것
　　① 기본대리권과 월권행위는 동종·유사할 필요가 없다.[17,22,26,31]
　　　(예) 등기신청(공법행위) → 대물변제(사법행위)[20]
　　② 대리행위가 없었다면 표현대리가 성립할 수 없다.
　　　(예) 성명모용(姓名冒用) : 본인인 것처럼 행세
　　　(예) 담보권설정의 대리권을 수여받은 자가 부동산을
　　　　자기 명의로 등기한 후 제3자에게 처분한 경우[15,19,29]

　3) 상대방은 선의·무과실일 것(=정당한 이유)
　　정당한 이유 판단시기 : 대리행위 당시의 사정만을 기준[18,19,22,33]
　　으로 판단하고 그 이후의 사정은 고려하지 않음

(2) **효과** : 계약이행책임(권한 내의 행위인 것처럼)

(3) **적용범위** : 임의대리○, 법정대리○, 복대리○[15,22,26,33]

---

3. 대리권소멸 후의 표현대리(129)

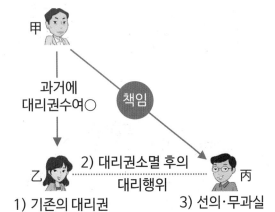

(1) **요건**

　1) 기존의 대리권이 소멸하였을 것

　2) 기존대리권의 범위 내에서 대리행위를 하였을 것
　　기존의 범위를 넘은 경우 → 126조의 표현대리 성립[26,32]

　3) 상대방은 선의·무과실일 것[15+]

(2) **효과** : 계약이행책임(소멸하지 않은 것처럼)

(3) **적용범위** : 임의대리○, 법정대리○, 복대리○

대리인이 대리권소멸 후 복대리인을 선임하여 복대리인으로 하여금 대리행위를 하게 한 경우에도 대리권소멸 후의 표현대리가 성립할 수 있다.[17,23,32,34]

1. 표현대리는 무권대리의 일종이다.

(1) 유권대리에 관한 주장 속에 표현대리의 주장이 포함되어 있다고 볼 수 없다. 26,30,31,32

표현대리가 성립된다고 하여 무권대리의 성질이 유권대리로 전환되는 것은 아니므로, 유권대리에 관한 주장 속에 무권대리에 속하는 표현대리의 주장이 포함되어 있다고 볼 수 없다. 따라서 따로 표현대리에 관한 주장이 없는 한 법원은 나아가 표현대리 성립 여부를 심리·판단할 필요가 없다.

(2) 무권대리에 관한 규정은 표현대리에도 적용된다.

표현대리는 무권대리이다. 따라서 상대방은 최고나 철회를 할 수 있고, 본인은 추인할 수 있다. 그러나 본인이 추인을 거절하는 것은 의미가 없다. 상대방이 표현대리를 주장하면 본인이 책임을 져야 하기 때문이다.

2. 과실상계의 법리는 적용되지 않는다. 14,20,29,32

표현대리가 성립하면 본인은 표현대리행위에 대하여 전적인 책임을 져야 하고, 상대방에게 과실이 있다 하더라도 과실상계의 법리를 유추하여 자신의 책임을 경감할 수 없다(표현대리책임은 계약이행 책임이지 손해배상책임이 아니므로). → p.126, p.130 참고

※ **과실상계(過失相計)** : 채무불이행(또는 불법행위)으로 인한 채무자(또는 가해자)의 손해배상책임의 범위를 정함에 있어서, 채무자(또는 가해자)뿐만 아니라 채권자(또는 피해자)에게도 과실이 있는 경우 법원이 이를 참작하여 채무자(또는 가해자)의 손해배상책임을 감경하는 것(민법 제396조, 제763조)

3. 표현대리의 성립은 직접 상대방만 주장할 수 있다. 32

표현대리 성립의 주장은 무권대리행위의 직접 상대방만 할 수 있고, 상대방이 그 주장을 하지 않는 한 본인이나 승계인(전득자)[15]은 표현대리의 성립을 주장할 수 없다.

4. 강행법규를 위반한 법률행위에 대해서는 표현대리의 법리가 준용되지 않는다. 19,28,29,32,33

(1) 사원총회결의 없는 총유재산 처분(민법 제276조[22] 위반) : 교회의 대표자가 교인총회의 결의를 거치지 아니하고 행한 교회 재산의 처분행위에 대하여는 표현대리에 관한 규정이 준용되지 않는다. → p.81

(2) 사립학교법 위반 : 학교법인의 이사장이 이사회의 심의·결의 없이 기본재산을 처분한 행위는 사립학교법의 규정을 위반한 것으로 무효이므로 표현대리에 관한 규정이 준용되지 않는다.

(3) 증권거래법 위반 : 주식거래에 관한 투자수익보장약정은 증권거래법을 위반한 것으로 무효이므로 표현대리의 법리가 준용될 여지가 없다.

5. 대리행위가 없었다면(=본인을 위한 것임을 현명하지 않은 경우) 표현대리가 성립할 여지가 없다. 18

(1) 본인의 성명(姓名)을 모용(冒用)한 경우 : 사술(詐術)을 써서 대리행위의 표시를 하지 아니하고 단지 본인의 성명을 모용하여 자기가 마치 본인인 것처럼 기망하여 본인 명의로 직접 법률행위를 한 경우에는 표현대리가 성립할 수 없다.

(2) 대리인이 본인의 부동산을 자기 명의로 등기한 후에 처분한 경우 [15,19,29] : 담보권설정의 대리권을 수여받은 자가 그 부동산을 자기 명의로 소유권이전등기를 경료한 후 제3자에게 다시 소유권이전등기를 경료한 경우 표현대리는 성립하지 않는다. 그 행위는 대리인이 자신의 이름으로 한 것이지 본인의 이름으로 한 것이 아니어서 대리행위라고 할 수 없기 때문이다.

6. 복대리인의 법률행위에 대해서도 표현대리의 법리가 적용된다. 15,17,20,22,23,26,30,32,33,34

제5장 법률행위의 무효와 취소

1 무효와 취소의 비교

	무효		취소
의의	법률행위가 성립 당시부터 당연히 그 효력이 발생하지 않는 것		유효한 법률행위를 성립 당시로 소급하여 그 효력을 소멸시키는 것
사유	당사자 : 의사무능력 목적 : 불능, 반사회질서, 불공정 의사표시 : 비진의표시, 허위표시		당사자 : 제한능력 목적 : × 의사표시 : 착오, 사기·강박
효과	처음부터 당연히 무효이다.		취소하기 전까지는 일단 유효하고 취소하면 소급하여 무효로 된다(141).
주장	법률상의 이해관계가 있는 자라면 누구든지 무효를 주장할 수 있다.		법이 정한 일정한 자들만 취소할 수 있다(140).
기간	무효를 주장할 수 있는 기간은 제한이 없다.		취소할 수 있는 기간은 제한이 있다. (3년, 10년) (146).
추인	무효인 법률행위는 추인하여도 효력이 생기지 않는다(139).		취소할 수 있는 법률행위는 추인하여 유효로 확정시킬 수 있다(143).

무효와 취소의 경합(이중효)	하나의 법률행위에 무효사유와 취소사유가 동시에 존재하는 경우, 당사자는 그 중 어느 한 요건을 입증하여 무효나 취소를 선택적으로 주장할 수 있다. (예) 미성년자가 만취상태에서 계약을 한 경우

2 무효

I. 의의 : 법률행위가 성립 당시부터 당연히 그 효력이 발생하지 않는 것

II. 효과 { 이행 전 : 이행할 필요가 없다. (채무불이행책임×)

이행 후 : 부당이득반환을 청구할 수 있다.

단, 반사회질서의 법률행위로서 무효인 경우에는 부당이득반환을 청구할 수 없다.
불법원인급여(p.21)

III. 종류

1. 절대적 무효와 상대적 무효 (원칙)

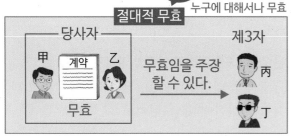

누구에 대해서나 무효

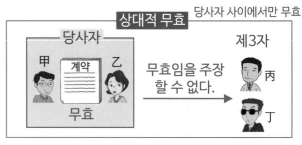

당사자 사이에서만 무효

의사무능력, 강행법규 위반, 반사회적 법률행위
불공정한 법률행위 …

• 비진의표시(예외), 허위표시, 착오, 사기·강박
→ 선의의 제3자에게 대항하지 못한다.
• 명의신탁 → 선의·악의 불문 제3자에게 대항×

2. 확정적 무효와 유동적 무효 (원칙)

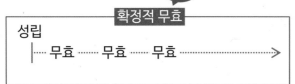

반사회질서, 불공정, 허위표시 등 대부분의 무효

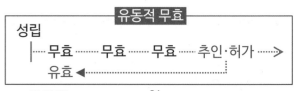

• 무권대리 → 본인이 추인하면 소급하여 유효
• 토지거래허가구역 내의 토지매매계약
→ 허가를 받으면 소급하여 유효

제139조 【무효행위의 추인】 무효인 법률행위는 추인 하여도 그 효력이 생기지 아니한다. 그러나 ~ (後略)

Ⅳ. 법률행위의 일부무효(137)

1. 의의 : 법률행위의 일부에만 무효사유가 존재하는 경우

2. 효과

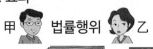

| | 원칙 | 전부무효 21,34 |
| 예외 | |

┈┈➤ 불가분적 법률행위는 일부무효가 될 수 없다.

(객) 무효인 부분을 분할할 수 있고(분할가능성)
(주) 무효부분이 없더라도 법률행위를 하였을 것이라고 인정되면(가정적 의사) ➡ 일부무효

3. 일부무효에 관한 특칙 : 특별법우선의 원칙

(1) 약관규제법 제16조 : 약관의 일부조항이 무효인 경우 → 원칙 : 일부무효[17] / 예외 : 전부무효 → p.112
(2) 이자제한법 제2조 : 약정이율이 최고이자율을 초과한 경우 → 초과부분만 무효(일부무효)

Ⅴ. 무효행위의 전환(138) [21]

1. 의의 : 무효인 법률행위가 다른 법률행위로서 효력이 발생하는 것

2. 요건 및 효과

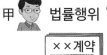

요건
(객) 무효인 법률행위가
다른 법률행위의 요건을 구비하고
(주) 무효를 알았더라면 다른 법률행위를
하였으리라고 인정되면(가정적 의사)[32]

➡ **효과**
다른 법률행위로서
효력이 발생한다.

3. 판례

(1) 신분행위의 전환 : 입양한 자를 친생자로 출생신고 → 입양신고로서 효력 인정
(2) 불공정한 법률행위의 전환[24,25,28,29,31] : 매매계약이 매매대금의 과다로 말미암아 불공정한 법률행위에 해당하여 무효인 경우, 당사자 쌍방이 그 무효를 알았더라면 대금을 다른 액으로 정하여 매매계약을 하였을 것이라고 인정될 때에는 그 대금액을 내용으로 하는 매매계약이 유효하게 성립한다. → p.23

Ⅵ. 무효행위의 추인(139)

1. 의의 : 무효인 법률행위를 유효하게 하려는 의사표시[18,23,24,29] / 무효인 행위를 사후에 유효로 하는 것이 아니라
새로운 의사표시에 의하여 새로운 행위를 하는 것(소급효×)[22,32] / 묵시적인 추인도 가능

2. 요건 및 효과

요건 [34]
(객) 무효의 원인이 소멸된 후에[28,32]
(주) 무효인 줄 알고 추인하면

➡ **효과** [21,28]
새로운 법률행위로
본다.

무효원인이 소멸되지 않는 반사회적 법률행위나[24,25,28] 불공정한 법률행위[20,25], 강행법규 위반의 법률행위[31,32]는 추인에 의해 유효로 될 수 없다.

종전과 같은 법률행위를 새로(=다시) 한 것으로 간주
→ 소급효 없음 [18,23,24,29,34]

3. 예

(1) 당사자	의사무능력상태에서 매매 → 무효	의사능력을 회복한 후에 ┈추인┈	새로운 매매로서 유효
(2) 목적 (내용)	반사회질서, 불공정 강행법규 위반 → 무효	원래의 내용 그대로 ┈추인┈	여전히 무효
(3) 의사표시	상대방과 통정하여 허위로 매매 → 무효	진의(眞意)가 생긴 후에 ┈추인┈	새로운 매매로서 유효 → p.65 참고

토지거래허가제도와 유동적 무효(★)

1. 토지거래허가구역 내의 토지매매계약의 효력

(1) 허가받을 것을 전제로 **계약을 체결한 경우** : 허가를 받기까지는 유동적 무효[30](허가를 받으면 소급하여 유효)
[14,16,20,31]

(2) 처음부터 허가를 배제하거나 잠탈한 경우 : 강행법규(부동산거래신고법) 위반으로 확정적 무효 → p.19

1) 중간생략등기를 한 경우 [16,20,30]	2) 매매를 은닉한 경우	3) 타인의 명의를 도용한 경우

3자간 중간생략등기의 합의를 하면 각 매매는 확정적으로 무효가 된다.	증여 : 허위표시 → 무효 매매 : 강행법규 위반 → 무효	乙 : 허가요건을 갖추지 못함 丙 : 허가요건을 갖춤

2. 유동적 무효의 법률관계

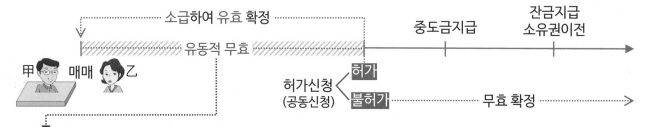

계약이행	1. 허가를 받기 전에는 계약의 물권적 효력은 물론 채권적 효력도 전혀 발생하지 않으므로 권리의 이전 또는 설정에 관한 어떠한 청구도 할 수 없다.[14,15+] 2. 장래 허가를 조건으로 하는 조건부 소유권이전등기청구도 할 수 없다.[26] 3. 소유권이전등기청구권을 피보전권리로 하는 처분금지가처분신청도 허용되지 않는다.
허가신청 절차에 대한 협력	1. 당사자는 계약을 효력이 있는 것으로 완성해야 할 협력의무가 있고, 이러한 협력의무의[20,26] 이행은 소구(訴求)[33]할 수 있다. 2. 매도인의 협력의무는 매수인의 대금지급의무보다 선이행되어야 할[15,15+,18,32] 의무이므로 매도인은 매수인의 대금지급의무의 이행제공이 없음을 이유로 협력의무의 이행을 거절할 수 없다.[30,34] 3. 협력의무이행청구권을 피보전권리로 하는 처분금지가처분신청이 허용된다.
계약해제	1. 계약상의 채무불이행(가령 소유권이전채무불이행이나 대금지급채무불이행)을 이유로[15+,18,26,30] 매매계약을 해제할 수 없다. ← 계약이 무효여서 채무불이행이 성립할 수 없으므로 2. 협력의무불이행[20]을 이유로 계약을 해제할 수 없다. ← 협력의무는 부수적 의무에 불과하므로 3. 계약금에 의한 해제(=계약금 포기 또는 배액상환에 의한 해제)는 가능하다.[14,15,34] 단, 협력의무이행청구 소송제기, 그 소송에서의 승소판결, 그에 따른 허가 등은 이행착수에 해당하지 않으므로 그 이후에도 계약금에 의한 해제가 가능하다.[26,31,33]
손해배상	1. 계약상의 채무불이행을 이유로 손해배상을 청구할 수 없다.[15+] ← 계약이 무효이므로 2. 협력의무불이행[18]을 이유로 손해배상을 청구할 수 있다. 협력의무불이행 시 일정한 손해액을 배상하기로 하는 손해배상액의 예정도 할 수 있다.
부당이득 반환	1. 유동적 무효상태에서는 계약금에 대한 부당이득반환을 청구할 수 없다.[15,18,26] 2. 계약이 확정적으로 무효가 되면 부당이득반환을 청구할 수 있다.[14]
무효·취소 주장	다른 무효사유나 취소사유가 있으면(비, 허, 착, 사·강)[16] 이러한 사유를 주장하여 계약을 확정적으로 무효화시키고 협력의무를 면함은 물론 계약금의 반환을 청구할 수 있다.

3. 효력의 확정

(1) 유효로 확정되는 경우

1) 사유

① 허가처분이 있는 경우

② 허가구역지정이 해제되거나 지정기간 만료 후 재지정되지 않은 경우 [14,20,33] [16,30]

2) 효과 : 허가구역지정이 해제되어 유효가 된 이상 그 후 다시 허가구역으로 재지정되더라도 다시 허가를 받을 필요는 없다.

(2) 무효로 확정되는 경우

1) 사유

① 불허가처분이 있는 경우 [15+,20,29] (단, 불허가의 취지가 미비된 요건의 보정을 명하는 데에 있는 경우, 일방이 불허가 처분을 유도할 의도로 허가신청서에 사실과 다르게 또는 불성실하게 기재한 경우에는 불허가처분에도 불구하고 계약은 확정적 무효로 되지 않고 여전히 유동적 무효상태로 남아 있다.)

② 당사자 쌍방이 허가신청을 하지 않기로 의사표시를 명백히 한 경우 [15,20]

(예) 매도인(해약 및 계약금몰수 통보) + 매수인(계약금반환청구, 토지가압류 신청) [18] → 무효 확정

③ 일방의 채무가 이행불능임이 명백하고 상대방이 계약의 존속을 더 이상 바라지 않는 경우 [33] (거래허가가 나지 않은 상태에서 토지에 관한 경매가 개시되어 제3자에게 소유권이 이전된 경우)

④ 허가를 받기 전에 정지조건이 불성취로 확정된 경우 [15+,20]

* 매매계약 체결 당시 일정한 기간 안에 허가를 받기로 약정하였는데 그 기간 내에 허가를 받지 못한 경우

: 약정기간이 경과하였다는 사정만으로 곧바로 매매계약이 확정적 무효가 되는 것은 아니다. [34]

2) 효과 : 협력의무는 소멸하고, 계약금에 대한 부당이득반환을 청구할 수 있다. [14]

3) 무효주장과 신의칙 : 계약이 확정적으로 무효로 됨에 귀책사유가 있는 자라도 그 계약의 무효를 주장할 수 있고, 그것이 신의칙에 반한다고 할 수 없다. [29]

4. 관련 판례

(1) 토지거래허가구역 내의 중간생략등기

토지거래허가구역 내의 토지가 관할관청의 허가 없이 전전매매되고 당사자들 사이에 중간생략등기의 합의가 있는 경우, 이러한 중간생략등기의 합의란 각 매매계약이 유효하게 성립함을 전제로 그 이행의 편의상 최초 매도인으로부터 최종 매수인 앞으로 소유권이전등기를 경료하기로 한다는 합의에 불과할 뿐 그러한 합의가 있다고 하여 최초 매도인과 최종 매수인 사이에 매매계약이 체결되었다는 것을 의미하는 것은 아니고, 따라서 최종 매수인은 최초 매도인에 대하여 직접 토지거래허가신청절차의 협력의무이행청구권을 가지고 있다고 할 수 없으며(중간생략등기의 합의로 인해 각 매매계약이 확정적으로 무효로 되었으므로 중간 매수인의 협력의무이행청구권을 대위행사할 수도 없음), 설사 최종 매수인이 자신과 최초 매도인을 매매당사자로 하는 토지거래허가를 받아 최종 매수인 앞으로 소유권이전등기를 경료하더라도 그 등기는 적법한 토지거래허가 없이 경료된 등기로서 무효이다. [31]
[16,18,30]

(2) 토지와 건물을 일괄매매한 경우

甲 乙

토지거래허가구역

토지 매매 + 건물 매매 {원칙 : 무효 / 예외 : 유효}

허가 전

토지거래허가를 받기 전에 건물만의 소유권이전등기를 할 수 없는 것이 원칙이다 (∵ 전부무효 원칙).

토지거래허가구역 내의 토지와 건물을 일괄하여 매매한 경우, 일반적으로 토지와 지상건물은 법률적인 운명을 같이하는 것이 거래의 관행이고 당사자의 의사나 경제의 관념에도 합치되는 것이므로, 토지에 관한 당국의 허가가 없으면 건물만이라도 매매했을 것이라고 볼 수 있는 특별한 사정이 인정되는 경우에 한하여 토지에 대한 거래허가가 있기 전에 건물만의 소유권이전등기를 명할 수 있고, 그렇지 않은 경우에는 토지에 대한 거래허가가 있어 그 매매계약의 전부가 유효한 것으로 확정된 후에 토지와 함께 이전등기를 명하는 것이 옳다.

3 취소

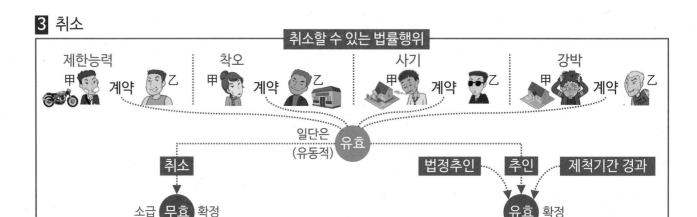

취소할 수 있는 법률행위

제한능력 甲 계약 乙 | 착오 甲 계약 乙 | 사기 甲 계약 乙 | 강박 甲 계약 乙

일단은 (유동적) 유효

취소 → 소급 무효 확정

법정추인 · 추인 · 제척기간 경과 → 유효 확정

Ⅰ. **의의** : 유효하게 성립한 법률행위의 효력을 당사자의 <u>일방적 의사표시</u>에 의하여 법률행위 성립 당시로
소급하여 소멸시키는 것 　　　　　단독행위, 형성권
　　　　　　　　　　　　　　　　　　　20,32

Ⅱ. **요건**

1. **취소권자(140)** : <u>제한능력자</u> , 착오, 사기·강박 + <u>대리인</u>, <u>승계인</u>
　　제한능력자도 단독으로　　　　　　　　　　　　　21,26 법정대리인○　　상속인
　　취소할 수 있다. 21,29,33　　　　　　　　　　　　임의대리인×(특별수권 要) → p.36
　　　　　　　　　　　　　　　15,15+,19,20,21,29,32,35

2. **상대방(142)** : 취소의 의사표시는 취소할 법률행위의 직접 상대방에게 하여야 한다.
　　　　　　　전득자 또는 승계인은 취소의 상대방이 될 수 없다.

취소권자 — 甲 — 매매 → 취소○ → 乙 상대방 등기 — 매매 → 丙 전득자 등기
취소×

3. **방법**

(1) **일방적 의사표시** : 취소권은 형성권이므로 취소는 상대방에 대한 일방적 의사표시로 한다.
　　　　　　　　　　　　20,32
　　　　　　　취소는 단독행위이므로 원칙적으로 조건을 붙일 수 없다. → p.51
　　　　　　　　　　　　　　　　　16

(2) **불요식행위** : 취소는 불요식행위이므로 특별한 방식을 요하지 않는다. 반드시 명시적으로 해야 하는
　　것은 아니고 묵시적으로도 할 수 있다.

甲 ← 사기 ─ 乙 등기
　 매매
등기말소 청구소송 → 법원 ← 소장송달

묵시적 취소(포함적 의사표시) 22
취소를 당연한 전제로 한 소송상의 이행청구나
이행거절 가운데는 취소의 의사표시가 포함되어
있다.

(3) **일부취소**

1) **일부취소 ≒ 일부무효(137)** : 하나의 법률행위의 일부분에만 취소사유가 있는 경우, 그 법률행위가
　　가분적이거나 목적물의 일부가 특정될 수 있고 그 나머지 부분이라도 유지하려는 당사자의 가정적
　　의사가 인정되는 경우에는 그 일부만의 취소도 가능하다. 17,20

2) **일부취소가 부정된 사례** : 매도인의 기망에 의해 토지의 일정부분을 매매대상에서 제외한 경우, 제외된
　　부분에 대하여는 매매계약이 체결(=성립)되지 않았으므로 그 특약만을 취소할 수는 없다. → p.15
　　　　　　　　　　　　　　　　　　　　　　　　　　　16

Ⅲ. **효과**
　　　　　　　　　　　　18,19,20,23,26,29,32,33
1. **소급무효(141)** : 취소된 법률행위는 처음부터 무효인 것으로 본다(소급효).

2. **부당이득반환** : 취소된 법률행위에 기하여 행하여진 급부는 부당이득으로 반환되어야 한다.
　　　　　　　　　　　　　　　　　　　　　　　　　　19

(1) **반환범위** : 선의의 수익자는 현존이익을 반환하고, 악의의 수익자는 <u>손해의 전부</u>를 반환한다.
　　　19,27,33
(2) **특칙** : 제한능력자는 선의·악의를 불문하고 항상 <u>현존이익</u>을 반환한다. ┄➤ 이익 + 이자 + 손해
　　　　　　　　　　　　　　　　　　　　　　　　　┄➤ 생활비로 사용한 것은 현존이익으로 취급된다.26

3. **제3자에 대한 효과**

(1) **제한능력을 이유로 한 취소** : 제3자의 선의·악의를 불문하고 대항할 수 있다. → 절대적 26
(2) **착오, 사기·강박을 이유로 한 취소** : 선의의 제3자에게 대항하지 못한다. → 상대적 15,18,19

Ⅳ. 취소권의 소멸

1. 추인(의사표시에 의한 추인, 임의추인)

(1) **의의** : 취소할 수 있는 법률행위를 취소하지 않겠다는 의사표시 (= 취소권의 포기)

(2) **요건**

  1) **추인권자(143)** : 추인은 취소권을 포기하는 것이므로 추인권자는 취소권자와 동일하다.

  2) **객관적 요건(144)** : 추인은 <u>취소의 원인이 소멸된 후</u>에 하여야 효력이 생긴다.

> ・ **제한능력자** : 행위능력자가 된 후
> ・ **착오** : 착오를 안 후
> ・ **사기·강박** : 사기·강박에서 벗어난 후

    ※법정대리인은 취소원인 소멸 전에도 추인할 수 있다. [17,21,22,27,29]

 甲 미성년자 : 성년이 되어야 추인할 수 있다.　　乙 법정대리인 : 그 전에도 추인할 수 있다.

  3) **주관적 요건** : 추인은 취소할 수 있음을 알고 하여야 효력이 생긴다. [20]

  4) **방법** : 상대방에 대한 일방적 의사표시로 한다(단독행위)

(3) **효과(143)** : 법률행위는 유효한 것으로 확정되고 더 이상 취소할 수 없다. [21,22] / 취소권 소멸 [33]

2. 법정추인(145)

(1) **의의** : 취소할 수 있는 법률행위에 있어서 추인이라고 볼 만한 일정한 사유가 있으면 취소권자의 의사에 관계없이 법률의 규정에 의해 추인이 있었던 것으로 간주하는 제도

(2) **요건**

  1) **객관적 요건** : 취소의 원인이 소멸된 후에 법이 정한 일정한 사유가 발생할 것

  2) **주관적 요건** : 법정추인은 의사표시에 의한 추인과는 달리 취소할 수 있는 법률행위라는 점에 대한 인식은 요하지 않는다. [32]

(3) **효과** : 추인과 같다. 즉 취소권은 소멸하고 법률행위는 유효로 확정된다.

법정추인 연습

甲 **취소권자** ·········· 매매 ·········· 乙 **상대방**

취소의 원인이 소멸한 후에

甲이 乙에게 이행한 경우(○) [16,25,29,30]	이행	乙이 甲에게 이행한 경우(○) [15]
甲이 乙에게 이행을 청구한 경우(○) [16,27,35]	이행청구	乙이 甲에게 이행을 청구한 경우(×) [25,30]
甲과 乙이 경개를 한 경우(○) [30,35]	경개(更改)	甲과 乙이 경개를 한 경우(○)
甲이 乙에게 담보제공한 경우(○) [30,35]	담보제공	乙이 甲에게 담보제공한 경우(○) [16]
甲이 丙에게 권리를 양도한 경우(○) [30]	권리양도	乙이 丙에게 권리를 양도한 경우(×) [16,25]
甲이 강제집행을 한 경우(○) [16,35]	강제집행	乙이 강제집행을 한 경우(○)

> **Point(★)** 이행의 청구와 권리의 양도는 취소권자가 했을 때만 법정추인사유로 인정되고 상대방이 했을 때는 법정추인사유가 되지 않는다. [16,25]

3. 제척기간(146)

(1) **3년, 10년** : 취소권은 추인할 수 있는 날로부터 3년, 법률행위를 한 날로부터 10년 내에 행사하여야 한다. [15,27,28,29,32,33,35]

(2) **'추인할 수 있는 날'의 의미** : 취소의 원인이 소멸한 날 [15,27] ┈┈>

> ・ **제한능력자** : 행위능력자가 된 날
> ・ **착오** : 착오를 안 날
> ・ **사기·강박** : 사기·강박에서 벗어난 날

(3) **직권조사사항** : 이 기간은 소멸시효기간이 아니라 제척기간 [17] 으로서 그 경과 여부는 당사자의 주장에 관계없이 법원이 당연히 조사하여 고려할 사항이다.

제6장 법률행위의 부관(附款)
조건과 기한

1 조건

Ⅰ. 의의

조건은 법률행위의 효력의 발생이나 소멸을 ^{정지조건 해제조건} 장래 일어날 것이 불확실한 사실의 성부(成否)에 의존케 하는 법률행위의 부관이다(특별효력요건○, 특별성립요건×). → p.16

조건도 의사표시의 내용을 이루는 것이므로 조건이 되기 위해서는 조건의 의사와 그 표시가 필요하며 조건의사가 있더라도 그것이 외부에 표시되지 않으면 법률행위의 동기에 불과할 뿐 조건이 될 수 없다. [35]

Ⅱ. 종류

1. 정지조건과 해제조건

(1) 정지조건(147①) : 성취되면 법률행위의 효력을 발생시키는 조건 [29]

(예) 동산의 소유권유보부매매 [19,24,25] : 대금완납을 정지조건으로 하는 소유권이전의 합의

(2) 해제조건(147②) : 성취되면 법률행위의 효력을 소멸시키는 조건 [30]

1) 주택건설을 위한 토지매매계약에서 건축허가신청이 불허되었을 때는 계약을 무효로 한다는 특약

2) 약혼예물의 수수 : 혼인의 불성립을 해제조건으로 하는 증여와 유사한 성질을 가진다.

3) 실권약관(失權約款) : 채무자의 채무불이행을 계약의 해제조건으로 삼은 약정

① **중도금을 약정한 일자에 지급하지 않으면 계약을 무효로 한다는 특약** : 중도금지급기일을 경과하면 계약은 그 일자에 자동적으로 해제된다(해제의 의사표시를 요하지 않음).

② **잔대금을 약정한 일자에 지급하지 않으면 계약을 무효로 한다는 특약** : 잔대금지급기일에 매도인이 자기 채무(소유권이전채무)의 이행제공을 하여 매수인으로 하여금 이행지체에 빠지게 하였을 때 비로소 자동적으로 매매계약이 해제된다.

2. 가장조건(★) : 조건처럼 보이지만 조건이 아니어서, 법률행위의 효력이 유효나 무효로 확정된다.

(1) 법정조건 [32] : 법률행위의 효력이 발생하기 위하여 법률이 특별히 요구하는 요건

　　　　(예) 법인의 설립에서 주무관청의 허가(32), 유언에서 유언자의 사망(1073①)

(2) 불법조건(151①) : 조건의 내용이 선량한 풍속 기타 사회질서를 위반한 경우

　네가 내 첩이 　→ 조건만 무효인 것이 아니라 법률행위 전체가 무효로 된다. [15+,17,19,20,22,23,29,31,32,33,34]
　되어주면 　　(예) 부첩관계의 종료를 해제조건으로 증여한 경우, 증여계약 자체가 무효 [24]

(3) 기성조건(151②) : 이미 성취한 사실을 조건으로 붙인 경우

　네(중개사)가
　중개사가 되면　기성조건(+)이 $\begin{cases} \text{정지조건(+)으로 붙은 경우 → 조건 없는 법률행위(유효)(+)}^{[22,23,28]} \\ \text{해제조건(-)으로 붙은 경우 → 무효(-)}^{[14,29,31,34]} \end{cases}$

(4) 불능조건(151③) : 절대로 성취될 수 없는 사실을 조건으로 붙인 경우

　해가 서쪽에서
　뜨면　　　　불능조건(-)이 $\begin{cases} \text{정지조건(+)으로 붙은 경우 → 무효(-)}^{[14,25,28,30,31,32]} \\ \text{해제조건(-)으로 붙은 경우 → 조건 없는 법률행위(유효)(+)}^{[20,21]} \end{cases}$

Ⅲ. 조건을 붙일 수 없는 법률행위 : 조건에 친하지 않은 법률행위

  1. 단독행위 : 단독행위에는 조건을 붙일 수 없는 것이 원칙이지만(예 : 취소[16], 해제[16], 추인, 상계, 환매 등)
    (1) 상대방이 동의한 경우[21,28], (2) 상대방에게 이익만 주는 경우(예 : 면제, 유증[28]), (3) 상대방을 불리하게
    만들지 않는 경우(예 : 이행지체 시 상당한 기간을 정한 최고와 함께 그 기간 내에 이행이 없을 것을
    정지조건으로 하는 정지조건부[33] 계약해제)에는 예외적으로 조건을 붙일 수 있다.

  2. 신분행위 : 혼인, 입양 등 신분행위에는 조건을 붙일 수 없다. 단, 유언에는 조건을 붙일 수 있다.

  3. 조건을 붙인 경우 : 조건만 분리하여 무효가 되는 것이 아니라 법률행위 전체가 무효로 된다.[28,35]

Ⅳ. 조건의 성취·불성취와 반신의행위(150)

  1. 조건성취로 불이익을 받을 자(甲)가 신의성실에 반하여 조건성취를 방해한 경우
    → 상대방(乙)은 조건이 성취된 것으로 주장할 수 있다.[14,19]
    (1) 조건성취 방해행위에는 고의뿐만 아니라 과실에 의한 행위도 포함된다.
    (2) 조건성취가 의제되는 시점은 방해행위가 없었더라면 조건이 성취되었으리라고
       추산되는 시점이다.[20,33]

  2. 조건성취로 이익을 받을 자(乙)가 신의성실에 반하여 조건을 성취시킨 경우
    → 상대방(甲)은 조건이 성취되지 않은 것으로 주장할 수 있다.

Ⅴ. 조건부 법률행위의 효력

  1. 조건성취 전의 효력

  (1) 조건부권리의 침해금지(148) : 조건부권리를 침해당한 자는 침해자
     에 대해 불법행위로 인한 손해배상을 청구할 수 있다.

  (2) 조건부권리의 처분 등(149) : 조건부권리는 조건의 성취가 미정한
     동안에도 처분[20,22,23,25], 상속, 보존[17,19,23], 담보로 할 수 있다.

     예컨대 부동산의 정지조건부 매매계약에서 매수인은
     소유권이전청구권을 보전하기 위하여 가등기를 할 수 있다.[17]

정지조건부 증여(3. 1.)

조건부권리

36회 시험(2025. 10. 25.)

합격   불합격
(조건성취)   (조건불성취)
권리취득○   권리취득×

  2. 조건성취의 효력

  (1) 법률행위 효력의 발생 또는 소멸
    1) 정지조건 성취(147①)[22,23,25] : 그때부터 효력발생
    2) 해제조건 성취(147②)[17] : 그때부터 효력소멸

  (2) 소급효 여부(147③)
    1) 원칙 : 조건성취의 효력에는 원칙적으로 소급효가 없다.[17,22,23,25,33]
    2) 예외 : 당사자 간의 특약으로 조건성취의 효력을 성취 전으로 소급시킬 수 있다.[21,28,29]

┌──┐
│   조건과 입증책임   │
│   │
│ 1. 조건존재에 대한 입증 : 조건존재의 효과를 주장하는 자가 입증   │
│   (1) 법률행위에 조건이 붙어 있는지 아닌지는 사실인정의 문제   │
│   로서 그 조건의 존재를 주장하는 자가 이를 입증하여야 한다.[31,34]   │
│   정지조건부 증여   │
│   (2) 어떤 법률행위가 정지조건부 법률행위에 해당한다는 사실은   乙의 은퇴 │
│   그 법률효과의 발생을 다투려는 자(=법률효과가 발생하지   甲교회 (자진사임) 乙목사│
│   않았다고 주장하는 자)가 입증하여야 한다.[35]   │
│   정지조건부 증여임은 甲이 입증   │
│   정지조건의 성취는 乙이 입증   │
│ 2. 조건성취에 대한 입증 : 조건성취의 효과를 주장하는 자가 입증   │
│   정지조건이 성취되었다는 사실은 법률행위의 효력발생을 주장하는 자가 입증하여야 한다.[17,28]│
│   │
│   ┌ 법률행위에 정지조건이 붙어있으면 → 효력이 발생하지 않는다. │
│   정리 ┤   └┄┄┄ 입증 ┄┄┄┘   └ 주장   → p.167 참고│
│   └ 정지조건이 성취되면 → 그때부터 효력이 발생한다.   │
│   └┄┄┄ 입증 ┄┄┄┘   └ 주장   │
└──┘

51

❷ 기한

Ⅰ. 의의

기한은 법률행위의 효력의 발생이나 소멸 또는 채무의 이행을 장래 일어날 것이 확실한 사실에 의존케 하는 법률행위의 부관이다.

시기　　종기　　　변제기

임대차계약

임대기한은 甲이 乙에게 이 토지를 매도할 때까지로 한다.

→ 이것은 도래할 지의 여부가 불확실한 것이어서 기한을 정한 것이라고 볼 수 없으므로 이 임대차 계약은 <u>기간의 약정이 없는 것</u>(635)이 된다. 15+,17
　→ p.136 참고

Ⅱ. 종류

1. 시기(始期)와 종기(終期)

(1) 시기(152①) : 도래하면 법률행위의 효력을 발생시키는 기한
(2) 종기(152②) : 도래하면 법률행위의 효력을 소멸시키는 기한

甲은 2024. 6. 15. 자신의 건물을 乙에게 <u>2024. 7. 1. 부터</u> <u>2026. 6. 30. 까지</u> 빌려주기로 약정하였다.	법률행위 성립 ├─ 효력발생 × ─┼//// 효력발생 ////┤─ 효력소멸 ─→ 2024. 6. 15. 임대차계약 체결　　2024. 7. 1.　　2026. 6. 30. 시기 도래┄┄ 종기 도래┄┄

2. 확정기한과 불확정기한

(1) 확정기한 : 도래의 시기(時期)가 확정되어 있는 기한 (예) 2026년 1월 1일에, 네가 성년이 되면
(2) 불확정기한 : 도래의 시기가 확정되어 있지 않은 기한 (예) 甲이 사망하면, 비가 오면²¹

[비교] 3년 내에 甲이 사망하면 → 조건

조건과 불확정기한의 구별 ³³

1. **양자의 구별**

   (1) 법률행위의 부관에 표시된 사실이 그 발생 여부가 불확실한 장래의 사실이라면 이는 조건이고, 그 발생은 확실하지만 단지 그 시기가 불분명한 사실은 불확정기한이라고 할 것인바, 결국 법률행위의 부관이 조건인가 아니면 불확정기한인가 하는 것은 법률행위의 해석(의사표시의 해석)의 문제이다.¹⁶

   (2) 부관에 표시된 사실이 발생하지 아니하면 채무를 이행하지 않아도 된다고 보는 것이 상당한 경우에는 조건으로 보아야 하고, 표시된 사실이 발생한 때에는 물론이고 반대로 발생하지 않는 것이 확정된 때에도 그 채무를 이행하여야 한다고 보는 것이 상당한 경우에는 표시된 사실의 발생 여부가 확정되는 것을 불확정기한으로 정한 것으로 보아야 한다.

2. **이미 부담하고 있는 채무의 변제에 붙여진 부관** : 조건이 아니라 기한으로 해석되어야 한다.

    甲 ┄┄ ① 임대차계약 체결 → ② 계약금·중도금 지급 → ③ 합의해제 ┄┄ 乙

   <u>점포가 타에 분양 또는 임대되면</u> 계약금 및 중도금을 반환하기로 약정
   └→ 조건이 아니라 불확정기한을 정한 것(변제기를 유예한 것)

3. **불확정기한의 도래시기** : 불확정기한은 기한으로 정한 사실이 발생한 때는 물론 그 사실의 발생이 불가능하게 된 때에도 기한이 도래한 것으로 보아야 한다.
   20,30,35

Ⅲ. 기한부 법률행위의 효력

1. **기한도래 전의 효력(154)** : 기한부권리도 조건부권리와 마찬가지로 침해가 금지되고(148), 기한도래 전에도 처분, 상속, 보존, 담보로 할 수 있다(149).[29]

2. **기한도래의 효력(152)** : 시기가 도래하면 그때부터 법률행위의 효력이 발생하고[16,20,23], 종기가 도래하면 그때[34]부터 법률행위의 효력이 소멸한다(소급효 없음). 유의할 점은 기한은 조건과 달리 당사자 간의 특약으로도 소급효를 약정할 수 없다는 것이다.

Ⅳ. 기한의 이익

1. **의의** : 기한의 이익이란 기한이 도래하지 않음으로써 당사자가 받는 법적 이익을 말한다.

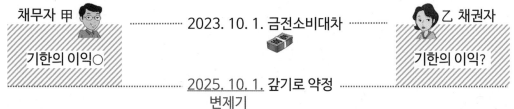

2. **기한이익의 귀속**

   (1) **기한의 이익을 가지는 자**

   1) 채권자만 가지는 경우 : 무상임치

   2) 채무자만 가지는 경우 : 무이자소비대차, 사용대차

   3) 채권자, 채무자 쌍방이 모두 가지는 경우 : 이자부소비대차, 임대차

   (2) **추정(153①)** : 기한은 채무자의 이익을 위한 것으로 추정한다.[14,16,29,34] ※ 본다×[19], 간주한다×

3. **기한이익의 포기(153②)**

   (1) **기한의 이익은 포기할 수 있다**[14] : 기한이익의 포기란 기한(변제기) 전의 변제를 의미한다.

   (2) **상대방의 이익 침해금지**[14] : 상대방에게도 기한의 이익이 있는 경우, 당사자는 기한의 이익을 포기할 수 있으나 그로 인해 상대방이 입는 손해를 배상하여야 한다.

4. **기한이익의 상실**

   (1) **상실사유(388)** : 다음의 경우에는 채무자는 기한의 이익을 주장하지 못한다.

   1) 채무자가 담보를 손상, 감소[22], 멸실하게 한 때 → '저당권의 침해에 대한 구제' 참고(p.106)

   2) 채무자가 담보제공의무를 이행하지 않은 때[16]

   3) 채무자가 파산한 때

   (2) **상실의 효과** : 채무자가 기한이익을 상실하면 채권자의 기한 전의 이행청구, 즉 즉시변제청구를 거절하지 못한다.

   (3) **기한이익상실의 특약** : 기한이익상실의 특약은 정지조건부 기한이익상실의 특약(일정한 사유가 발생하면 채권자의 청구 등을 요함이 없이 당연히 기한의 이익이 상실되어 이행기가 도래하는 것)과 형성권적 기한이익상실의 특약(일정한 사유가 발생한 후 채권자의 통지나 청구 등 채권자의 의사행위를 기다려 비로소 이행기가 도래하는 것)의 두 가지로 대별될 수 있는데, 특별한 사정이 없는 한 형성권적 기한이익상실의 특약[20,30,31,35]으로 추정된다(일반적으로 기한이익상실의 특약은 채권자를 위하여 둔 것이므로).

Memo

제2편 물권법

제1장 물권 총설

1 물권의 의의 및 특성

	물권	채권
의의	물건을 지배하는 권리 물권자 ── 지배 ──> 물건 甲 사용·수익·처분	채무자에게 일정한 행위를 청구하는 권리 채권자 ── 청구 ──> 채무자 甲 행위 乙 (급부)
효력	누구에게나 주장할 수 있다. (절대적, 대세적)	특정한 채무자에게만 주장할 수 있다. (상대적, 대인적)
배타성	독점적·배타적 권리이다. → 일물일권주의, 우선적 효력	독점성·배타성이 없다. → 수개의 채권 양립可, 채권자평등의 원칙
종류 내용	물권의 종류와 내용은 법에 의해 정해진다. (물권법정주의)	채권의 종류와 내용은 합의에 의해 정해진다. (계약자유의 원칙)

2 물권의 객체

Ⅰ. 물건 : 물권의 객체는 원칙적으로 물건이지만, 예외적으로 권리[34]를 객체로 하는 경우도 있다.

(예) 지상권, 전세권을 목적으로 하는 저당권(371)
[22,28] [22,34]
→ p.92, 100 참고

Ⅱ. 일물일권주의

1. 의의 : 물권의 객체는 특정되고 독립된[16] 1개의 물건이어야 한다는 원칙

물건 | 1개의 물건의 일부에는 물권이 성립할 수 없다. (독립성이 없으므로)

다수의 물건의 집합에는 물권이 성립할 수 없다. (특정되지 않으므로)

2. 예외 : 일정한 경우에는 1개의 물건의 일부나 다수의 물건의 집합에 대한 물권의 성립이 인정된다.

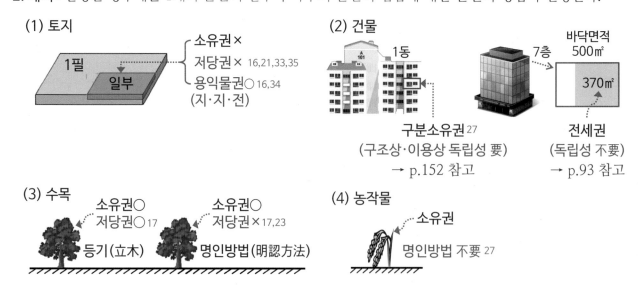

(1) 토지

1필 일부 ┄ 소유권×
저당권× [16,21,33,35]
용익물권○ [16,34]
(지·지·전)

(2) 건물

1동

구분소유권 [27]
(구조상·이용상 독립성 要)
→ p.152 참고

7층 바닥면적 500㎡
370㎡
전세권
(독립성 不要)
→ p.93 참고

(3) 수목

소유권○
저당권○ [17]
등기(立木)

소유권○
저당권× [17,23]
명인방법(明認方法)

(4) 농작물

소유권
명인방법 不要 [27]

(5) 집합물 [16]

××양만장

1개의 소유권

다수의 물건의 집합이라도 그 종류, 장소, 수량 지정의 방법에 의해 특정될 수 있으면 그 전부를 하나의 물건으로 보아 물권이 성립할 수 있다.[35]

(예) 집합물에 대한 양도담보권 설정

→○○양만장 내의 뱀장어 약 1,000,000마리

3 물권의 종류

└→ 국회가 제정한 형식적 의미의 법률을 의미(명령×, 규칙×)[32][34]

Ⅰ. 물권법정주의 : 물권의 종류와 내용은 법률이나 관습법에 의해 정해지며, 당사자들이 임의로 이와 다른
물권을 창설하는 것은 금지된다는 원칙 ← 물권의 배타성·절대성에 기인
가령 소유자가 사용·수익의 권능을 대세적·영구적으로 포기하는 것은 허용되지 않는다.[32]

Ⅱ. 민법 제185조 : 물권은 법률 또는 관습법에 의하는 외에는 임의로 창설하지 못한다.[35]

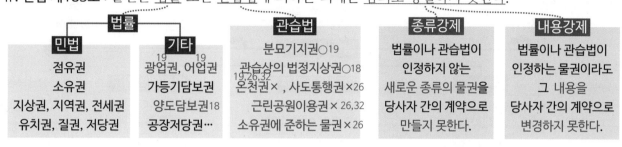

법률		관습법	종류강제	내용강제
민법 점유권 소유권 지상권, 지역권, 전세권 유치권, 질권, 저당권	**기타** 광업권[19], 어업권[19] 가등기담보권 양도담보권[18] 공장저당권…	분묘기지권○[19] 관습상의 법정지상권○[18] 온천권×[19,26,32], 사도통행권×[26] 근린공원이용권×[26,32] 소유권에 준하는 물권×[26]	법률이나 관습법이 인정하지 않는 새로운 종류의 물권을 당사자 간의 계약으로 만들지 못한다.	법률이나 관습법이 인정하는 물권이라도 그 내용을 당사자 간의 계약으로 변경하지 못한다.

4 물권의 효력

Ⅰ. 우선적 효력

1. 물권 상호간

생각 재료

甲 소유권 [집] 전세권 乙 (전세금채권 1억)
 저당권 丙 (대여금채권 1억)

(1) 소유권과 제한물권 : 제한물권이 소유권에 우선한다.

　1) 소유권 〈 전세권 : 전세기간 중에는 乙이 甲을 배제하고 독점적으로 건물을 사용·수익한다.

　2) 소유권 〈 저당권 : 건물이 경매되면 丙이 甲에 앞서 채권의 배당을 받고 나머지가 있으면
　　　　　　　　　　　　甲에게 청산한다.

(2) 제한물권 상호간 : 먼저 성립한 물권이 나중에 성립한 물권에 우선한다(순위의 원칙).[14]

1) 1 전세권 乙 2 저당권 丙	➡ 전세권 우선 : 丙이 경매를 신청해도 乙의 전세권은 매각으로 소멸하지 않고 낙찰자에게 인수된다.[15+,16]
2) 1 저당권 丙 2 전세권 乙	➡ 저당권 우선 : 丙이 경매를 신청하면 乙의 전세권은 매각으로 소멸하고 낙찰자에게 인수되지 않는다.[14,15+,16]

(3) 점유권과 다른 물권 : 점유권은 배타성이 없으므로 다른 물권과의 우열의 문제가 생기지 않는다.

2. 물권과 채권 간

(1) 원칙 : 동일한 물건에 관하여 물권과 채권이 경합하는 경우, 성립순서에 관계없이 물권이 채권에
　　　　　우선한다(매매는 임대차를 깨뜨린다). → p.138 참고

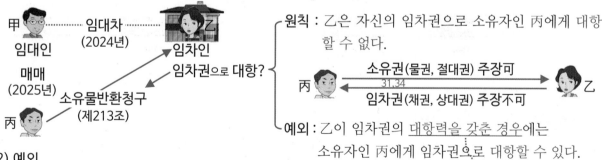

甲 임대인 —— 임대차(2024년) —— 임차인 乙
매매(2025년)
丙 —— 소유물반환청구(제213조) —— 임차권으로 대항?

원칙 : 乙은 자신의 임차권으로 소유자인 丙에게 대항
할 수 없다.

丙 ← 소유권(물권, 절대권) 주장可[31,34] → 乙
　　　임차권(채권, 상대권) 주장不可

예외 : 乙이 임차권의 대항력을 갖춘 경우에는
　　　 소유자인 丙에게 임차권으로 대항할 수 있다.

(2) 예외

　1) 순위의 원칙이 적용되는 경우 : 부동산임차권이 대항력을 갖춘 경우(등기 또는 인도+주민등록),
　　　부동산물권변동청구권이 가등기된 경우(가등기에 기한 본등기를 하면 가등기의 순위로 다른
　　　물권과의 우열을 정한다.)[14]

　2) 채권이 먼저 성립한 물권에도 우선하는 경우 : 주택임대차보호법, 상가건물 임대차보호법상의 소액
　　　보증금 중 일정액에 대한 최우선변제[16], 근로기준법상 임금우선특권(최종 3월분 임금, 최종 3년간[16]
　　　퇴직금, 재해보상금), 국세징수법상 당해세우선특권 → 매각대금 배당순위 참고(p.102)

Ⅱ. 물권적 청구권

1. **의의** : 물권의 실현이 방해를 당하거나 방해당할 염려가 있는 경우에 물권자가 방해자에 대하여 방해의 배제를 청구할 수 있는 권리

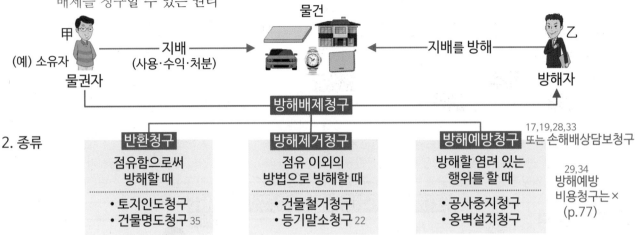

2. **종류**

반환청구	방해제거청구	방해예방청구 17,19,28,33 또는 손해배상담보청구
점유함으로써 방해할 때	점유 이외의 방법으로 방해할 때	방해할 염려 있는 행위를 할 때
• 토지인도청구 • 건물명도청구 35	• 건물철거청구 • 등기말소청구 22	• 공사중지청구 • 옹벽설치청구

29,34 방해예방 비용청구는× (p.77)

3. **민법 규정** : 점유권(204~206), 소유권(213, 214), 지상권, 지역권, 전세권, 유치권, 질권, 저당권
   - 지역권 — 반환청구권× 14,15+,24,29
   - 유치권 — 물권적 청구권× 18,19,26
   - 저당권 — 반환청구권× 15+,19,21,26,31

4. **성질**

   (1) **물권에 종속된 권리** : 물권적 청구권은 언제나 물권과 그 운명을 같이 한다.

   1) 물권이 이전되거나 소멸하면 물권적 청구권도 함께 이전되거나 소멸한다.

   2) 물권과 분리하여 물권적 청구권만을 독립적으로 양도할 수는 없다.18

   (2) **소멸시효의 대상×** : 소유권에 기한 물권적 청구권은 소멸시효에 걸리지 않는다.30,31,32

5. **성립요건**

   (1) **청구권자**

   1) **현재의 물권자** : 소유권을 상실한 전 소유자(가령 매수인에게 소유권이전등기를 경료해 준 매도인)는 15+,19,20,21,29,32,33 불법점유자에 대하여 물권적 청구권에 의한 방해배제를 청구할 수 없다.

   2) **손해발생 不要** : 물권자에게 손해가 없더라도 물권적 청구권은 성립할 수 있다.

   (2) **상대방**

   1) **현재의 방해자** : 불법점유자라 하여도 그 물건을 다른 사람에게 인도하여 현실적으로 점유를 하고 있지 않은 이상, 그 자를 상대로 한 명도청구는 부당하다.

   2) **고의·과실 不要** : 상대방에게 귀책사유(고의·과실)가 없더라도 물권적 청구권은 성립할 수 있다.30,32,35

6. **손해배상청구권과의 관계**

   (1) **방해 ≠ 손해** : 방해는 현재에도 지속되고 있는 침해, 손해는 과거에 일어나서 종결된 침해를 의미한다.32
   물권적 청구권은 방해원인의 제거, 손해배상청구권은 방해결과의 제거를 내용으로 한다.29
   (아래 34)

   (2) **별개의 권리** : 물권적 청구권과 손해배상청구권은 그 성립요건과 효과를 달리하는 별개의 권리로서, 양 권리는 양립할 수 있고(경합), 물권적 청구권이 손해배상청구권을 당연히 포함하는 것은 아니다.15+
   또한 물권적 청구권의 이행불능으로 인한 손해배상청구권은 인정되지 않는다. 31

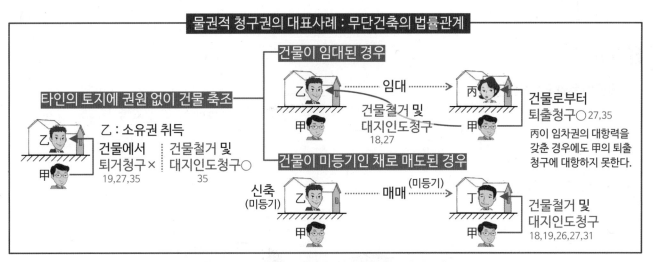

물권적 청구권의 대표사례 : 무단건축의 법률관계

타인의 토지에 권원 없이 건물 축조

乙 : 소유권 취득
건물에서 | 건물철거 및
퇴거청구× | 대지인도청구○
19,27,35 | 35

건물이 임대된 경우

乙 ── 임대 ──▶ 丙
건물철거 및
대지인도청구
18,27

건물로부터
퇴출청구○ 27,35
丙이 임차권의 대항력을
갖춘 경우에도 甲의 퇴출
청구에 대항하지 못한다.

건물이 미등기인 채로 매도된 경우

신축
(미등기) 乙 ······ 매매 ······(미등기) 丁
건물철거 및
대지인도청구
18,19,26,27,31

등기를 갖추지 않은 부동산양수인의 법적 지위

1. 사실상 소유 또는 실질적 소유의 개념

사실상 소유 또는 실질적 소유라는 개념은 매매 등 소유권취득의 원인이 되는 법률요건이 성립되어 소유권취득의 실질적 요건은 모두 갖추고 있으나 형식적 요건인 자기 명의의 등기를 갖추고 있지 아니한 경우를 의미한다.

2. 미등기건물의 양수인에게 소유권에 준하는 관습상의 물권은 없다. 20,26

미등기·무허가 건물의 양수인이라도 소유권이전등기를 경료받지 않는 한 그 건물에 대한 소유권을 취득할 수 없고, 그러한 건물의 양수인에게 소유권에 준하는 관습상의 물권이 있다고 볼 수도 없으므로, 건물을 신축하여 소유권을 원시취득한 자로부터 건물을 매수하였으나 아직 소유권 이전등기를 갖추지 못한 자는 그 건물의 불법점거자에 대하여 직접 자신의 소유권 등에 기하여 명도를 청구할 수 없다.34

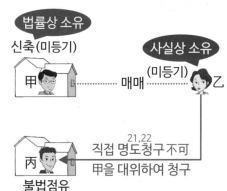

3. 미등기건물의 양수인은 토지소유자에 의한 건물철거청구의 상대방이 될 수 있다. 18,19,26,27,31

건물을 매수하여 점유하고 있는 자는 등기부상 아직 소유자로서의 등기명의가 없다 하더라도 그 건물에 대하여 법률상 또는 사실상 처분할 수 있는 지위에 있으므로 그 건물의 건립으로 불법점유를 당하고 있는 토지소유자는 위와 같은 지위에 있는 건물점유자에게 그 철거를 구할 수 있다.

4. 미등기건물의 양수인은 건물부지에 대한 점유자로 인정된다.

건물의 소유명의자가 아닌 자로서는 실제로 그 건물을 점유하고 있다고 하더라도 그 건물의 부지를 점유하는 자로는 볼 수 없지만, 미등기건물을 양수하여 건물에 관한 사실상의 처분권을 보유하게 된 자는 건물부지 역시 아울러 점유하고 있다고 볼 수 있다. → p.69

5. 매수인은 등기를 하지 않은 상태에서도 매도인의 물권적 청구권 행사에 대항할 수 있다.

토지매수인이 아직 소유권이전등기를 경료받지 않았더라도 그 토지를 인도받은 때에는 매매계약의 효력으로서 그 토지를 점유·사용할 권리가 생긴 것이고, 매수인으로부터 위 토지를 다시 매수한 자는 그와 같은 토지의 점유·사용권을 취득한 것으로 봄이 상당하므로, 매도인은 매수인으로부터 다시 위 토지를 매수한 자에 대하여 토지소유권에 기한 물권적 청구권을 행사할 수 없다.

6. 종전 임차인으로부터 미등기건물을 매수하여 점유하고 있는 임차인은 지상물매수청구권을 행사할 수 있다.

7. 미등기·무허가 주택을 양도받아 사실상 소유권을 행사하는 자는 주택임대인의 지위를 승계한다.

제2장 물권의 변동

1 총설

Ⅰ. 물권변동의 의의 및 원인

1. 의의 : 물권의 발생(취득)·변경·소멸(상실)
2. 원인 : 법률행위 또는 법률의 규정

Ⅱ. 공시(公示)의 원칙

1. 의의 : 물권의 변동은 외부에서 인식할 수 있는 일정한 표상을 갖추어야 한다는 원칙

2. 공시방법

  (1) 부동산물권의 공시방법 : 등기[13], 명인방법[13]

    → 명인방법으로 공시되는 수목에 대한 권리는 소유권에 한한다. 저당권은 ×[23]

  (2) 동산물권의 공시방법 : 점유 또는 인도[13] / 단, 특수동산은 등기·등록

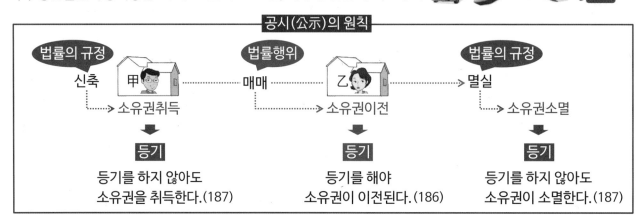

공시(公示)의 원칙

법률의 규정	법률행위	법률의 규정
신축 → 소유권취득	매매 → 소유권이전	멸실 → 소유권소멸
등기	등기	등기
등기를 하지 않아도 소유권을 취득한다.(187)	등기를 해야 소유권이 이전된다.(186)	등기를 하지 않아도 소유권이 소멸한다.(187)

Ⅲ. 공신(公信)의 원칙

1. 의의 : 공시방법(등기나 점유)을 신뢰하여 물권거래를 한 자는 보호되어야 한다는 원칙
    즉 공시방법이 진정한 권리관계와 일치하지 않더라도(가령 등기가 원인무효이거나 계약이 무효·취소·해제된 경우) 공시된 대로의 권리관계가 존재하는 것으로 다루어야 한다는 원칙

2. 민법의 태도

  (1) 부동산 : 공신의 원칙을 인정하지[35] 않는다. 즉 부동산거래에서 등기에는 공신력(公信力)이 없다.

  (2) 동산 : 공신의 원칙을 인정한다. 즉 동산거래에서 점유에는 공신력이 있다. → 선의취득제도(249)[19]

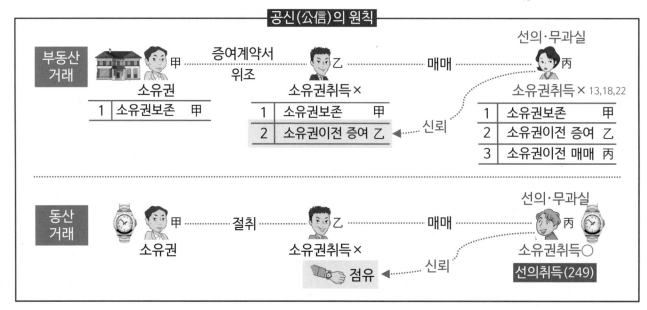

공신(公信)의 원칙

2 물권행위

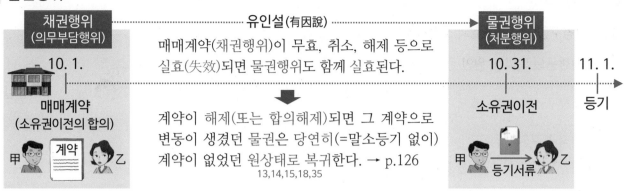

채권행위 (의무부담행위)	·········· 유인설(有因說) ··········	물권행위 (처분행위)
10. 1.	매매계약(채권행위)이 무효, 취소, 해제 등으로 실효(失效)되면 물권행위도 함께 실효된다.	10. 31. 11. 1.
매매계약 (소유권이전의 합의)	계약이 해제(또는 합의해제)되면 그 계약으로 변동이 생겼던 물권은 당연히(=말소등기 없이) 계약이 없었던 원상태로 복귀한다. → p.126 13,14,15,18,35	소유권이전 甲 등기서류 乙

3 부동산물권의 변동

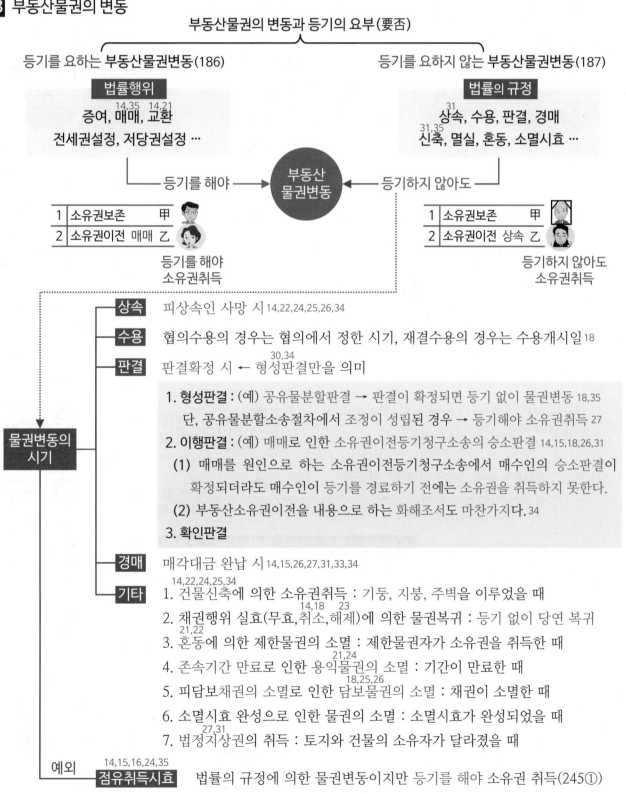

부동산물권의 변동과 등기의 요부(要否)

등기를 요하는 부동산물권변동(186)　　　　　등기를 요하지 않는 부동산물권변동(187)

법률행위
14,35 14,21
증여, 매매, 교환
전세권설정, 저당권설정 …

법률의 규정
31
상속, 수용, 판결, 경매
31,35
신축, 멸실, 혼동, 소멸시효 …

등기를 해야 → 부동산
물권변동 ← 등기하지 않아도

1	소유권보존	甲
2	소유권이전 매매	乙

등기를 해야
소유권취득

1	소유권보존	甲
2	소유권이전 상속	乙

등기하지 않아도
소유권취득

물권변동의 시기

- **상속** 피상속인 사망 시 14,22,24,25,26,34
- **수용** 협의수용의 경우는 협의에서 정한 시기, 재결수용의 경우는 수용개시일 18
- **판결** 판결확정 시 ← 형성판결만을 의미
30,34

> 1. **형성판결** : (예) 공유물분할판결 → 판결이 확정되면 등기 없이 물권변동 18,35
단, 공유물분할소송절차에서 조정이 성립된 경우 → 등기해야 소유권취득 27
> 2. **이행판결** : (예) 매매로 인한 소유권이전등기청구소송의 승소판결 14,15,18,26,31
>   (1) 매매를 원인으로 하는 소유권이전등기청구소송에서 매수인의 승소판결이
확정되더라도 매수인이 등기를 경료하기 전에는 소유권을 취득하지 못한다.
>   (2) 부동산소유권이전을 내용으로 하는 화해조서도 마찬가지다. 34
> 3. **확인판결**

- **경매** 매각대금 완납 시 14,15,26,27,31,33,34
- **기타**
14,22,24,25,34
  1. 건물신축에 의한 소유권취득 : 기둥, 지붕, 주벽을 이루었을 때
  2. 채권행위 실효(무효,취소,해제)에 의한 물권복귀 : 등기 없이 당연 복귀
14,18 23
  3. 혼동에 의한 제한물권의 소멸 : 제한물권자가 소유권을 취득한 때
21,22
  4. 존속기간 만료로 인한 용익물권의 소멸 : 기간이 만료한 때
21,24
  5. 피담보채권의 소멸로 인한 담보물권의 소멸 : 채권이 소멸한 때
18,25,26
  6. 소멸시효 완성으로 인한 물권의 소멸 : 소멸시효가 완성되었을 때
  7. 법정지상권의 취득 : 토지와 건물의 소유자가 달라졌을 때
27,31

예외 14,15,16,24,35
점유취득시효 법률의 규정에 의한 물권변동이지만 등기를 해야 소유권 취득(245①)

4 부동산등기

Ⅰ. 등기청구권의 법적 성질과 소멸시효

cf. 등기신청권 : 등기권리자와 등기의무자가 함께 국가에 등기를 신청하는 공법상의 권리

1. 등기청구권의 의의 [30,32] : 등기권리자가 등기의무자에게 등기신청절차에 협력할 것을 청구할 수 있는 권리(私權)

2. 등기청구권의 소멸시효
- 채권적 청구권인 경우 : 10년간 행사하지 않으면 시효로 소멸한다.
- 물권적 청구권인 경우 : 소멸시효에 걸리지 않는다.

3. 채권적 청구권인 경우

(1) 법률행위(계약)에 의한 등기청구권 [34]

1) 부동산매수인의 소유권이전등기청구권 [22,30]

① 매수인이 부동산을 인도받지 않은 경우	② 매수인이 부동산을 인도받아 점유하는 경우 [16,25,30,32,34,35]	③ 부동산을 인도받아 사용·수익하다가 제3자에게 처분한 경우 [15,18]
→10년의 소멸시효에 걸린다. (권리 위에 잠자는 자이므로)	→소멸시효가 진행하지 않는다. (권리 위에 잠든 것이 아니므로)	→소멸시효가 진행하지 않는다. (보다 적극적인 권리행사이므로)

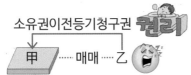  

2) 저당권설정계약에 의한 저당권설정등기청구권
→ 피담보채권과 별개로 소멸시효에 걸린다.

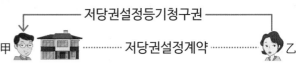

(2) 점유취득시효완성으로 인한 소유권이전등기청구권 [15,22]

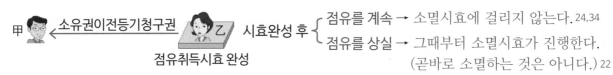

점유를 계속 → 소멸시효에 걸리지 않는다. [24,34]
점유를 상실 → 그때부터 소멸시효가 진행한다. (곧바로 소멸하는 것은 아니다.) [22]

4. 물권적 청구권인 경우 : 실체관계와 등기가 일치하지 않는 경우의 말소등기청구권 등

(1) 계약의 실효(失效)에 따른 말소등기청구권
→ 소멸시효에 걸리지 않는다.

(2) 진정명의회복을 위한 소유권이전등기청구권 [18,20,22,34]
→ 소멸시효에 걸리지 않는다.

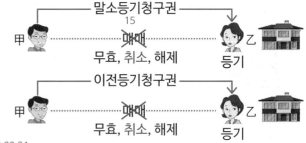

[18,20,22,34]

진정명의회복을 위한 소유권이전등기청구권 | 무효

진정한 소유자가 등기명의를 회복하기 위한 방법으로 소유권에 기하여 현재의 등기명의인에게 그 등기말소를 구하는 외에 '진정한 등기명의의 회복'을 원인으로 소유권이전등기를 청구하는 것

1	소유권보존		甲
2	소유권이전	매매	乙
3	2번 말소	판결	

➡ 현재 소유권이 甲에게 있음을 공시하는 점에는 차이가 없음 ⬅ 등기의 목적 달성 → 유효

1	소유권보존		甲
2	소유권이전	매매	乙
3	소유권이전	진정~	甲

(3) 피담보채무 변제 이후의 말소등기청구권
→ 소멸시효에 걸리지 않는다.

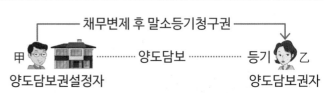

Ⅱ. 중간생략등기

1. 의의 : 물권변동과정의 전부 또는 일부를 생략한 채 현재의 물권관계를 공시하고 있는 등기

2. 유효성 : 미등기전매나 중간생략등기는 강행법규[29] 위반으로 처벌의 대상이지만, 미등기전매계약이나 중간생략등기의 합의 및 그에 따른 등기 그 자체는 실체관계에 부합하는 한 유효하다(단속규정 위반).[20]

3. 중간생략등기청구의 요건

(1) 전원의 의사합치 : 최종양수인이 최초양도인에게 직접 소유권이전등기청구권을 행사하기 위하여는 관계당사자 전원의 의사합치[23,31,35], 즉 중간생략등기에 대한 최초양도인과 중간자의 동의가 있는 외에 최초양도인과 최종양수인 사이에도 중간등기생략의 합의가 있었음이 요구된다.

(2) 전원의 합의가 없는 경우 : 중간생략등기에 관한 당사자 전원의 합의가 없다면 전전매수인은 매도인을 대위하여 그 전 매도인인 등기명의자에게 매도인 앞으로의 소유권이전등기를 청구할 수 있을지언정 직접 자기 앞으로의 소유권이전등기를 구할 수는 없다. [30,35]

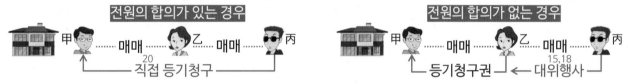

4. 중간생략등기 합의의 효과 : 중간생략등기의 합의가 각각의 매매에 미치는 영향은 없다.

(1) 중간매수인의 등기청구권 소멸× : 중간생략등기의 합의가 있었다 하여 중간매수인의 소유권이전등기청구권이 소멸되거나 첫 매도인의 매수인에 대한 소유권이전등기의무가 소멸되는 것은 아니다.[16,20,23,31]

(2) 최초매도인의 대금청구권 행사 제한× : 최초매도인은 중간매수인으로부터 매매대금(인상분 포함)이 지급되지 않았음을 이유로 최종매수인 명의로의 소유권이전등기의무이행을 거절할 수 있다.[16,20,23,29]

5. 이미 경료된 중간생략등기의 효력 : 이미 중간생략등기가 경료되어 버린 경우에는 당사자들 사이에 양도계약이 적법하게 성립되어 이행된 이상(=중간매매가 모두 유효한 이상), 중간생략등기에 관한 합의가 없었다는 사실만으로는 그 등기를 무효라 할 수 없다(즉, 합의 없이 경료된 경우에도 유효).[18,20]

6. 관련 문제

→ p.47 참고

(4) 소유권이전등기청구권의 양도의 대항요건

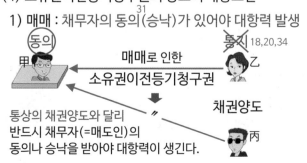

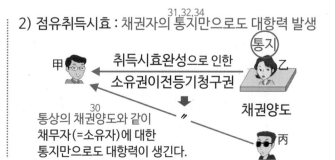

Ⅲ. 가등기

① 정지조건부 증여 (가등기)

② 매매
③ 가압류
④ 조건성취 (본등기)
소유권취득은 12. 1.
순위는 3. 1.

1	소유권보존				甲
2	조건부소유권이전청구권 가등기	3. 1.	증여(조건 乙 36회 합격)		乙
	소유권이전	12. 1.	증여		乙
3	소유권이전	5. 1.	매매		丙
4	~~가압류~~	6. 1.	법원결정		丁

중간처분등기
직권말소

1. 의의 : 부동산물권의 설정·이전·변경·소멸의 청구권을 보전하기 위한 등기(부동산등기법 제88조)

2. 요건

(1) **채권적 청구권 보전** : 가등기는 채권적[22] 청구권을 보전하기 위해서만 할 수 있다. (물권적 청구권 보전×)[20,32]

(2) **장래 확정될 청구권 보전** : 정지조건부[32] 청구권, 시기부 청구권도 가등기에 의해 보전될 수 있다.

3. 효력

(1) **본등기 전의 효력** : 가등기 자체만으로는 아무런 실체법상의 효력이 없다.

1) **추정력 없음** : 소유권이전청구권 보전을 위한 가등기가 있다 하여 소유권이전등기를 청구할 어떠한 법률관계가 있다고 추정되지 않는다.[17,20,21,25]

2) **처분금지효 없음** : 가등기 후에 제3자에게 소유권이전의 본등기가 된 경우, 가등기권리자는 본등기를 경료하지 않고서는 가등기 이후의 본등기(소유권이전등기)의 말소를 청구할 수 없다.[22]

3) **대항력(=제3자에 대한 효력) 없음**

① 가등기 후에 제3자에게 소유권이전등기가 된 경우, 가등기권리자는 가등기의무자인 전 소유자를[17,21,32] 상대로 본등기청구권을 행사할 것이고 제3자를 상대로 할 것이 아니다.

② 가등기권리자는 그 본등기를 명하는 판결이 확정된 경우라도 본등기를 경료하기까지는 무효인 중복된 소유권보존등기의 말소를 청구할 권리가 없다.[17]

4) **본등기청구권의 소멸시효 중단되지 않음** : 가등기에 기한 소유권이전등기청구권이 시효완성으로 소멸되면 그 가등기 이후 부동산을 취득한 제3자는 소유권에 기한 방해배제청구로서 가등기권리자에 대하여 본등기청구권의 소멸시효를 주장하여 그 가등기의 말소를 청구할 수 있다.[15]

5) **가등기의 부기등기** : 가등기에 의해 순위보전된 물권변동청구권을 양도한 경우, 양도인과 양수인의 공동신청으로 가등기상의 권리의 이전등기를 가등기에 대한 부기등기의 형식으로 경료할 수 있다.[21,32]

(2) **본등기 후의 효력** : 순위보전의 효력

1) **순위보전** : 가등기에 기하여 본등기를 한 경우 본등기의 순위는 가등기의 순위에 따른다.[22]

2) **물권변동은 본등기 시** : 본등기에 의한 물권변동의 시기는 본등기를 한 때이고, 물권변동의 효력이 가등기한 때로 소급하여 발생하는 것은 아니다.[21,23,30]

3) **중간처분등기 직권말소** : 가등기에 기하여 본등기가 행하여지면 본등기의 순위가 가등기를 한 때로 소급함으로써 가등기 후 본등기 전에 이루어진 중간처분이 본등기보다 후순위로 되어 실효되므로, 등기공무원은 가등기 이후에 된 등기로서 가등기에 의해 보전되는 권리를 침해하는 등기(중간처분등기. 가령 가등기 후 본등기 전에 행하여진 가압류등기)를 직권으로 말소할 수 있다.[22]

4. 관련문제 : 담보가등기(채권담보의 목적을 행해지는 가등기) → p.154 참고

(1) **담보가등기와 보전가등기의 구별** : 어떤 가등기가 담보가등기인지 아니면 순위보전의 가등기인지 여부는 등기부상 표시나 등기 시에 주고받은 서류의 종류에 의하여 형식적으로 결정될 것이 아니고 거래의 실질과 당사자의 의사해석에 따라 결정될 문제이다.[32]

(2) **담보가등기의 효력** : 담보가등기는 본래의 보전가등기와는 달리 일정한 실체적 효력이 인정된다. 즉, 가등기담보권자는 담보목적물에 대하여 스스로 경매를 신청할 수도 있고, 다른 채권자에 의해 경매에 붙여진 경우 가등기의 순위를 가지고 우선변제권을 행사할 수도 있다(가등기담보법 §12, 13).

Ⅳ. 중복등기(이중등기)

등기명의인이 동일인인 경우 [15]

실체관계에 부합 여부를 가릴 것 없이
선등기가 유효하고 후등기는 무효이다.

등기명의인이 동일인이 아닌 경우 [21]

선등기가 원인무효가 되지 않는 한 [13]
후등기는 매수인에 의해 경료된 경우에도 무효이다.

Ⅴ. 무효등기의 유용(流用)

1. **의의** : 어떤 등기가 실체관계에 부합하지 않아 무효로 된 후에 다시 그 등기에 부합하는 실체적 권리관계가 발생한 경우, 기존의 무효등기를 새로운 권리관계를 공시하는 등기로 이용하는 것

2. **요건**

   (1) **제3자를 해하지 않아야** : 무효로 된 등기의 유용은 그 등기를 유용하기로 하는 합의가 이루어지기 전에 등기상 이해관계가 있는 제3자가 생기지 않은 경우에 한하여 허용된다. [25]

   (2) **멸실된 건물의 등기는 유용할 수 없다** [15,22,26,29] : 신축건물의 물권변동에 관한 등기를 멸실된 건물의 등기부에 등재한 경우 그 등기는 무효이다. 가령 멸실된 건물의 근저당권설정등기에 기하여 진행된 경매에서 신축된 건물을 경락받은 경우에는 소유권을 취득할 수 없다.

   (3) **묵시적 합의 내지 추인 가능** : 무효등기의 유용에 관한 합의 내지 추인은 묵시적으로도 이루어질 수 있다. 단, 무효등기사실을 알면서 장기간 이의를 제기하지 않고 방치한 것만으로는 묵시적 추인이 인정되지 않는다.

3. **효력**

   (1) **무효등기의 유용에는 소급효가 없다.** [19,28]

      1) **무효인 가등기의 유용** : 무효인 가등기를 유효한 등기로 유용하기로 한 경우, 그 가등기는 그때부터 유효할 뿐 소급하여 유효한 등기로 전환될 수 없다.

      2) **무효인 근저당권설정등기의 유용** : 채권자가 채무자와 사이에 근저당권설정계약을 체결하였으나 그 계약에 기한 근저당권설정등기가 채권자가 아닌 제3자의 명의로 경료되고(무효등기) 그 후 다시 채권자가 그 근저당권설정등기에 대한 부기등기의 방법으로 근저당권을 이전받았다면 특별한 사정이 없는 한 그때부터 그 근저당권설정등기는 실체관계에 부합하는 유효한 등기로 볼 수 있다.

   (2) **유용합의 이전의 등기부상 제3자에게는 대항할 수 없다** : 채권자 아닌 제3자 명의의 저당권설정등기가 [25] 경료된 부동산에 소유권이전청구권가등기가 경료되고 그 후 다시 채권자 명의의 위 근저당권이전의 부기등기가 경료된 경우, 그 근저당권설정등기는 실체관계에 부합하는 유효한 등기라고 볼 수 없다.

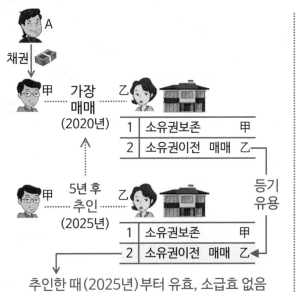

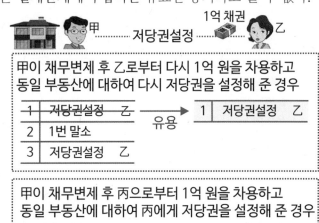

VI. 등기의 추정력

1. **의의** : 어떤 등기가 존재하면 그에 부합하는 실체적 권리관계가 있는 것으로 추정되는 것

2. **추정의 물적 범위**
 [15+,20,25]
 (1) **절차의 적법추정** : 등기가 경료되어 있는 이상 그 절차에 있어서 적법하게 경료된 것으로 추정된다.

 (2) **기록사항의 적법추정**
 1) **등기된 권리의 적법추정** [15+]

 ① **저당권의 피담보채권의 존재 추정** : 저당권설정등기가 있으면 그에 상응하는 피담보채권의 존재가 추정된다.

 ② **불법말소된 경우 추정력 유지** [23,25,31] : 등기는 물권의 효력발생요건이고 존속요건은 아니어서 등기가 원인 없이 말소된 경우에는 그 물권의 효력에 아무런 영향이 없고, 그 회복등기가 마쳐지기 전이라도 말소된 [13,21,28] 등기의 등기명의인은 적법한 권리자로 추정된다.

 2) **등기원인의 적법추정** [15+,20] : 소유권이전등기가 경료된 이상 등기상에 표상된 취득원인사실에 기하여 소유권을 취득한 것으로 추정된다.

 ① **다른 원인 주장 → 추정이 깨어지지 않음** : 등기명의자가 등기부상 기재된 원인에 의하지 않고 다른 원인으로 취득하였다고 하면서 등기원인행위의 태양이나 과정을 다소 다르게 주장한다고 하여 이러한 주장만 가지고 그 등기의 추정력이 깨어진다고 할 수는 없다.[25]

 ② **계약서위조 증명 → 추정이 깨어짐** : 소유권이전등기의 원인으로 주장된 계약서가 진정하지 않은 것(=위조된 것)으로 증명되면 그 등기의 추정력은 깨어진다.[31]

 ③ **사자 또는 허무인으로부터 이어받은 이전등기 → 추정력 없음** [30][15+] : 전 소유자가 사망한 이후에 그 명의의[30] 신청에 의하여 이루어진 이전등기는 원인무효의 등기라고 볼 것이어서 등기의 추정력을 인정할 여지가 없다. 단, 사망한 등기의무자로부터 경료된 등기라 하더라도 등기의무자의 사망 전에 그 등기원인이 이미 존재하는 사정이 있는 경우에는 그 등기의 추정력을 부정할 수 없다.[15+]

 ④ **대리권의 존재 추정** : 제3자가 처분행위에 개입된 경우, 현 등기 명의인이 그 제3자가 전 등기명의인의 대리인이라고 주장하면 대리권의 존재도 추정된다. 즉 전 등기명의인이 그 제3자에게 대리권이 없었다는 사실을 증명할 책임을 진다. [30,31,33]

 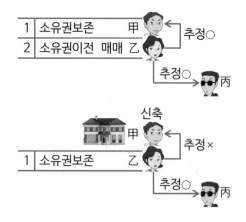

3. **추정의 인적 범위**

 (1) **소유권이전등기의 경우** : 소유권이전등기의 명의자는 제3자에 대해서뿐만 아니라 그 전 소유자에 대하여서도 적법한 등기[19,25] 원인에 의하여 소유권을 취득한 것으로 추정된다. 즉 소유권 이전등기의 추정력은 물권변동의 당사자 간에도 미친다.[23,31]

 (2) **소유권보존등기의 경우** : 소유권보존등기의 명의자에게도 소유권 있음이 추정되지만, 그 명의자가 보존등기 전의 소유자로부터 소유권을 양도받은 것이라는 주장이 있고, 전 소유자가 보존등기 명의자에의 양도사실을 부인하는 경우에는[30] 소유권이전등기의 경우와는 달리 추정력이 깨어진다. 즉 건물의 보존등기 명의자가 건물을 신축한 것이 아니라면 추정력이 깨어진다.[15+,19,23]

4. **추정의 부수적 효과**

 (1) **등기내용에 대한 악의추정** : 부동산물권을 취득하려는 자는 등기부의 기재내용을 알고 있는 것으로 추정된다.

 (2) **등기내용을 신뢰한 자의 무과실추정** : 등기부의 기재내용을 신뢰하고 거래한 자는 선의·무과실로 추정된다. 가령 매도인이 등기부상의 소유자와 동일인인 경우에는 특별한 사정이 없는 한 등기부의 기재가 유효한 것으로 믿고 매수한 사람에게 과실이 있다고 할 수 없다. [19,33]

5 물권의 소멸

I. 멸실

1. 물건이 멸실하면 물권은 모두 절대적으로 소멸한다. 단, 채권관계가 소멸하는 것은 아니다.

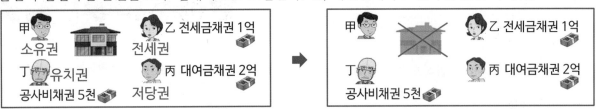

2. 토지가 포락(浦落)되었다가 다시 성토(盛土)된 경우에도 종전 토지소유권은 부활하지 않는다.[18,20,32]

II. 포기

물권의 포기는 원칙적으로 자유롭지만, 그 물권이 제3자의 권리의 목적인 경우에는 물권의 포기에 제3자의 동의를 요한다.

乙은 丙의 동의 없이 지상권, 전세권을 포기하지 못한다.[21,24]
(371②)

III. 소멸시효(162)

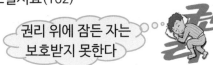

권리 위에 잠든 자는 보호받지 못한다

권리 ──일정한 기간 행사하지 않으면──→ 소멸 (말소등기 不要)

{ 채권 : 10년
  물권 : 지상권, 지역권, 전세권 … 20년[17] }

소유권, 저당권은 소멸시효의 대상×[17,24]

IV. 혼동(191)

1. 의의 : 서로 양립할 수 없는 두 개의 법률상 지위나 자격이 동일인에게 귀속하는 것

2. 소유권과 제한물권의 혼동 : 소유권 + 제한물권 { 원칙 소멸 / 예외 소멸× } 제3자의 이익을 위한 경우 / 본인의 이익을 위한 경우

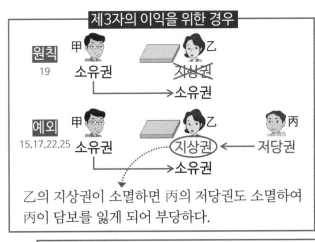

乙의 지상권이 소멸하면 丙의 저당권도 소멸하여 丙이 담보를 잃게 되어 부당하다.

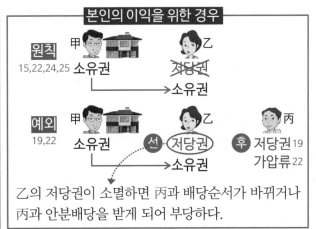

乙의 저당권이 소멸하면 丙과 배당순서가 바뀌거나 丙과 안분배당을 받게 되어 부당하다.

소유권과 임차권의 혼동

乙이 소유권을 취득하면 임차권은 혼동으로 소멸하는 것이 원칙이지만,[28] 후순위 저당권자 丙이 있는 경우에는 경매 시 임차권으로 대항하기 위해 존속한다.

3. 제한물권과 그 제한물권을 목적으로 하는 다른 제한물권의 혼동 : (예) 지상권과 저당권의 혼동

4. 혼동이 되지 않는 경우 : 소유권 + 점유권[15,22] / 소유권 + 광업권[17] / 지상권 + 양도담보권[15]

5. 혼동의 효과 : 물권 소멸(말소등기 不要)[21,22]. 단, 혼동의 원인이 무효로 밝혀지면 물권은 당연히 부활한다.[19]

67

제3장 점유권 ≠ 점유할 권리

1 점유

점유의 예

I. 점유의 개념

1. **점유** : 물건에 대한 사실상의 지배를 점유라고 한다.

2. **점유권** : 물건을 점유하는 자에게 인정되는 물권 / 본권(=점유할 권리)의 유무는 묻지 않는다.
   cf. **본권(本權)** : 점유를 법적으로 정당화시켜주는 권리 (예) 소유권, 지상권, 전세권, 유치권, 임차권 등

II. 점유의 관념화

1. **상속인(193)** [22,28] : 사실상 지배× → 점유○   상속개시사실을 알 필요 없음[15]

2. **간접점유자(194)** : 사실상 지배× → 점유○ [14,28]

3. **점유보조자(195)** : 사실상 지배○ → 점유× [14,16]

피상속인 ……… 상속 ……… 상속인
임대인 (간접점유자) ……… 임대 점유매개관계 ……… 임차인 (직접점유자)
사장 (점유주) ……… 고용 점유보조관계 ……… 점원 (점유보조자)

III. 점유의 종류

1. **자주점유와 타주점유(★)**

   (1) **의의** : 자주(自主)점유 ←── 있으면 ── 점유자에게 소유의 의사가 ── 없으면 ──→ 타주(他主)점유

   (2) **판단기준** : 소유의 의사의 유무는 점유자의 내심의 의사에 의하여 결정되는 것이 아니라 점유취득의 [20,26] 원인이 된 권원의 성질에 의해 외형적·객관적으로 판단한다. [16]

자주점유	타주점유
• 매수인의 점유(타인의 물건 매매도 마찬가지) • 수증자의 점유 [15+] • 도인(盜人)의 점유 • 공유자의 점유(자기의 지분 범위 내) ←──→	• 전세권자의 점유 [14,23], 임차인의 점유 • 분묘기지권자의 점유[15+,17,18] • 명의수탁자의 점유 [29,31] • 공유자의 점유 (다른 공유자의 지분 범위 내)

※ **상속인의 점유** [15,16,17,19] : 상속은 새로운 점유취득원인이 아니므로, 상속인은 피상속인의 점유의 모습을 그대로 승계한다. 가령 피상속인의 점유가 타주점유이면 상속인의 점유도 타주점유이다.

   (3) **자주점유 추정** : 점유취득권원이 불분명한 경우 → 자주점유로 추정(197①) [17,19,25,28]

   (4) **자주점유 추정의 번복(복멸)**

자주점유추정이 깨어지는 경우	자주점유추정이 깨어지지 않는 경우
• 점유자가 점유개시 당시 소유권취득의 원인이 될 수 있는 법률행위 기타 법률요건 없다는 사실을 잘 알면서 타인의 부동산을 무단점유한 것이 입증된 경우 (타인의 부동산에 대한 악의의 무단점유) [14,30] • 매매대상 토지의 실제면적이 등기부상 면적을 상당히 [29] 초과하거나 건축 시 시공상 착오 정도를 넘어 상당한 정도로 인접토지를 침범한 경우 • 처분권한이 없는 자로부터 그 사실을 알면서 부동산을 취득하여 점유한 경우(귀속재산임을 알면서 매수) • 점유자가 진정한 소유자로부터 소유권이전등기 말소 등기청구소송을 제기받아 점유자의 패소로 확정된 경우(패소판결 확정 후부터 타주점유로 전환)	• 매매계약이 타인 토지의 매매에 해당하여 매수인이 즉시 소유권을 취득할 수 없는 경우[14] • 점유자가 매매, 증여와 같은 자주점유의 권원을 주장하였으나 인정되지 않은 경우[15,17,20,26,32] • 국가나 지방자치단체가 취득시효의 완성을 주장하는 토지의 취득절차에 관한 서류를 제출하지 못하고 있는 경우 ←→ 토지의 점유자가 토지소유자를 상대로 매매를 원인으로 한 소유권이전등기청구소송을 제기하였다가 패소판결이 확정된 경우

   (5) **전환** : 새로운 점유취득원인이 있으면 점유의 태양(모습)이 바뀔 수 있다.

   1) **자주 → 타주** : 부동산을 매도한 소유자, 경락부동산의 전 소유자 [15+,18], 매매계약이 해제된 경우 매수인

   2) **타주 → 자주** [19] : 임차인이 목적물을 매수한 경우

2. 선의점유와 악의점유

(1) **의의** : 선의점유 ←─── 모르면 ─── 본권이 없음을 ─── 알면 ───→ 악의점유

점유자가 자신에게

(2) **선의점유 추정** : 점유자의 선의·악의가 불분명한 경우 → 선의로 추정(197①) [28]

3. 과실 없는 점유와 과실 있는 점유

(1) **의의** : 선의점유에 있어서 그 선의인 점에 과실이 있느냐 없느냐의 구별이다.

(2) **무과실 추정×** : 점유자의 무과실은 추정되지 않으므로 점유자의 과실 여부가 문제되는 경우에는 [16] 점유자가 스스로 과실이 없음을 증명하여야 한다. (예) 등기부취득시효를 주장할 때(245②) → p.76

4. 하자 없는 점유와 하자 있는 점유

(1) **하자 없는 점유** : 선의·무과실, 평온, 공연, 계속 점유

(2) **하자 있는 점유** : 악의, 과실, 강폭, 은비, 불계속 점유

② 점유권의 취득과 소멸

Ⅰ. 취득

1. 원시취득 : 무주물선점, 유실물습득, 매장물발견, 절취 …

2. 승계취득

(1) **특정승계** : (예) 매매, 증여… / 점유의 분리·병합 허용(199)

　1) **점유의 분리·병합** : 점유자의 승계인은 자기의 점유만을 주장하거나(분리), 전 점유자의 점유를 아울러 주장할 수 있다(병합).[15,24,32]

　2) **점유의 병합 시 하자 승계** : 전 점유자의 점유를 아울러 주장하는 경우에는 그 하자도 승계한다.[14,26]

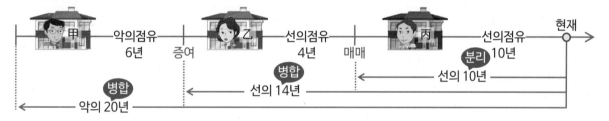

(2) **포괄승계** : (예) 상속 / 점유의 분리·병합 허용×

상속에 의해 점유권을 취득한 경우 상속인은 새로운 권원에 의하여 자기 고유의 점유를 시작하지 않는 한 피상속인의 점유를 떠나 자기만의 점유를 주장할 수 없다.[14]

Ⅱ. 소멸

물건에 대한 사실상의 지배, 즉 점유를 상실하면 점유권은 소멸한다. 단, 물건에 대한 사실상 지배가 계속되는 한 점유할 권리(=본권)의 소멸로 점유권이 소멸하지는 않는다.[17]

p.59 참고

건물의 부지에 대한 점유

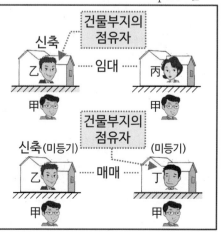

1. **원칙** : 건물의 부지는 건물의 소유자가 점유하는 것으로 본다.[32]

(1) 건물의 소유자가 건물을 현실적으로 점유(점거)하고 있지 않더라도 건물의 부지를 점유하는 것으로 본다.[17]

(2) 건물의 소유자가 아닌 자는 건물을 점유하고 있더라도(가령 임차인) 건물의 부지를 점유하는 자로 볼 수 없다.

2. **예외** : 미등기건물을 양수하여 건물에 관한 사실상의 처분권을 보유하게 된 자(=등기를 하지 않았다는 의미)는 건물의 부지 역시 아울러 점유하고 있다고 볼 수 있다.

3 점유권의 효력

I. 추정적 효력

1. 태양의 추정(197①) : 점유자는 <u>자주</u>[17,19,25,28,29], <u>선의</u>, <u>평온</u>[17,19,24,28], 공연하게 점유한 것으로 추정한다. / 무과실은 추정×[16,29]

　* 선의점유추정의 번복(복멸) : 선의의 점유자라도 본권에 관한 소에서 패소하면 <u>그 소가 제기된 때로부터</u>[16,23,32,33]
　　악의의 점유자로 본다(197②). **(예)** 소유권에 기한 반환청구 / 소송지연 방지
　　　　　　　　　　　　　　　　　또는 말소등기청구

2. 계속의 추정(198) : <u>전후 양 시점에 점유한 사실이 증명되면 그 점유는 계속한 것으로 추정한다.</u>[28,31]
　　　　　　　　(예) 2000. 1. 1. 점유 증명 + 2025. 1. 1. 점유 증명 → 25년간 계속 점유한 것으로 추정

　전후 양 시점의 점유자가 다른 경우에도 점유의 승계가 입증되는 한 점유의 계속은 추정된다.[20,32]

3. 권리의 추정(200) : 점유자가 <u>점유물</u>에 대해 행사하는 <u>권리</u>는 적법하게 보유한 것으로 추정한다.[24,28]
　　　　　　　　　　　동산○, 부동산×　　　　　　　본권 (예) 소유권, 유치권, 질권, 임차권 …

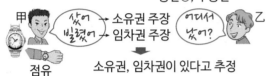
甲 "샀어 빌렸어" → 소유권 주장 / 임차권 주장
乙 "어디서 났어?"
점유 ⇩ 소유권, 임차권이 있다고 추정

점유자의 권리적법추정에 관한 규정은 동산에만 적용되고 부동산물권에 대해서는 적용되지 않는다.[19,20,23,31]
(부동산은 등기에 대해서 권리추정력이 부여되기 때문)

II. (무단)점유자와 회복자의 관계(★)

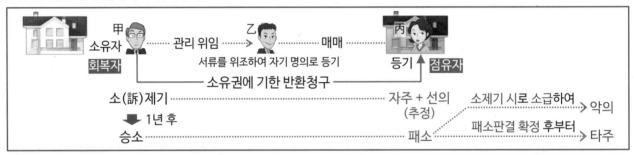

甲 소유자 [회복자] ----관리 위임--→ 乙 ----매매--→ 丙 등기 [점유자]
서류를 위조하여 자기 명의로 등기
└─────────소유권에 기한 반환청구─────────┘
소(訴)제기 ……………………………… 자주 + 선의 ⟶ 소제기 시로 소급하여 → 악의
　⇩ 1년 후　　　　　　　　　　　　　　(추정)
승소 ……………………………………… 패소 ⟶ 패소판결 확정 후부터 → 타주

1. 과실취득(201)

　(1) 선의의 점유자 : 선의의 점유자는 점유물의 과실을 취득한다(과실취득권○, 부당이득×).[13,14,15,16,28]

　(2) 악의의 점유자 : 악의의 점유자는 수취한 과실을 반환해야 하고(과실취득권×[25], 부당이득○), 수취한
　　　과실을 소비하였거나 과실로 인하여 수취하지 못한 경우에는 그 대가를 보상해야 한다.[24,26,27,33]

　(3) 폭력 또는 은비(隱祕)[33,34] 점유자 : 악의의 점유자에 준하여 취급한다(과실취득권×).

　(4) 사용이익 ≒ 과실 : 건물을 사용함으로써 얻는 이득은 건물의 과실에 준하는 것이므로 선의의 점유자는
　　　법률상 원인 없이 타인의 건물을 점유·사용하고 이로 말미암아 그에게 손해를 입혔다고 하더라도
　　　그 점유·사용으로 인한 이득을 반환할 의무가 없다.[16,23,25]

2. 멸실·훼손에 대한 책임(202)

　(1) 선의의 점유자 { 자주점유자[13,19,33] : 현존이익 한도에서 배상
　　　　　　　　　　　　 타주점유자[13,23,26,27,28,34] : 손해 전부를 배상

　(2) 악의의 점유자 : 자주·타주 불문 손해 전부를 배상[16,29,31]

甲 ̶매̶매̶ → 乙 ← 선의 소유권이 있다고 오신 → 현존이익 배상
甲 ̶임̶대̶차̶ → 乙 임차권이 있다고 오신 → 전손해 배상

3. 비용상환(203)

　(1) 선의·악의, 자주·타주 불문 인정[19,22,27,33]

비용 ┬ 필요비 ┬ 통상 필요비 : 통상적인 수선비, 공조공과
　　　│　　　　└ 특별 필요비 : 태풍으로 파손된 가옥 수선비
　　　└ 유익비 : 증축비용, 개량비용

　(2) 필요비 : 선의의 점유자가 과실을 취득한 경우에는 통상의 필요비는 청구하지 못한다(형평의 원칙).[16,27,29,31,32]
　　　　　　점유물을 사용하여 이익을 얻은 경우도 마찬가지[25]
　　　　　악의의 점유자는 통상의 필요비를 청구할 수 있다(과실수취권이 없으므로).[33,34]

　(3) 유익비 : 가액증가 현존[13,25,29] → 회복자의 선택에 좇아 지출액 또는 증가액 상환[19,31] / 법원의 상환기간 허여可[27,34]

　(4) 유치권 : 점유자는 회복자로부터 비용을 상환받을 때까지 점유물을 유치할 수 있다(견련성○).

　(5) 적용범위 : 제203조는 무단점유자의 비용상환의 경우에만 적용되고, 점유자가 비용지출 당시 적법한 점유[17,31]
　　　권원을 가진 경우에는 적용되지 않는다. (예) 전세권자는 제310조, 임차인은 제626조 적용 → p.164 참고

Ⅲ. 점유 자체의 보호(=점유의 침탈에 대한 구제)

1. 자력구제권(209) : 자력방위(침탈 중), 자력탈환(침탈 직후) / 실력행사 / 간접점유자×, 점유보조자○[18]

2. 점유보호청구권(204~206) : 침탈 종료 후 / 소송의 방법으로 행사[14,16,30,33] / 간접점유자○[21], 점유보조자×

(1) 내용 : 점유물반환청구(점유의 회수), 점유물방해제거청구(점유의 보유), 점유물방해예방청구(점유의 보전)

(2) 점유물반환청구권

1) 사유 : 점유의 침탈을 당한 경우에만 인정 / 절도, 강도 → 침탈○ / 사기, 횡령, 분실 → 침탈×

① 사기 : 사기에 의해 건물을 명도한 것이라면 건물의 점유를 침탈당한 것이 아니므로 피해자는 점유물
반환청구권을 행사할 수 없다.[15+,16,19,21,32,35]

② 횡령 : 직접점유자가 임의로 점유를 타에 양도한 경우에는 (가령 임차인이 임차물을 타인에게 매도한 경우) 그 점유의 이전이 간접점유자의 의사에 반하더라도 점유가 침탈된[30] 경우에 해당하지 않는다. 따라서 이 경우 간접점유자는 점유물반환청구권을 행사할 수 없다.[20,21]

2) 청구권자 : 점유를 침탈당한 자 / 간접점유자○, 점유보조자×

3) 상대방 : 점유를 침탈한 자 및 악의의 특별승계인

① 선의의 특별승계인× : 선의의 특별승계인은 점유물반환청구의 상대방이 될 수 없다.[16,21]

② 엄폐물 법칙 : 선의의 특별승계인으로부터 다시 악의의 제3자에게 점유가 이전되더라도 그를 상대로 점유물반환을 청구하지 못한다.[15,19]

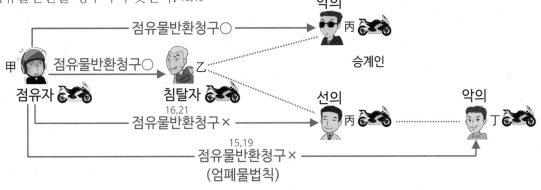

4) 제척기간 : 침탈당한 날로부터[14,21,28] 1년 내에 행사하여야 한다. 이 기간은 출소기간(出訴期間)이므로[16,20] 반드시 그 기간 내에 소를 제기하는 방법으로 권리행사를 하여야 한다.

5) 점유의 소와 본권의 소

① 점유의 소(예 : 점유물반환청구)와 본권의 소(예 : 소유물반환청구)는 서로 영향을 미치지 않는다.

② 점유의 소에서 법원은 본권에 관한 이유로[28,35] 재판하지 못한다. → 점유를 침탈한 자가 그 물건의 소유자라 하더라도 점유자는 점유물반환청구를 할 수 있다는 의미

점유물반환청구권과 소유물반환청구권의 비교

	점유권에 기한 반환청구권 (204)	소유권에 기한 반환청구권 (213)
사유	점유자가 점유의 침탈을 당한 경우에만 인정된다.	소유자가 점유를 상실한 사유를 묻지 않는다.
상대방	침탈자의 선의의 특별승계인에게는 행사할 수 없다.	제한이 없다.
기간	침탈을 당한 날로부터 1년 내에 행사하여야 한다.	제한이 없다.
방법	반드시 재판(소송)의 방법으로 행사하여야 한다.	제한이 없다.

제4장 소유권

1 총설

Ⅰ. 의의(211) : 물건을 사용·수익·처분할 수 있는 권리

Ⅱ. 성질 : 전면성, 관념성, 혼일성, 탄력성, 항구성

소유권은 존속기간의 제한이 없고
소멸시효에 걸리지 않는다.[17,24]

2 부동산소유권의 범위

Ⅰ. 토지소유권의 범위(212) : 토지의 소유권은 정당한 이익이 있는 범위 내에서 토지의 상하에 미친다.

 건물 언제나 토지와 별개의 부동산

 수목 원칙 : 토지의 일부, 구성부분
예외 : 등기나 명인방법을 갖추면 토지와 별개의 부동산

 농작물 명인방법을 갖출 필요도 없이 언제나 토지와 별개의 부동산

지하수 토지의 구성부분 (온천수도 마찬가지)

 광물 토지의 구성부분× (광업권의 객체)

Ⅱ. 상린관계(相隣關係)(216~244)

1. 의의 : 서로 인접한 부동산 소유자 상호간의 권리관계 / 상린권은 독립한 물권이 아니라 소유권의 내용

2. 법적 성격 : 대체로 임의규정 / 특히 제242조와 제244조는 임의규정이라는 명시적인 판례가 있음

3. 적용범위 : 소유자 사이에서만 적용되는 것이 아니라 지상권자[15,26], 전세권자, 임차인[24,28]에게도 적용

4. 주요 규정

  (1) 인지사용청구권[17,26](216) : 이웃사람의 승낙이 없으면 판결로 갈음할 수 있음. 단, 주거출입은 불가

  (2) 주위토지통행권(219, 220)

    1) 인정요건 : ① 통로가 없는 경우, ② 통로가 있으나 통로로서의 기능이 불충분한[15+,18,20,24,27] 경우(우회○, 협소○[15+,24], 위험○, 편리×)

    2) 통행권자 : 소유자, 지상권자, 전세권자 / 명의신탁자×(대외적으로 소유권 주장×)

    3) 범위 : ① 현재의 토지용법에 따른 이용범위에서 인정될 뿐, 장래의 이용상황까지[27] 미리 대비× ② 건축법 규정(2m)도 참작요소로 삼아야 하지만, 그 규정 자체만 으로 당연히 건축법과 일치하는 통행권이 생긴다고 단정할 수는 없다.[15+]

    4) 내용 : ① 통로개설 가능(개설비용·유지비용은 통행권자가 부담)[27,28] ② 통행지소유자가 설치한 담장 등 방해물의 제거[24,27,28]를 청구할 수 있다. ③ 통행지소유자의 점유를 배제하고 전적으로 점유할 권능[20]은 없다.

    5) 변경·소멸 : ① 주위토지의 현황·이용상황 변경 → 통행로 변경 ② 접하는 공로 개설 → 통행권 소멸[24,32]

    6) 보상 : ① 원칙 : 유상 ② 예외 : 무상[26](분할, 일부양도의 경우). 단, 무상통행권은 분할이나 일부양도의 직접 당사자 사이에만[15+,20,24] 적용되고, 특정승계인에게는 적용되지 않는다.

 공유지분할

 특정승계 (매매, 증여)

  (3) 경계표, 담의 설치권(237) : 인접지 소유자는 통상의 경계표나 담을 설치하는 데 협력할 의무가 있다.[25] 담의 설치비용은 쌍방이 절반하여 부담하고, 측량비용은 토지의 면적에 비례하여 부담한다.[26]

  (4) 경계표, 담의 공유추정(239)[18,25] : 단, 일방의 단독비용으로 설치되었거나 담이 건물의 일부[17] → 단독소유

  (5) 수지, 목근의 제거권(240) : 수목가지는 제거청구 후 불응 시 제거, 수목뿌리는 임의로 제거[17,28]

  (6) 경계선 부근의 건축(242) : 건물을 축조함에는 경계로부터 반미터(0.5m)[25] 이상의 거리를 두어야 한다. 위반 시 변경·철거청구.[17,28] 단, 착공 후 1년을 경과하였거나 건물완성 후에는 손해배상청구만 가능

  (7) 지하시설에 대한 제한(244) : 우물·지하시설 → 2m 이상[33] / 저수지·구거·지하실 → 깊이의 반 이상

3 소유권의 취득

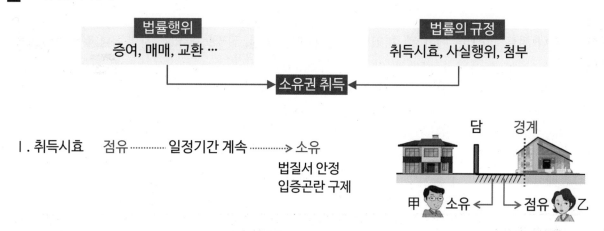

Ⅰ. 취득시효   점유 ⋯⋯⋯ 일정기간 계속 ⋯⋯⋯▶ 소유
                                        법질서 안정
                                        입증곤란 구제

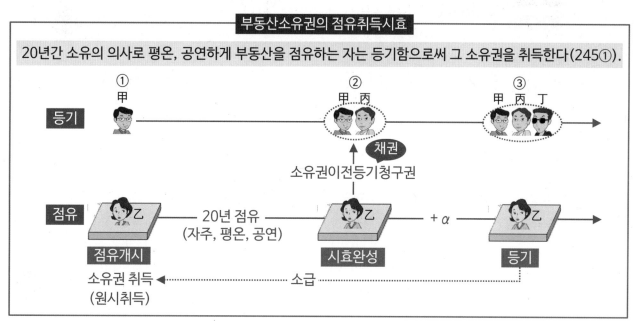

부동산소유권의 점유취득시효

20년간 소유의 의사로 평온, 공연하게 부동산을 점유하는 자는 등기함으로써 그 소유권을 취득한다(245①).

---

1. 점유취득시효

(1) 요건

1) 주체 : 누구나 취득시효의 주체가 될 수 있다. (예) 자연인, 법인, 권리능력 없는 사단(가령 종중)이나 재단

2) 객체

① 자기 소유 부동산[17]○ : 자기 소유의 부동산도 시효취득의 객체가 될 수 있다(입증곤란 구제).

　단, 부동산에 관하여 적법·유효한 등기를 마치고 소유권을 취득한 사람이 자기 소유의 부동산을 점유하는 경우, 그러한 점유는 취득시효의 기초가 되는 점유라고 할 수 없다.[28]

② 국유재산△ : 행정재산×(舊 행정재산 + 보존재산), 일반재산○(舊 잡종재산) [26,31,32]

　단, 잡종재산일 당시 시효완성되었더라도 그 후 행정재산으로 되었다면 소유권이전등기청구× [17,34]

③ 토지의 일부[27,30]○ : 1필의 토지의 일부에 대한 시효취득을 인정하기 위해서는 일부점유의 객관적인 징표가 계속해서 존재하여야 하고, 시효완성 후에 분필절차를 밟은 후 이전등기를 하여야 한다.

④ 공유지분○ : 수인이 공동으로 점유한 경우에는 공유지분을 시효취득한다.

⑤ 집합건물의 공용부분[26,30,34]× : 집합건물의 공용부분(복도, 계단 등)은 시효취득의 대상이 될 수 없다.

⑥ 집합건물의 대지사용권○ : 20년간 집합건물을 구분소유하면 대지의 소유권(=대지사용권)을 취득한다.

3) 점유

① 자주[33], 평온, 공연점유[20] : 자주, 평온, 공연점유는 추정되므로, 점유자는 이를 증명할 책임이 없다.[22,23,33]

② 직접점유·간접점유 불문[20,30,33] : 취득시효의 요건인 점유에는 직접점유뿐만 아니라 간접점유도 포함된다.

③ 20년간 계속점유

　㉠ 점유의 승계 : 취득시효완성을 주장하는 점유자는 전 점유자의 점유를 병합할 수 있다(199).[32]

　㉡ 점유계속의 추정 : 전후 양 시점(①, ③ 시점)에 점유한 사실 입증 → 점유를 계속한 것으로 추정(198)

　㉢ 기산점의 임의선택 { 원칙 : 임의선택 불가(임의로 선택하면 시효완성 후의 제3자를 해하기 때문) / 예외 : 임의선택 가능(점유기간 중 계속해서 소유자의 변동이 없는 경우)[17]

　㉣ 시효완성 전의 압류·가압류는 시효중단사유× : 취득시효기간 완성 전에 부동산에 압류 또는 가압류 조치가 이루어지더라도 취득시효의 중단사유가 될 수 없다(종래의 점유상태의 계속이 파괴되었다고 할 수 없으므로).[30,34]

4) 등기

① 제187조의 예외 : 법률의 규정에 의한 물권변동이지만 등기를 해야 소유권을 취득한다.[14,15,16,24]

② 미등기부동산의 경우[20,34] : 마찬가지이다. 즉 미등기부동산이라고 하여 취득시효 완성만으로 등기 없이 소유권을 취득하는 것은 아니다. → 소유자 명의로 보존등기(대위신청) 후 이전등기

(2) 효과 : 소유권취득

1) 원시취득[20,34] : 시효로 인한 권리취득은 원시취득이므로 시효취득자는 원 소유권에 가해진 각종 제한에 의해 영향받지 않는 완전한 소유권을 취득하고, 원 권리에 존재하던 제한이나 하자는 모두 소멸한다.

① 예컨대 ①~② 시점 사이에서 그 부동산에 경료된 저당권, 가등기, 가압류 등은 모두 소멸한다.

② 다만 점유취득시효완성 후에도 원 소유자(甲)는 점유자(乙) 명의의 소유권이전등기가 마쳐지기까지는 소유자로서 적법한 권리를 행사할 수 있으므로, 甲이 위 부동산에 저당권을 설정하는 것은 특별한 사정이 없는 한 불법행위가 되지 않는다. 따라서 ②~③ 시점 사이에서 甲에 의해 저당권이 설정된 경우, 乙은 저당권의 부담이 있는 현상 그대로의 상태에서 부동산의 소유권을 취득한다. 이 경우 乙이 저당권의 피담보채무를 변제하더라도 이는 자신의 이익을 위한 행위라 할 것이어서 甲에게 대위변제를 이유로 구상권을 행사하거나 부당이득반환청구권을 행사할 수 없다.[31]

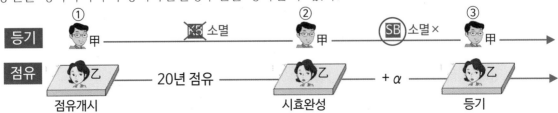

2) 소급효 : 시효완성에 의한 소유권취득의 효과는 점유를 개시한 때로 소급한다(247①). [22,33]

① **부당이득반환×** [15,19] : 시효취득자가 점유기간 중에 부동산으로부터 수취한 과실(가령 임대차에 발생한 임료)은 소유자로서 취득한 것이어서 부당이득반환의 대상이 되지 않는다. [23,32,34]

② **손해배상×** : 소유자는 시효완성자에 대하여 그 점유를 불법점유라고 주장하여 부동산의 인도를 청구하거나 그 동안의 점유로 인한 손해배상을 청구할 수 없다. [15,20]

(3) 점유취득시효 완성 후 등기 전의 법률관계 : ②~③시점 사이의 법률관계

1) 취득시효 완성자(😊)의 법적 지위 [24]

① **소유권이전등기청구권 취득** : 채권적 청구권

② **소유권이전등기청구의 상대방** : 시효완성 당시의 소유자(= ②시점의 소유자 👓 또는 🙂)

  ㉠ 시효기간 만료 전에 등기명의를 넘겨받은 등기명의자는 소유권이전등기청구의 상대방이 된다. [23,25]

  ㉡ 시효완성 당시의 등기가 무효라면 그 등기명의인은 소유권이전등기청구의 상대방이 될 수 없다. [20,24,34]

③ **등기청구권의 소멸시효** ┤ 점유를 계속하는 동안 : 소멸시효에 걸리지 않는다. 😊 [24,34]
  └ 점유를 상실한 경우 : 소멸시효에 걸린다(10년). 😣 곧바로 소멸하는 것은 아님 [22]

2) 취득시효완성 후 부동산의 점유가 승계된 경우

시효완성자로부터 부동산을 양수하여 점유를 승계한 현 점유자는 전 점유자의 소유자에 대한 소유권이전등기청구권을 대위행사할 수 있을 뿐, 직접 자기에게 소유권이전등기를 청구할 권원은 없다.

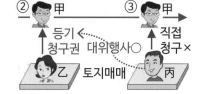

3) 취득시효완성 후 부동산이 제3자에게 양도된 경우(★) : 이중매매의 법률관계와 유사

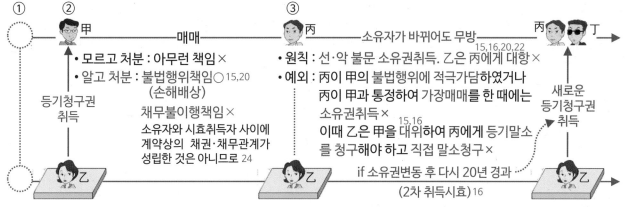

① 제3자가 시효완성 전에 설정되어 있던 가등기에 기하여 시효완성 후에 본등기를 마친 경우 : 점유자는 그 제3자에게 시효완성의 효과를 주장할 수 없다(이 경우 제3자는 시효완성 후에 소유권을 취득한 것이므로). [30]

② 시효완성 당시의 소유자가 일시 상실하였던 소유권을 다시 회복한 경우 : 점유자는 소유권이전등기청구권을 상실한 것이 아니므로 그 소유자에게 시효취득의 효과를 주장할 수 있다. [16,19]

(4) 관련 문제

1) 점유취득시효 완성 후 등기 전에 부동산이 제3자에게 명의신탁된 경우 : 그 제3자가 소유자로서의 권리를 행사하는 경우 점유자는 취득시효완성을 이유로 이를 저지할 수 있다(종전 등기명의인으로서는 언제든지 명의신탁을 해지하고 소유권이전등기를 청구할 수 있고, 점유시효취득자로서는 종전 등기명의인을 대위하여 이러한 권리를 행사할 수 있으므로).

2) 명의신탁된 부동산에 대해 점유취득시효가 완성된 후 시효취득자가 등기를 하기 전에 명의신탁이 해지되어 등기명의가 명의신탁자에게 이전된 경우 : 그 명의신탁자는 취득시효 완성 후에 소유권을 취득한 자에 해당하여 그에 대하여 취득시효를 주장할 수 없다. [23,31]

3) 대상청구권(代償請求權) : 취득시효가 완성된 토지가 수용됨으로써 취득시효완성을 원인으로 하는 소유권이전등기의무가 이행불능이 된 경우, 시효취득자는 대상청구권의 행사로서 토지소유자가 취득한 보상금청구권의 양도를 구하거나 지급받은 수용보상금의 반환을 청구할 수 있다. 단, 그 이행불능 전에 등기명의자에 대하여 그 권리를 주장하였거나 등기청구권을 행사하였어야 하고, 그와 같은 권리의 주장이나 행사에 이르지 않았다면 대상청구권을 행사할 수 없다. → p.121 참고

2. 등기부취득시효

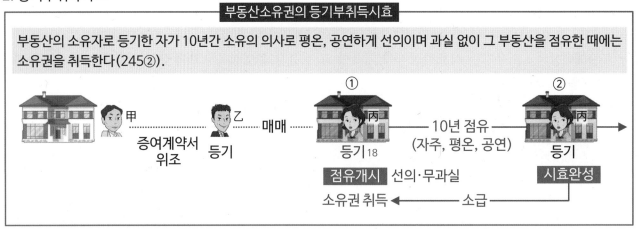

부동산소유권의 등기부취득시효

부동산의 소유자로 등기한 자가 10년간 소유의 의사로 평온, 공연하게 선의이며 과실 없이 그 부동산을 점유한 때에는 소유권을 취득한다(245②).

(1) 요건

1) **주체와 객체** : 점유취득시효와 같다. 단, 토지의 일부에 대한 등기부취득시효는 인정되지 않는다.

2) **등기**

① **무효등기라도 무방** : 본조의 등기는 적법·유효한 등기일 필요가 없고, 무효등기라도 무방하다.
 단, 1부동산1등기용지주의(현재는 1부동산1등기기록주의)에 위배된 등기는 제외된다. 가령 중복등기의 후등기나 대장상의 분필절차를 거치지 않은 채 등기부상으로만 분할된 토지의 등기로는 등기부취득시효가 인정되지 않는다.

② **등기의 승계 인정** : 등기부취득시효를 주장하는 자는 10년간 반드시 자신의 명의로 등기되어 있어야하는 것은 아니고, 앞 사람의 등기까지 아울러 10년 동안 등기되어 있으면 된다.

③ **피상속인 명의의 등기도 인정** : 피상속인과 상속인의 점유기간을 합산하여 10년을 넘으면 된다.

3) **점유**

① **자주, 평온, 공연점유 / 10년 계속 점유**

② **선의·무과실의 점유**

 ㉠ **판단시기** : 점유를 개시한 때 있으면 족하고, 10년 내내 계속되어야 하는 것은 아니다.

 ㉡ **입증책임** : 무과실은 추정되지 않으므로 등기부취득시효를 주장하는 점유자가 스스로 자신의 무과실을 입증하여야 한다. → p.69

(2) 효과 : 소유권취득 / 원시취득, 소급효

(3) 등기부취득시효 완성 후 등기가 불법말소된 경우 : 등기는 물권의 효력발생요건이지 존속요건이 아니므로

등기부취득시효 완성 후에 그 등기가 불법말소되거나 적법한 원인 없이 다른 사람 앞으로 이전되더라도 이미 취득한 소유권을 상실하는 것은 아니다.15,19

3. 소유권 이외의 권리의 취득시효

소유권 외에 시효로 취득할 수 있는 물권 : 지상권(분묘기지권 포함), 지역권, 전세권, 질권 / 저당권은×
　　　　　　　　　　　　　　　　　　　　　　　p.84　　　　　p.89

Ⅱ. 사실행위

 무주물 선점　　　 유실물 습득　　　 매장물 발견

1. **무주물 선점(252)** : 무주의 동산 + 소유의 의사로 점유(先占) → 소유권취득
 부동산은 선점의 대상이 아니다. 무주의 부동산은 국유로 한다.

2. **유실물 습득(253)** : 유실물습득 + 공고 + 6개월 내 소유자가 권리주장× → 소유권취득 ┈┈┈ → 원시취득

3. **매장물 발견(254)** : 매장물발견 + 공고 + 1년 내 소유자가 권리주장× → 소유권취득
 타인의 토지에서 발견 → 토지소유자와 발견자가 절반하여 취득(½지분씩 공유)

Ⅲ. 첨부

1. 의의 : 어떤 물건에 타인의 물건이 결합하거나(부합, 혼화), 타인의 노력이 가해지는 것(가공)

2. 부합

(1) 부동산에의 부합(256)

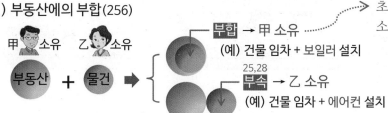

부합한 물건의 가격이 부동산의 가격을 초과하는 경우에도 부동산의 소유자가 소유권을 취득한다. [16,23,30]

(예) 건물 임차 + 보일러 설치 [25,28]
(예) 건물 임차 + 에어컨 설치

부합과 부속의 구별
분리 시 훼손, 가치 감소, 비용 과다?
부합 ← Yes ─┘└─ No → 부속

토지에의 부합	건물의 부합 : 증축 사례
건물　농작물　수목 토지 1. 건물이나 농작물은 토지에 [18,29] [16,27,28,29] 부합하는 일이 결코 없다. 2. 따라서 타인의 토지에 무단건축, 무단경작한 경우에도 건물이나 농작물의 소유권은 건축한 자, 경작한 자에게 있다. 1. 무단식재 → 토지에 부합○ [16,21,28] 2. 권원(임차권,지상권)에 의해 식재 → 토지에 부합✕ [30] ※ 토지소유자의 승낙 없이 임차인의 승낙만 받고 식재 → 토지에 부합○ [29]	부합된 경우　　　부합되지 않은 경우 7층 복층식 개조　　　2층 증축 상층 7층 독립성이 없으므로 [23,28,32]　　독립성이 있으므로 기존건물에 부합○　　기존건물에 부합✕

(2) 동산 간의 부합(257)

1) **주종을 구별할 수 있으면** : 주된 동산의 소유자가 합성물의 소유권취득

2) **주종을 구별할 수 없으면** : 부합 당시의 가액의 비율로 합성물을 공유

3. 혼화(258) : 혼합(고형물), 융화(유동물) → 동산 간의 부합에 관한 규정을 준용

4. 가공(259) : 甲 소유의 동산 + 乙의 노력 → ★ → 누구 소유? **원칙 : 甲 소유**, 예외 : 乙 소유
재료주의　　　　　　　　　가공주의

4 소유권에 기한 물권적 청구권

Ⅰ. 소유물반환청구(213)

소유자 ── 반환청구 ──→ 점유자 { 간접점유자는 소유물반환청구의 상대방이 될 수 있으나
점유보조자는 소유물반환청구의 상대방이 될 수 없다. [15+]

Ⅱ. 소유물방해제거 / 방해예방 또는 손해배상담보청구(214)

소유자는 침해자에 대해 제214조에 기하여 방해예방행위를 청구할 수 있을 뿐 방해배제의 비용 또는 방해예방의 비용을 청구할 수는 없다. [29,34]

옹벽설치청구○
설치비용청구✕
甲
乙　소유권

Ⅲ. 관련 문제

1. 무단건축물에 대한 철거청구 및 대지인도청구 [18,19,26,27] → p.59 참고

2. 토지가 미등기인 채로 매매된 경우

(1) 매수인은 미등기 상태에서도 매도인의 물권적 청구권 행사에 대항할 수 있고, 매수인으로부터 다시 그 토지를 매수한 자도 마찬가지이다. [20,21,26] → p.59 참고

(2) 토지의 매도인은 미등기 매수인이 신축한 건물을 양수한 자에 대하여 토지소유권에 기한 물권적 청구권을 행사할 수 없다.

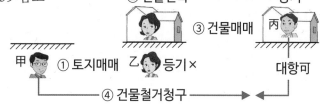

② 건물신축　등기　③ 건물매매　丙
甲 ① 토지매매 乙 등기✕　대항可
④ 건물철거청구

5 공동소유

구분	공유	합유	총유
의의	수인이 지분(持分)에 의해 물건을 공동소유 특별한 목적 없음	수인이 조합체로서(703) 물건을 공동소유 공동사업 경영	법인 아닌 사단의 사원이 집합체로서 물건을 공동소유 종중, 교회, 사찰…
지분	각자 자유롭게 처분	처분 시 전원 동의 要[29,33,34]	지분 없음
처분·변경	전원 동의	전원 동의	사원총회 결의
관리	지분의 과반수	조합원 과반수	사원총회 결의
보존	각자	각자[18,34]	사원총회 결의[29]
사용·수익	지분의 비율로	조합계약에 따라	정관 기타 규약에 따라
분할	자유	금지[34]	분할 없음

Ⅰ. 공유

1. 의의 : 하나의 물건이 지분에 의해 수인의 소유로 된 것

1개의 물건 → 1물1권주의 → 1소유권 → 양적 분할 → $\frac{1}{3}$지분 → 甲 / $\frac{1}{3}$지분 → 乙 / $\frac{1}{3}$지분 → 丙

지분의 합 = 1

2. 성립

(1) **법률행위** : 합의(계약) + 공유등기(지분기록)

(2) **법률의 규정** : 구분건물의 공용부분(215), 경계표·담·구거(239), 타인의 토지에서 발견한 매장물(254), 주종을 구별할 수 없는 부합된 동산(257), 공동상속인(1006) 등

3. 지분

(1) **의의** : 각 공유자가 공유물에 대해 가지는 소유의 비율. 1소유권의 양적 일부

(2) **비율** : 당사자 간의 합의나 법률의 규정에 의한다. / 불분명한 경우 → 균등한 것으로 추정(262②)

(3) **처분(263)** : 각자[21] 자유 → 다른 공유자의 동의 없이[33] 양도, 담보제공(저당권설정)[16,23], 포기할 수 있다.

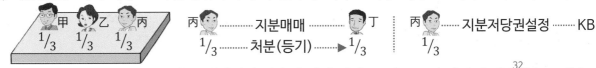

(4) **탄력성(267)** : 공유자가 지분을 포기하거나 상속인 없이 사망 → 다른 공유자에게 지분비율로 귀속[32]

상대방 있는 단독행위[32] → 등기해야 물권변동[30,31,33]

부동산의 경우에도 국유로 되지 않음[19,20]

4. 공유자 사이의 법률관계(내부관계)

(1) **공유물의 사용·수익(263)** : 공유자는 공유물 전부를 지분의 비율로 사용·수익한다.[35]

(2) **공유물의 처분·변경(264)** : 공유자는 다른 공유자의 동의 없이 공유물을 처분하거나 변경하지 못한다.[27,35]

1) **전원 동의** : 공유물을 처분할 때에는 전부처분이든 일부처분이든 공유자 전원의 동의를 요한다.

2) **공유자 중 1인이 단독으로 공유물을 처분한 경우** : 그 공유자의 지분범위 내에서는 유효

공유자 중 1인이 다른 공유자의 동의 없이 공유토지의 특정부분을 매도하여 소유권이전등기가 마쳐졌다면, 그 매도부분 토지에 관한 소유권이전등기는 처분공유자의 공유지분 범위 내에서는 실체관계에 부합하는 유효한 등기라고 보아야 한다.

→ 전부 유효[21] (채권행위) → 일부 유효[28] (물권행위)

(3) 공유물의 관리·보존(265)

1) 관리 : 공유물의 관리에 관한 사항은 공유자의 지분의 과반수로써 결정한다.

① 관리란 처분이나 변경에 이르지 않는 범위 내에서 물건을 이용·개량하는 행위를 말한다. 가령 공유자가 공유물을 타인에게 임대하거나 임대차계약을 해지하는 것은 공유물의 관리행위에 해당[30]하므로 공유자의 지분의 과반수로써 결정하여야 한다. 또한 상가건물의 공유자인 임대인이 임차인에게[22]갱신거절의 통지를 하는 행위는 실질적으로 임대차를 종료시키는 것이므로 공유물의 관리행위에 해당하여 공유자의 지분의 과반수로써 결정하여야 한다.

② 과반수지분의 공유자는 다른 공유자와 협의 없이 단독으로 공유물의 관리방법을 정할 수 있다.

③ 과반수지분의 공유자로부터 사용·수익을 허락받은 점유자(가령 임차인)에 대하여 소수지분의 공유자는[18,19,21,26,27,28]점유의 배제나 임료 상당액에 대한 부당이득반환을 청구할 수 없다.[19,28]

④ 과반수지분의 공유자가 공유물의 특정부분을 배타적으로 사용·수익하기로 정하는 것도 공유물의 관리방법으로 적법하다. 단, 이 경우 과반수지분의 공유자는 소수지분권자에 대해 그 지분에 상응하는 임료 상당액을 부당이득으로 반환하여야 한다.

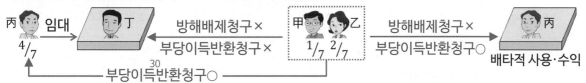

⑤ 단, 과반수지분의 공유자의 배타적 사용·수익의 내용이 공유물의 기존 모습에 본질적 변화를 일으켜 관리가 아닌 처분이나 변경의 정도에 이르는 것이어서는 안 된다. 가령 공유하는 나대지에 새로 건물을 건축하는 것은 관리의 범위를 넘는 처분 내지 변경에 해당하므로, 과반수지분권자도 다른 공유자의 동의[26,31,32]없이는 할 수 없다.

⑥ 공유물의 사용·수익·관리에 관한 공유자 사이의 특약은 유효하며 그 특정승계인에게도 승계된다.[32] 단, 그 특약이 공유지분권의 본질적 부분을 침해하는 경우(가령 지분권자로서의 사용·수익권을 사실상 포기하는 특약)에는 당연히 승계된다고 볼 수 없다.[27]

2) 보존 : 공유물의 보존행위는 지분에 관계없이 각자가 할 수 있다.[35]

① 보존이란 물건의 멸실·훼손을 막고 그 현상을 유지하기 위한 행위를 말한다.

② 소수지분권자가 다른 공유자와 협의 없이 공유물의 전부 또는 일부를 독점적으로 점유·사용하고 있는 경우, 다른 소수지분권자는 공유물의 보존행위로서 그 인도를 청구할 수는 없고, 자신의 지분권에 기초하여 공유물에 대한 방해상태를 제거하거나 공동점유를 방해하는 행위의 금지를 청구할 수 있다.

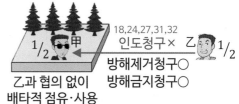

(4) 공유물의 부담(266) : 공유자는 지분의 비율로[27] 공유물의 관리비용 기타 의무를 부담한다.

5. 제3자에 대한 관계(외부관계)

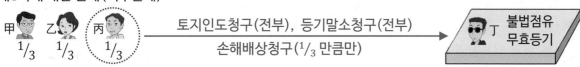

(1) 공유물의 보존행위 : 각 공유자가 공유물 전부에 대해서 할 수 있다.

1) 불법점유자에 대한 인도청구 : 부동산 공유자 중의 1인은 공유물의 보존행위로서 공유물을 권원 없이[16]점유하는 자에 대하여 그 부동산의 전부의 인도를 청구할 수 있다.

2) 무효등기 말소청구 : 공유하는 부동산에 대하여 제3자 명의의 무효등기가 경료되어 있는 경우, 공유자[24,26,28]각자는 공유물에 대한 보존행위로서 그 등기 전부의 말소를 청구할 수 있다.

3) 다른 공유자의 지분권 주장 不可 : 공유자가 다른 공유자의 지분권을 대외적으로 주장하는 것은 공유물의[20]보존행위로 볼 수 없다(가령 甲의 지분이 불법이전된 경우 乙은 그 등기의 말소를 청구할 수 없다).[20]

(2) 손해배상청구, 부당이득반환청구 : 공유물에 끼친 불법행위를 이유로 하는 손해배상청구권은 각 공유자가[21,26,35]자신의 지분에 대응하는 비율의 한도 내에서만 행사할 수 있다.

6. 공유물의 분할

(1) 분할의 자유(268)

1) 원칙 : 공유자는 자유롭게[15+,20] 공유물의 분할을 청구할 수 있다. 즉, 공유물분할청구권을 가진다.

형성권, 소멸시효×

2) 예외 : 일정한 경우에는 분할이 금지된다.

① 계약에 의한 분할금지 : 기간은 5년 내 / 갱신[29] 가능 / 등기해야[15+] 제3자(지분의 양수인)에 대항可

② 법률의 규정에 의한 분할금지 : 집합건물의 공용부분[18](215)과 대지(집합건물법 8), 경계표·담[28]·구거(239)

(2) 분할의 방법(269)

1) 전원 참여 要[15+,20] : 공유자 전원이 분할절차에 참여하여야 한다. 일부가 제외된 분할은 무효이다.

2) 협의분할의 원칙, 재판상 분할의 예외 : 공유물의 분할은 공유자 간의 협의에 의하는 것이 원칙이지만, 분할방법에 관한 협의가 성립되지 않는 경우 공유자는 법원에 분할을 청구할 수 있다.

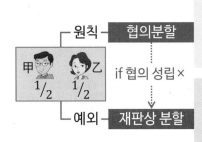

협의가 성립되면 협의에 따른 이행을 해야 하고, 일부 공유자가 분할에 따른 이전등기에 협조하지 않더라도 소유권이전등기청구의 소(이행의 소)를 제기할 수 있을 뿐, 또 다시 소로써 분할을 청구하는 것은 허용되지 않는다.[15+,16,35]

- 원칙 : 현물분할[16] —현물로 분할할 수 없거나 현물로 분할하면 가액이 현저히 감손되는 경우→ 예외 : 대금분할 경매하여 그 대금을 분할
- 형성의 소 : 분할판결이 확정되면 등기 없이 물권변동이 일어난다(187).

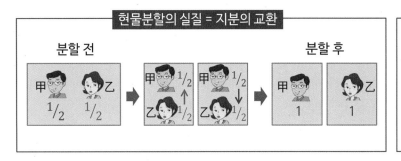

현물분할의 실질 = 지분의 교환

분할 전 → 분할 후

재판에 의한 분할 시 법원의 재량

1. 토지분할 시 '지분=면적'이 원칙이지만 '지분=가치'도 가능
2. 현물분할의 방법으로 가격배상도[18] 허용 (금전으로 경제적 가치의 과부족 조정)
3. 분할을 원하지 않는 나머지 공유자들은 공유로 남는 것도 허용[35]

(3) 분할의 효과

1) 공유관계 종료 : 각 공유자는 분할된 부분에 대한 소유권을 취득한다.

2) 소급효× : 분할은 지분의 교환이나 매매의 실질을 가지므로 분할의 효과에는 소급효가 없다.

3) 물권변동의 시기

① 협의분할의 경우 → 등기 시[25,27](186) / 재판상 분할의 경우 → 판결확정 시[18](187)

② 공유물분할소송절차에서 조정이 성립한 경우 : 협의에 따른 공유지분이전등기[27]를 마쳐야 분할한 부분에 대한 소유권을 취득한다.

4) 담보책임 : 공유자는 다른 공유자가 분할로 인해 취득한 물건에 대해 그 지분의 비율로 매도인과 동일한 담보책임을 진다(270).[15,16,35]

5) 지분 위의 담보물권 : 부동산의 일부 공유지분 위에 저당권이 설정된 후에 부동산이 분할된 경우, 그 저당권은 분할된 각 부동산 전부에 종전의 지분비율대로 그대로 존속하고 그 저당권설정자가 분할받은 부분에 그 효력이 집중되지[15,20,29] 않는다. 즉 분할된 각 부동산은 저당권의 공동담보가 된다.

분할 전 → 분할 후

공동저당

p.156 참고

구분소유적 공유관계 (상호명의신탁) [16,17]

부동산의 위치와 면적을 특정하여 구분소유하기로 약정하면서 등기부상으로는 공유로 등기하는 경우

2	소유권이전	매매	소유자 丙
3	소유권이전	매매	공유자 지분 1/2 甲 공유자 지분 1/2 乙

내부관계 : 구분소유

① 자기 소유의 특정부분을 배타적으로 사용·수익한다.[15]
② 자기 소유의 특정부분을 처분할 때 다른 공유자의 동의를 얻을 필요가 없다.[25,29]
③ 자기 소유의 특정부분에 건물을 신축한 경우에는 관습법상의 법정지상권이 성립할 수 있다.[19,25]
④ 자기 소유가 아닌 부분에 건물을 신축한 경우에는 관습법상 법정지상권이 성립될 여지가 없다.[15+,29]
⑤ 공유물분할청구를 할 수 없고, 명의신탁해지를 원인으로 지분이전등기를 청구한다.[15,22,29]
(상호간의 지분이전등기의무는 동시이행관계)[22,25,29,35]

외부관계 : 공유

① 제3자의 방해행위가 있는 경우 자기 소유 부분뿐만 아니라 전체 토지에 대하여 공유물의 보존행위로서 그 배제를 구할 수 있다.[15,25,29]
② 제3자의 불법행위가 있는 경우 각 공유자는 자신의 지분에 대응한 비율의 한도에서만 손해배상을 청구할 수 있다.[15]

Ⅱ. 합유

1. 합유지분권 포기 : 포기된 합유지분은 잔존 합유지분권자들에게 균분으로 귀속되지만, 이는 법률행위에 의한 물권변동이므로 등기하여야 효력이 생긴다.[22,27]

2. 부동산의 합유자 중 일부가 사망한 경우 : 사망한 합유자의 상속인은 합유자의 지위를 승계하지 않고, 해당 부동산은 잔존 합유자의 합유로 귀속된다.[18,27,29,34]

3. 합유물 보존을 위한 소송 : 합유물에 관하여 경료된 원인무효의 소유권이전등기의 말소를 구하는 소송은 합유물에 관한 보존행위로서 합유자 각자가 할 수 있다.[33]

4. 합유재산의 명의신탁 : 조합체가 조합재산으로 취득한 부동산을 합유등기를 하지 않고 조합원 1인의 명의로 소유권이전등기를 하였거나 조합원들 명의로 공유등기를 하였다면 조합체가 조합원들에게 명의신탁한 것으로 보아야 한다.

Ⅲ. 총유

1. 종중의 규약이나 총회의 결의를 거치지 않은 종중재산 처분행위는 무효

2. 교인총회의 결의를 거치지 않은 교회재산 처분행위는 무효 : 이러한 처분행위는 강행법규(민법 제276조)를 위반한 것이므로 표현대리에 관한 규정이 준용되지 않는다. → p.43

3. 종산에 대한 분묘설치 : 이는 단순한 사용수익에 불과한 것이 아니라 분묘기지권(물권)을 취득하게 되는 처분행위에 해당하므로 총유체인 종중의 결의가 필요하다.

4. 총유물 보존을 위한 소송 : 사원총회의 결의를 얻어 법인 아닌 사단의 명의로 또는 구성원 전원이 필수적 공동소송의 형태로 할 수 있을 뿐, 사단의 구성원은 설령 그가 사단의 대표자라 하더라도 그 소송의 당사자가 될 수 없다.

5. 교인들의 교회 탈퇴 : 종전 교회의 재산은 잔존 교인들의 총유로 귀속된다.[18]

제5장 용익물권

1 지상권

I. 총설

1. **의의(279)** : 타인의 토지에 건물 기타 공작물이나 수목을 소유하기 위하여 타인의 토지를 사용하는 권리

순위번호	등기목적	~	권리자 및 기타사항	
1	지상권설정	~	목적	철근콘크리트조 건물 소유
			범위	동남쪽 350㎡
			존속기간	2005년3월15일부터 30년
			지료	월 금1,000,000원
			지급시기	매월 말일
			지상권자	乙 820112-2021234
				서울 구로구 구로동 53

2. **성질**

(1) **객체** : 타인의 토지 / 1필의 토지의 전부 또는 일부(일물일권주의의 예외) → p.56

(2) **지료** : 지상권의 필수적 요소× → 무상의 지상권도 가능하다.[25,31]

(3) **지상물에 종속적인 권리는 아님** : 지상권은 타인의 토지에 지상물을 소유하기 위해 필요한 종된 권리이다. 그렇다고 해서 지상권이 지상물에 완전히 종속적인 권리는 아니므로 현재 건물이나 수목이 없더라도 지상권은 유효하게 성립하고 존속할 수 있다.[28]

II. 취득

1. **법률행위에 의한 취득** : 지상권설정계약 + 등기(186)
   토지소유자가 아닌 자도 해당 토지에 관하여 지상권설정계약을 체결할 수 있다(판례).

2. **법률의 규정에 의한 취득** : 상속, 취득시효, 저당권실행, 강제경매… → 등기 不要(187)
   등기 要   법정지상권(★)

III. 존속기간

1. **설정행위로 존속기간을 정하는 경우(280)**

(1) **최장기간 제한×** : 존속기간을 영구(永久)로 약정하는 것도 허용된다(판례).[17,23]

(2) **최단기간 제한○** : 수목 30년, 견고한 건물 30년, 일반건물 15년, 공작물 5년[19]

　1) **최단기간보다 짧게 정한 경우** : 위 기간보다 단축한 기간을 정한 때에는 위 기간까지 연장한다.

　2) **기존건물 사용 목적인 경우에는 최단기간 제한 없음** : 제280조는 지상권자가 자기 소유의 건물을 건축하거나 수목을 식재하여 토지를 이용할 목적으로 지상권을 설정한 경우에만 적용되고, 기존건물 사용을 목적으로 지상권이 설정되는 경우에는 적용되지 않는다.

> 기존의 연와조건물
> 최단기간 제한×
> 甲 乙 15년 약정 → 유효

2. **설정행위로 존속기간을 정하지 않은 경우(281)**

(1) **최단기간** : 지상물의 종류에 따라 최단존속기간으로 정한다.[17,26]

(2) **공작물의 종류와 구조를 정하지 않은 경우** : 일반건물 소유 목적으로 간주 → 15년

3. **갱신**

(1) **합의갱신(284)** : 계약을 갱신하는 경우에도 그 존속기간은 최단존속기간보다 단축하지 못한다.

(2) **지상권자의 갱신청구권(283)**

　1) **내용**

① 존속기간 만료로 소멸한 경우에만 인정되고 지료연체를 이유로 소멸청구한 경우에는 인정×

② 청구권이어서 甲의 승낙이 있어야 갱신

④ 형성권이어서 乙의 일방적 의사표시로 매매 성립 매매대금은 매수청구 당시의 시가(時價)

　2) **편면적 강행규정(289)** : 지상권자가 갱신청구권이나 매수청구권을 미리 포기하는 특약(가령 존속기간 만료 시 건물을 양도하거나 철거하기로 하는 약정)은 지상권자에게 불리하여 무효이다.

　3) **토지임대차에 준용(643), 토지전세권에 유추적용(판례)**[25,33]

Ⅳ. 효력

1. 토지사용권

(1) **절대권** : 제3자(가령 토지의 양수인)에게 대항 可

(2) **토지의 유지·수선** : 지상권자의 책임 → 필요비(토지의 유지·보수비용)상환청구권×

(3) **물권적 청구권 / 상린관계(290)** : 지상권에 기한 토지반환청구[15] / 상린관계[15] 규정 준용

2. 지상권의 처분(282)

(1) **처분의 자유** : 지상권자는 토지소유자의 동의 없이[25,26,28] 지상권을 양도하거나 토지를 임대할 수 있다.

(2) **편면적 강행규정(289)** : 지상권의 양도나 담보제공, 토지의 임대를 금지하는 특약은 무효이다.[17]

(3) **지상물과 분리처분 가능** : 지상권자는 지상권을 유보한 채 지상물의 소유권만[34] 양도할 수 있고, 지상물의 소유권을 유보한 채 지상권만[29,34] 양도할 수도 있는 것이어서 지상권자와 지상물의 소유자가 반드시 일치해야 하는 것은 아니다.

3. 지료지급의무

(1) **지료** : 지상권의 필수요소×

(2) **등기** : 지료약정을 한 경우 지료액, 지급시기는 등기를 해야 제3자(지상권의 양수인)에게 대항할 수 있다.

甲 ·········· 지료약정○, 등기× ·········· (乙)
지료청구×[15]
지료증액청구×[19]
乙의 연체사실로 대항×[29]
지상권 양도
(丙)

(3) **지료증감청구권(286)** : 경제사정변동[14] → 장래에 대하여 증감청구(형성권)

(4) **지료체납(287)** : 2년 이상[26,34] 지료 체납(연속 不要, 통산하여 계산) → 지상권설정자 지상권소멸청구

1) **현재를 기준** : 2년 이상 지료 연체 → 일부 지급 → 2년 미만 연체 → 지상권소멸청구 不可

2) **연체기간은 특정의 소유자를 기준** : 지료연체가 토지소유권의 양도 전후에 걸쳐 이루어진 경우 토지양수인에 대한 연체기간이 2년이 되지 않는다면 양수인은 지상권소멸청구를 할 수 없다.[15,19,29,31,32]

甲 ·········· (乙) 1년 연체
소멸청구可 지상권 양도
(丙) 1년 연체

1년 연체 甲 → (乙)
토지소유권 양도
1년 연체 丁 소멸청구不可

3) **지상권이 저당권의 목적인 경우(288)** : 지료연체를 이유로 한 지상권소멸청구는 저당권자에게 통지한 후 상당한 기간이 경과하여야 효력이 생긴다.[17,28,29]

Ⅴ. 소멸

1. 일반적 소멸사유 : 토지 멸실(건물 멸실은×)[17,23], 포기, 소멸시효, 혼동, 선순위 저당권의 실행

2. 특유한 소멸사유 : 지료 연체 시 소멸청구

3. 소멸의 효과

(1) **토지반환** : 원상회복 / 지상물수거권, 수거의무(285①)

(2) **지상물매수청구권** : 지상권설정자 甲 —— 매수청구(285②)[28] → (乙) 지상권자
—— 매수청구(283) ←

(3) **유익비상환청구권○[17], 필요비상환청구권×**

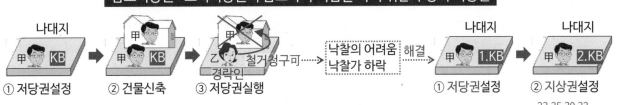

담보지상권 : 토지저당권의 담보가치 저감을 막기 위한 무상의 지상권

나대지 → 甲 KB → 甲 KB → 乙 철거청구可 경락인 → 낙찰의 어려움 낙찰가 하락 해결 → 나대지 甲 1.KB → 나대지 甲 2.KB

① 저당권설정 ② 건물신축 ③ 저당권실행 ① 저당권설정 ② 지상권설정

1. 저당권의 담보가치 저감을 막기 위해 취득한 지상권은 피담보채권이 소멸하면 그에 부종하여 소멸한다.[23,25,30,32]

2. 저당권의 담보가치를 확보하기 위하여 지상권을 취득한 경우, 지상권자는 건물을 신축하는 제3자에게 건물의 철거와 대지의 인도를 청구할 수 있다(지상권에 기한 방해배제청구). 단, 임료 상당의 손해배상을[31] 청구할 수는 없다(불법점유가 없었더라도 임료 상당의 이익이나 소득이 발생할 여지가 없으므로).

Ⅵ. 특수한 지상권

1. 구분지상권(289의2)

(1) 의의 : 토지의 지하 또는 지상의 공간에 상하의 범위를 정하여[13,28] 건물 기타 공작물을 소유하기 위하여[25,28] 설정되는 지상권

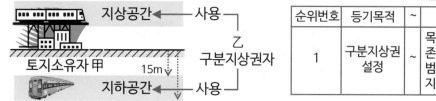

순위번호	등기목적	~	권리자 및 기타사항	
1	구분지상권 설정	~	목적 존속기간 범위 지상권자	지하철도 소유 50년 지하 15m부터 35m 사이 서울특별시 411

(2) 성립

1) 설정목적의 제한 : 건물 기타 공작물 소유 목적○, 수목 소유 목적×[13]

2) 등기 : 반드시 상하의 범위(구분층의 한계)를 등기하여야 한다.

3) 토지사용 제한 : 설정행위로서 구분지상권의 행사를 위하여 토지의 사용을 제한할 수 있다.[13]

4) 제3자의 용익권(지상권, 전세권)이 있는 경우 : 이때도 제3자의 승낙이 있으면 설정할 수 있다.[13]

(3) 효력 : 구분지상권의 효력은 토지의 특정 층에만 미치므로 구분지상권의 효력이 미치지 않는 부분은 토지소유자나 다른 용익권자가 사용할 수 있다.

2. 분묘기지권 : 지상권에 유사한 관습법상의 물권

(1) 의의 : 타인의 토지에 분묘를 설치한 자가 분묘를 소유하기 위하여 그 기지를 사용하는 권리

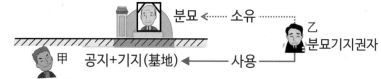

(2) 취득

1) 승낙 : 토지소유자의 승낙을 얻어 분묘를 설치한 경우

2) 시효취득[26] : 타인의 토지에 무단으로 분묘를 설치한 후 20년간 평온·공연하게 기지를 점유한 경우

 ① 장사법 시행 전에 이미 시효가 완성된 경우 : 분묘기지권이 인정된다.

 ② 장사법 시행 후에 설치된 경우 : 20년이 경과하더라도 분묘기지권을 시효취득할 수 없다.

 ③ 장사법 시행 전에 설치되었다가 법 시행 후에 시효가 완성된 경우 : 분묘기지권의 시효취득이 인정된다. 즉 분묘기지권의 시효취득에 관한 종래의 관습법은 장사법 시행일인 2001. 1. 13. 이전에 설치된 분묘에 대해서는 여전히 그 법적 규범으로서의 효력이 유지되고 있다(대법원 2017 전원합의체 판결).

3) 토지 양도 : 자신의 토지에 분묘를 설치한 자가 분묘철거나 이장의 특약 없이 토지를 양도한 경우

(3) 효력

1) 범위 : 기지 + 공지 / 장사법이 정한 분묘의 제한면적(1기당 30㎡) 내로 한정되지 않는다.

2) 내용 : 새로운 분묘를 신설할 권능은 없다. 쌍분 형태의 설치, 단분 형태의 합장[26], 이장[26] 모두 不可

3) 지료

 ① 승낙형 분묘기지권 : 당사자 간의 약정에 의하고, 그 약정의 효력은 분묘기지의 승계인에게도 미친다.[35]

 ② 취득시효형 분묘기지권 : 토지소유자가 지료를 청구하면 그 청구한 날부터 지료지급의무가 생긴다.[17,21,26 / 32]

 ③ 양도형 분묘기지권 : 분묘기지권이 성립한 때부터[35] 지료지급의무가 있고, 판결에 따라 지료액수가 정해졌음에도 분묘기지권자의 책임 있는 사유로 판결확정 전후에 걸쳐 2년분 이상의 지료지급을 지체한 경우, 토지소유자는 분묘기지권의 소멸을 청구할 수 있다.

4) 존속기간 : 약정○ → 약정대로 / 약정× → 분묘가 존재하고 수호봉사를 계속하는 한 존속[17]

5) 공시방법 : 봉분 자체가 공시방법(등기 不要), 평장이나 암장된 경우에는 분묘기지권 인정×[17,22,27,35]

(4) 소멸 : 분묘 멸실 → 분묘기지권 소멸 / 단, 일시적 멸실(유골이 존재하여 원상회복 가능) → 소멸× 포기→ 분묘기지권 소멸 / 권리를 포기하는 의사표시 외에 점유의 포기까지는 不要[26]

3. 법정지상권(★) : 법률의 규정에 의해(= 계약에 의하지 않고) 발생하는 지상권 / 지상권설정등기 不要

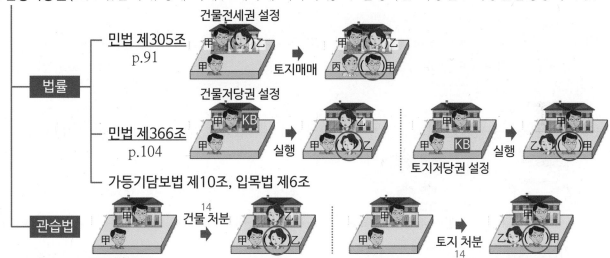

관습법상의 법정지상권(★)

(1) **의의** : 토지와 건물이 동일인 소유에 속하였다가 그중 어느 한 쪽이 매매, 증여, 강제경매 등으로 처분되어 소유자가 달라진 경우, 건물의 소유자가 그 토지에 대하여 <u>당연히</u> 취득하게 되는 지상권
계약과 등기 없이

(2) **성립요건**

1) 토지와 건물이 처분 당시에 동일인 소유에 속하였을 것

① 처분 당시에 동일인 소유이기만 하면 무허가·미등기 건물의 경우에도 성립한다.[21]

② 처분 당시부터 소유자가 다를 때는 성립하지 않는다. (예) 대지소유자의 승낙을 얻어 신축된 건물만을 매수한 경우에는 관·법·지가 인정되지 않는다.[33]

③ 처분 당시에 동일인 소유이면 족하고 원시적으로 동일인 소유일 필요는 없다.

④ 법률상 동일인 소유이어야 하고, 사실상 동일인 소유인 것으로는 부족하다.

2) 토지와 건물 중 어느 한 쪽이 처분되어 소유자가 달라질 것

① **일괄매매×** : 토지와 건물이 <u>함께</u> 매매(일괄매매)된 경우에는 성립하지 않는다.

② **성립○** : 매매[15+], 증여[15+], 강제경매[13], 공매[15+], 대물변제, 귀속재산불하[21], 공유지분할[15+] ┌ 제366조의 법정지상권 (p.104)

③ **성립×** : 명의신탁해지, 환지, 동일인귀속의 원인무효로 인한 원상태 복귀, <u>임의경매(저당권실행)</u>

3) 관습법상의 법정지상권의 발생을 배제하는 특약이 없을 것

① 건물철거의 합의가 있는 경우에는 성립× ┆ ② 대지에 관한 임대차계약을 체결한 경우에는 성립×

4) 등기不要 : 법률의 규정에 의한 물권취득(187) / 단, 처분하기 위해서는 등기를 해야 한다.

(3) 내용

 1) **존속기간** : 견고한 건물이면 30년, 일반건물이면 15년

 2) **지료** : 당사자 간의 협의로 정하고, 협의가 안 되면 당사자의 청구로 법원이 결정한다.[24]

  ① 법정지상권자가 2년 이상 지료를 연체하면 → 토지소유자는 지상권소멸을 청구할 수 있다.[23]

  ② 지료가 결정되지 않았다면 → 토지소유자는 지료연체를 이유로 지상권소멸청구를 할 수 없다.

  ③ 지료를 확정하는 재판이 있기 전에도 → 토지소유자는 지료지급을 소구(訴求)할 수 있다.

  ④ 지료의 액수가 판결에 의해 정해진 경우 → 연체기간은 판결확정 전후에 걸쳐서 계산한다.

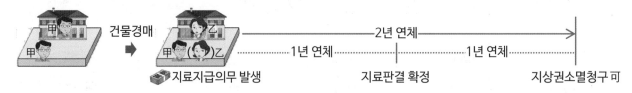

(4) 법정지상권 성립 후의 법률관계

 1) **건물이 증·개축되거나 철거 후 신축된 경우**[18] : 법정지상권은 그대로 인정된다(단, 범위는 구건물을 기준).

 2) **토지가 양도된 경우**[24] : 법정지상권자는 지상권에 관한 등기 없이도 토지양수인에게 대항할 수 있다.

乙은 지상권에 관한 등기 없이도
丙에게 **지상권을 주장(대항)**할 수 있다.

 3) **건물이 양도된 경우**[13,16,18,28,29,30] : 종물(법정지상권)은 주물(건물)의 처분에 따른다(100②).

┌──────────────────────
│ ① 부종성(100②)
│ ② 형식주의(186)
│ ③ 채권자대위권(404)
│ ④ 주등기, 부기등기
│ ⑤ 신의성실의 원칙(2)
└──────────────────────

 ① **부종성** : 乙과 丙 간에 다른 약정이 없는 한 건물과 함께 법정지상권도 양도하기로 하는 채권적 계약이 있었다고 해석된다(100②).

건물 매매 + 법정지상권 매매

 ② **형식주의** : 丙은 지상권이전등기를 경료하지 않는 한 법정지상권을 취득했다고 할 수 없고(186), 장차 법정지상권을 취득할 지위에 있는 자에 불과하다.

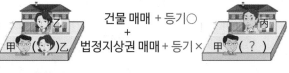

건물 매매 + 등기○ + 법정지상권 매매 + 등기×

 ③④ **채권자대위권, 부기등기** : 丙은 甲에게 직접 지상권설정등기를 청구할 권원은 없고, 乙을 대위하여 지상권설정등기(주등기)를 청구한 후(404) 乙에게 지상권이전등기(부기등기)를 청구해야 한다.

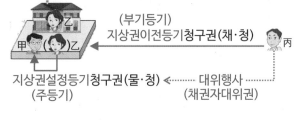

 ⑤ **신의성실의 원칙** : 甲이 장차 법정지상권을 취득할 지위에 있는 丙에 대해 건물의 철거 및 토지의 반환을 청구하는 것은 의무자가 권리자를 상대로 한 것이어서 신의칙에 반하여 허용될 수 없다. 다만 甲이 丙에게 대지의 점유·사용으로 인한 이득을 부당이득으로 반환할 것을 청구하는 것은 신의칙에 반하는 것이 아니다.

결론

건물철거 및 대지인도청구 不可
차임 상당 부당이득반환청구 可

 4) **건물이 경매된 경우** : 법정지상권을 취득한 자로부터 경매에 의하여 건물의 소유권을 이전받은 경락인은 건물의 경락취득과 함께 법정지상권도 당연히(=등기 없이)[28,29] 취득한다. 가령 3)에서 만일 丙이 경매에 의하여 건물의 소유권을 취득하였다면 매각대금 완납 시에 등기 없이 법정지상권을 취득한다.

1. 토지를 공유하는 경우 [21]

(1) 토지공유자 중 1인이 토지 위에 건물을 소유하고
있다가 토지지분만 전매한 경우 → 성립× [15]

이해의 Point : 공유자 전원의 동의 없이는
법정지상권이 성립해서는 안 된다(지상권
의 성립은 공유토지의 처분에 해당하므로).

(2) 공유지의 분할로 토지와 지상건물의 소유자가
달라진 경우 → 성립○ [15]

이해의 Point : 공유자 전원이 협의를 통하여
분할했으므로 법정지상권이 성립해도 된다.

2. 건물을 공유하는 경우 : 대지의 소유자가 타인과 함께
건물을 공유하다가 건물철거의 조건 없이 단독소유의
대지만을 타인에게 매도한 경우 → 성립○

3. 나대지에 가등기 → 건축 → 가등기에 기한 본등기
→ 성립×
(성립하면 가등기담보권자의 이익을 해하기 때문)

4. 나대지에 환매특약등기 → 건축 → 환매권 행사 [23,27]
→ 성립× (p.133)
(대지소유자는 환매권이 행사되면 환매권자에게
환매특약등기 당시의 권리관계 그대로의 토지
소유권을 이전해 줄 의무를 부담하기 때문)

5. 강제경매로 인해 관습상의 법정지상권이 성립하는가의 문제에 있어서 토지와 건물이 동일인의 소유에 속하였
는지를 판단하는 기준시기

(1) 매각대금의 완납 시가 아니라 그 압류의 효력이 발생하는 때를 기준으로 한다(대판12 전원합의체). [29]

(2) 압류에 선행하는 가압류가 있을 때에는 가압류 시를 기준, 압류나 가압류에 선행하는 저당권이 있을 때에는
그 저당권설정 당시를 기준으로 한다. [26]

2 지역권

Ⅰ. 총설

1. 의의(291)[25] : 일정한 목적을 위하여 <u>타인의 토지</u>를 <u>자기 토지</u>의 편익(便益)에 이용하는 권리
승역지(承役地)   요역지(要役地)

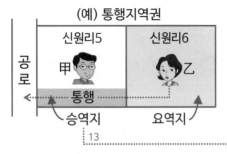

(예) 통행지역권

순위번호	등기목적	~	권리자 및 기타사항
1	지역권설정	~	목적 통행 범위 남측 50㎡ 요역지 경기도 고양군 원당면 신원리6 도면 제○○호

2. 성질

(1) 토지의 편익을 위한 권리 : 편익의 종류에는 제한이 없다. (예) 통행, 인수, 조망, 일조, 경관 등
단, 인역(人役)의 목적으로는 설정할 수 없다. (예) 도공의 토사채취, 곤충학자의 곤충채집 등

(2) 지료 : 지역권의 요소×, 유상·무상[16] 모두 가능 / 단, 지료는 등기법상 등기사항×

(3) 요역지와 승역지
1) 요역지는 반드시 1필의 토지 전부이어야 하나[20,23,24,30,33], 승역지는 1필의 토지의 일부라도 무방하다.[23,24,26,32]
2) 요역지와 승역지는 서로 인접하고 있을 필요가 없다.

(4) 비배타성(공용성), 부종성, 불가분성
1) **비배타성[14], 공용성** : 지역권은 배타성이 없으므로 하나의 승역지에 수개의 지역권이 설정될 수 있다.
가령 승역지에 수개의 용수지역권이 설정된 때에는 후순위 지역권자는 선순위 지역권자의 용수를
방해하지 못한다(297②).[28]
2) **부종성(292)[13]**

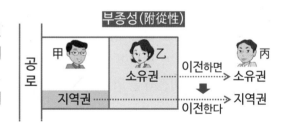

부종성(附從性)

① 지역권은 요역지소유권에 부종하여 이전하며(지역권[16,31,33,35]
이전등기 不要[20]), 요역지에 대한 소유권 이외의 권리의
목적이 된다.
② 지역권은 요역지와 분리하여 양도하거나 다른 권리의[14,16,23,25,26,27,29,32,34,35]
목적으로 하지 못한다. (가령 저당권의 목적×)[20,27,28]
③ 통행지역권을 주장하려면 그 토지의 통행으로 편익을
얻는 요역지가 있음을 주장·입증하여야 한다.[29,31,34]

3) **불가분성(293, 295, 296)**

불가분성(不可分性)

① 공유자의 1인이 지역권을 취득하면 다른 공유자도 이를[14,16,17,21,23,24,25,26,30,31,32,34,35]
취득한다(乙이 지역권을 취득하면 丙도 지역권을 취득).
② 토지공유자의 1인은 자신의 지분에 관하여 그 토지를
위한 지역권 또는 그 토지가 부담한 지역권을 소멸하게
하지 못한다(가령 乙과 丙 중 1인의 지역권만 소멸시킬
수는 없음).[20,27,28,33,35]
③ 토지의 분할이나 일부양도의 경우, 지역권은 요역지의
각 부분을 위하여 또는 승역지의 각 부분에 존속한다.
④ **소멸시효 중단** : 요역지 공유자의 1인에 의한 소멸시효의 중단은 다른 공유자를 위하여 효력이 있다.[14,28]
⑤ **취득시효 중단** : 지역권의 취득시효의 중단은 모든 공유자에 대한 사유가 아니면 효력이 없다.[14,31]

Ⅱ. 취득

1. 법률행위에 의한 취득 : 지역권설정계약 + 등기(186)
[28,30]

    지상권자나 전세권자[24]도 자기가 이용하는 토지를 위하여 또는 그 토지 위에 지역권을 설정하고 취득할 수 있다. 이 경우 지역권설정등기는 지상권등기나 전세권등기에 부기등기로 한다.

2. 법률의 규정에 의한 취득 : 등기 不要(187) / 단, 시효취득의 경우에는 등기 要

지역권의 시효취득

[13,16,26,27,32,34,35]
1. 계속되고 표현된 지역권만 시효취득의 대상이 된다(294).
  (예) 통로를 개설한(계속) 통행[13](표현)지역권
2. 요역지의 소유자가 스스로 통로를 개설하였어야 한다.
3. 요역지의 불법점유자는 통행지역권을 시효취득할 수 없다. [20,24,26,30,34]
4. 등기[24]를 해야 지역권을 취득한다(245①).
5. 요역지 소유자는 승역지에 대한 도로 설치 및 사용에 의하여 승역지 소유자가 입은 손해를 보상해야 한다. [30,31]

乙이 甲의 토지에
무단으로 통로를 개설하여
20년간 평온·공연하게 통행

Ⅲ. 존속기간

    민법에는 지역권의 존속기간에 규정이 없다. 영구적인 지역권의 설정도 가능하다(통설).[33]

Ⅳ. 효력

    지역권자는 승역지를 점유할[14] 권능이 없으므로 승역지에 대한 반환청구권이[14,15+,24,32,33] 인정되지 않지만, 방해제거청구권과 방해예방청구권[14,26]은 인정된다(301).

Ⅴ. 소멸

1. 일반적 소멸사유 : 토지의 멸실, 포기, 혼동, 소멸시효의 완성
2. 특유한 소멸사유 : 위기(委棄)[26](299) … 위기란 승역지의 소유자가 승역지의 소유권을 지역권자에게 이전시키는 일방적 의사표시이다. 위기는 법률행위(상대방 있는 단독행위)이므로 등기를 해야 그 효력이 생긴다. 위기에 의하여 승역지의 소유권이 지역권자에게 이전되면 지역권은 혼동으로 소멸한다.

Ⅵ. 특수지역권 (302)

    토지수익권의 준총유, 인역권(人役權) / 양도성×, 상속성× / 관습을 우선적용

상린관계와 지역권의 비교

	상린관계	지역권
성립	법률의 규정에 의해 당연히 성립한다.	계약에 의해 성립한다.
성질	소유권의 내용일 뿐이다.	독립된 물권이다.
기능	인접지 간의 최소한의 이용을 조절한다.	요역지의 편익을 도모한다.
인접성	인접성이 요구된다.	인접지가 아니어도 무방하다.
소멸시효	소멸시효의 대상이 아니다.	소멸시효의 대상이다.

❸ 전세권

Ⅰ. 총설

1. 의의(303) : 전세금을 지급하고 타인의 부동산을 점유하여 그 용도에 좇아 사용·수익하고(용익물권), 전세권이 소멸하면 그 부동산으로부터 전세금의 우선변제를 받을 수 있는 권리(담보물권)

순위번호	등기목적	~	권리자 및 기타사항
1	전세권설정	~	전세금 　금 200,000,000원 범위 　건물 2층 전부 존속기간 　2023년 7월 1일부터 　　　　　2025년 6월 30일까지 전세권자 　乙 821114-2034567 　　　　　서울 관악구 봉천동 24

2. 성질

(1) 객체 : 타인의 부동산 / 1필의 토지의 일부나 1동의 건물의 일부에도 성립 / 농경지는 제외

(2) 용익물권이자 동시에 담보물권 [21,27]

  1) 채권담보 목적의 전세권

    ① 장차 전세권자가 목적물을 사용·수익하는 것을 완전히 배제하는 것이 아니라면 주로 채권담보의 [27,32] 목적으로 전세권을 설정하는 것도 가능하고, 이 경우에는 목적물을 인도하지 않더라도 전세권의 효력을 부인할 수 없다.

    ② 단, 전세권자의 사용·수익을 배제하고 채권담보만을 목적으로 설정한 전세권은 무효이다(물권 [34] 법정주의 위반).

  2) 존속기간이 시작되기 전에 마친 전세권설정등기 : 특별한 사정이 없는 한 유효한 것으로 추정된다. [29,31]

  3) 전세권의 순위 : 전세권은 등기부상 기록된 존속기간과 상관없이 등기된 순서에 따라 순위가 정해진다.

  4) 존속기간이 만료된 경우 : 전세권의 용익물권적 권능은 말소등기 없이도 당연히 소멸한다. [20,25,28]

  5) 존속기간이 만료된 전세권의 양도 : 존속기간의 경과로 본래의 용익물권적인 권능이 소멸하고 담보물권적 권능만 남은 전세권도 그 피담보채권인 전세금반환채권과 함께 제3자에게 양도할 수 있다.

3. 전세금

(1) 전세권의 성립요소 : 전세금의 지급은 전세권의 성립요소이다. 그러나 전세금의 지급이 반드시 현실적 [21,32] 으로 수수되어야만 하는 것은 아니고 기존의 채권으로 전세금의 지급에 갈음할 수 있다. [18,27,28,31]

(2) 등기 : 전세금은 등기하여야 하며, 등기된 금액에 한해서만 제3자에게 대항할 수 있다.

(3) 전세금증감청구권(312의2) : 형성권 / 일방적 증액의 제한 1/20, 1년 [14,30]

(4) 소유권이 이전된 경우 : 전세권설정자 지위의 당연승계 + 전세금반환채무의 면책적 이전 [32]

(5) 전세금반환채권만의 분리양도

  1) 전세권이 존속하는 동안 : 전세금반환채권만을 전세권과 분리하여 확정적으로 양도하는 것은 허용되지 않는다(전세금은 전세권과 분리될 수 없는 요소이므로). 단, 장래 전세권이 소멸하는 경우에 전세금반환채권이 발생하는 것을 조건으로 장래의 조건부채권을 양도할 수는 있다. [17,18]

  2) 전세권이 소멸한 경우 : 존속기간의 만료나 합의해지 등으로 전세권이 소멸한 경우에는 전세금반환채권만 양도할 수 있다. [30]

정리 　甲 　乙 　전세금반환채권만 양도 { 전세권 존속 중 : 확정적 양도 不可, 조건부 양도 可 / 전세권 소멸 후 : 可 } / 전세권만 양도 : 不可

II. 취득

1. 법률행위에 의한 취득 : 전세권설정계약 + 전세금지급 + ~~인도~~ + 등기(186)

2. 법률의 규정에 의한 취득 : 등기 不要(187)

부동산의 인도는
전세권의 성립요건이 아니다.[21,34]

III. 존속기간

1. 설정행위로 존속기간을 정하는 경우(312)

(1) 최장기간 제한[14,33] : 10년 / 약정기간이 10년을 넘으면 10년으로 단축한다.[31]

(2) 최단기간 제한[14,21,33] : 건물전세권에만 1년의 제한규정이 있다. / 1년 미만 약정 → 1년으로 간주[15+,20]

2. 설정행위로 존속기간을 정하지 않은 경우(313) : 각 당사자는 언제든지 전세권의 소멸을 통고할 수 있다.[28]

6월 후 소멸[14]

3. 갱신

(1) 합의갱신(312③) : 존속기간은 갱신한 날로부터 10년을 넘지 못한다.[33]

(2) 법정갱신(312④) : 건물전세권에만 인정[33]

1) 요건

전세권설정자   전세권자

甲   기간만료 전 6월~1월 사이   →   乙
갱신거절·조건변경의 통지×

2) 효과

① 갱신간주 : 기간이 만료된 때 전 전세권과 동일 조건으로 다시 전세권을 설정한 것으로 본다.

② 기간 : 존속기간은 정함이 없는 것으로 본다.[22,26,30]

③ 등기 不要 : 등기 없이도 전세권설정자나 제3자에게 대항할 수 있다(187).[18,20,21,25,27,28,31,32,34]

IV. 효력

1. 건물전세권의 효력

(1) 건물전세권의 효력이 미치는 범위(304)

타인의 토지에 있는 건물에 전세권을 설정한 경우 전세권의 효력은 그 건물의 소유를 목적으로 한 지상권 또는 임차권에 미친다.[31,34][23]

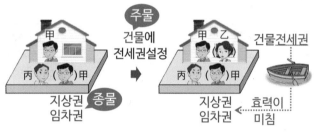

(2) 건물전세권과 법정지상권(305)[14]

대지와 건물이 동일한 소유자에게 속한 경우에 건물에 전세권을 설정한 때에는 대지소유권의 특별승계인은 전세권설정자에 대하여 지상권을 설정한 것으로 본다.[35]

→ 건물소유자○
전세권자×[17]

토지 매매   법정지상권 취득(305)

2. 전세권자의 권리와 의무

(1) 목적물 사용·수익권

1) 용도준수의무(311) : 전세권자가 용도준수의무를 위반 → 설정자는 전세권소멸청구(형성권)[24]

2) 유지·수선의무(309) : 전세권자는 목적물의 현상을 유지하고 그 통상의 관리에 속한 수선을 해야 한다.[17,34] 따라서 전세권자는 전세권설정자에 대하여 필요비의 상환을 청구할 수 없다.[15+,26,30,35]

3) 물권적 청구권(319)

① 전세권에 기한 물권적 청구권 : 건물전세권자는 건물의 불법점유자에 대하여 건물의 인도를 청구할 수 있고(반환청구권), 토지전세권자는 그 토지 위에 무단으로 건축한 자를 상대로 건물의 철거를 청구할 수 있다(방해제거청구권).[26][20]

② 점유권에 기한 물권적 청구권 : 전세권자는 자신의 점유가 침해당한 때에는 점유보호청구권을 행사할 수도 있다.[23,24]

4) 상린관계(319) : 전세권자와 인지소유자 사이에도 상린관계에 관한 규정이 준용된다.[24,28]

(2) 전세권의 처분

  1) 처분의 자유(306)

    ① **원칙** : 전세권자는 전세권설정자의 동의 없이 전세권을 양도 또는 <u>담보로 제공할 수 있고</u>, 그 존속기간 [17,24,25] 범위 내에서 목적물을 전전세 또는 임대할 수 있다. 전세권저당권(371) [22,34]

    ② **예외** : 당사자는 설정행위로 전세권의 처분을 금지할 수 있다. [24,25] → 등기해야 제3자에 대항可 [23]

  2) **전세권의 양도** : 전세금과 전세권은 분리될 수 없는 요소이다.

    ① **전세권만의 분리양도** : 전세금반환채권과 분리하여 전세권만 양도하는 것은 허용되지 않는다.

    ② **전세금반환채권만의 분리양도** : → p.90 참고

  3) **전세권의 담보제공** : 전세권은 저당권의 객체가 될 수 있다. → 전세권저당권(371)

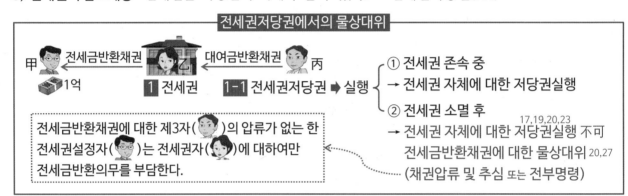

  4) **전전세** : 전세권자가 그의 전세권을 그대로 유지하면서 그 목적물에 다시 전세권을 설정하는 것

    ① **요건** : 전전세권설정의 당사자는 乙과 丙이고, 甲은 당사자가 아니다. 甲의 동의를 요하지도 않는다. [26] 전전세권은 원전세권의 범위 내(존속기간, 전세금)에서 설정되어야 한다. [23]

    ② **효과** : 전전세권이 설정되어도 원전세권은 소멸하지 않는다. 원전세권자는 전전세를 하지 않았으면 면할 수 있는 불가항력으로 인한 손해에 대하여도 책임을 진다(책임가중)(308). [35]

Ⅴ. 소멸

1. 소멸사유

(1) **일반적 소멸사유** : 멸실, 포기, 혼동, 소멸시효, 존속기간 만료, 선순위저당권의 실행 [15+,22]

(2) **특유한 소멸사유** : 용법 위반시 소멸청구(즉시 소멸), 기간약정 없는 경우 소멸통고(6개월 후 소멸)

2. 소멸의 효과

(1) **전세금반환과 목적물인도 및 말소등기서류교부의 동시이행(317)**

전세권자가 목적물을 인도하였더라도 전세권설정등기의 말소등기에 필요한 서류를 교부하거나 그 이행의 제공을 하지 않는 이상 설정자는 전세금의 반환을 거부할 수 있고, 이 경우 설정자가 전세금에 대한 이자 상당액을 부당이득 한 것으로 볼 수 없다.

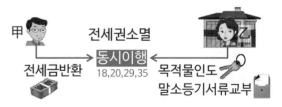

(2) 경매 및 우선변제(318)

1) 경매청구권

① **경매청구의 요건** : 전세권자가 전세목적물에 대한 경매를 청구하려면 우선 전세권설정자에 대해 목적물 인도의무 및 전세권설정등기말소의무의 이행제공을 완료하여 전세권설정자를 이행지체에 빠뜨려야 한다.

② **건물의 일부에 대한 전세권의 경우** : 건물의 일부에 전세권이 설정된 경우 전세권의 목적물이 아닌 나머지 건물부분에 대하여는 우선변제권은 별론(別論)으로 하고 경매신청권은 없으므로 전세권의 목적이 된 부분을 초과하여 건물 전부의 경매를 청구할 수 없다. 이는 전세권의 목적이 된 부분이 구조상·이용상의 독립성이 없어 그 부분만의 경매신청이 불가능하더라도 마찬가지이다. [21,22,25,27,30]

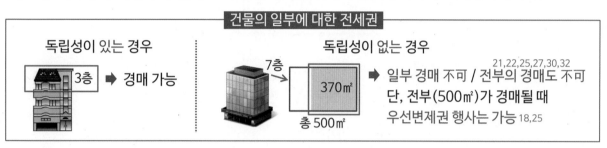

2) 우선변제권 : 일반채권자에 대해서는 우선하고, 저당권자와는 설정순위에 따라 우선순위를 결정한다. → 매각대금 배당순위 참고(p.102)

(3) 원상회복의무와 부속물수거권(316①)

(4) 부속물매수청구권(316)

1) 전세권설정자의 매수청구권(316①)

2) 전세권자의 매수청구권(316②) [30]

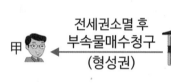

(5) 토지전세권자의 지상물매수청구권 [25,33] : 토지임차인에 관한 제643조 유추적용(판례)

(6) 유익비상환청구권(310) [30] : 전세권자는 소유자의 선택에 따라 지출액 또는 증가액의 상환을 청구할 수 있다.

각종 비용상환청구권 정리

	조문	내용
지상권자		명문의 규정은 없지만, 전세권자와 동일한 것으로 해석된다.
전세권자	310	전세권자는 소유자에게 필요비의 상환을 청구할 수 없다. 유익비는 소유자의 선택에 좇아 지출액 또는 증가액의 상환을 청구할 수 있다.
유치권자	325	유치권자는 소유자에게 필요비의 상환을 청구할 수 있다. 유익비는 소유자의 선택에 좇아 지출액 또는 증가액의 상환을 청구할 수 있다.
저당물의 제3취득자	367	저당물의 제3취득자가 저당물에 필요비 또는 유익비를 지출한 때에는 저당물의 경매대가에서 그 비용의 우선상환을 받을 수 있다.
환매 시 매수인	594	매수인이나 전득자는 매도인(=환매권자)에 대하여 제203조의 규정에 의하여 필요비 및 유익비의 상환을 청구할 수 있다.
임차인	626	임차인은 임대인에게 임차물에 지출한 필요비의 상환을 즉시 청구할 수 있다. 유익비는 임대차가 종료한 후에 지출액이나 증가액의 상환을 청구할 수 있다.
무단점유자	203	점유자는 회복자에게 물건을 반환할 때 필요비와 유익비의 상환을 청구할 수 있다. 단, 점유자가 과실을 취득한 경우에는 통상의 필요비는 청구할 수 없다.

Memo

제6장 담보물권

채권의 만족을 담보하는 물권

1 담보물권 총설

Ⅰ. 채권담보의 필요성 : 책임재산(=채무자의 재산 전체)의 수시변동(감소) + 채권자평등의 원칙

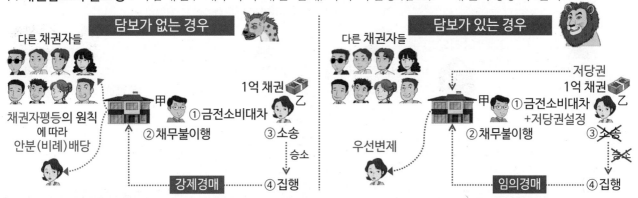

Ⅱ. 담보의 종류

1. 인적 담보 : 채무자의 일반 재산 외에 제3자의 재산으로 채권을 담보하는 것 (예) 보증

2. 물적 담보 : 채무자 또는 제3자의 특정한 물건으로 채권을 담보하는 것

  (1) 전형(典型)담보 : 제한물권의 법리에 의하는 담보 (예) 유치권, 질권, 저당권

  (2) 비전형(非典型)담보 : 소유권이전의 법리에 의하는 담보 (예) 가등기담보, 양도담보 → p.154

Ⅲ. 담보물권의 특성 및 효력

1. 담보물권의 특성(통유성(通有性)) : 담보물권이 공통적으로 가지는 성질

  (1) 부종성 : 채권이 성립하지 않거나 소멸하면 담보물권도 성립하지 않거나 소멸한다(369).

  (2) 수반성 : 담보물권은 채권에 수반하여서만 처분할 수 있고, 채권과 분리하여 처분할 수 없다(361).

  (3) 불가분성 : 담보물권의 효력은 채권을 전부 변제받을 때까지 목적물 전부에 미친다(321).

  (4) 물상대위성 : 담보물이 멸실되거나 수용된 경우, 담보물권의 효력은 그 가치변형물에 미친다(342).

2. 담보물권의 효력

  (1) 우선변제적 효력 : 담보물을 현금화하여(換價) 그 환가대금에서 다른 채권자보다 우선하여 채권의 변제를
    받을 수 있는 효력이다. 질권, 저당권, 전세권에는 인정되지만 유치권에는 인정되지 않는다.

  (2) 유치적 효력 : 채무자로부터 담보물의 점유를 빼앗아 심리적인 압박을 가하여 간접적으로 채무의 변제를
    강제하는 효력이다. 점유를 수반하지 않는 저당권에는 인정되지 않는다.

유치권, 질권, 저당권의 비교

구분	유치권	질권	저당권
성립	법률의 규정에 의해 성립 (법정담보물권)	계약 + 인도에 의해 성립 (약정담보물권)	계약 + 등기에 의해 성립 (약정담보물권)
객체	물건 / 유가증권	동산 / 권리	부동산 / 지상권, 전세권
효력	유치적 효력	유치적 효력, 우선변제적 효력	우선변제적 효력
경매권	환가를 위한 경매(형식적)	우선변제를 위한 경매(실질적)	우선변제를 위한 경매(실질적)
부종성	○	○	○
수반성	○	○	○
불가분성	○	○	○
물상대위성	×	○	○

2 유치권

Ⅰ. 총설

1. 의의(320) ❶ : <u>타인의 물건</u>(또는 유가증권)[13]을 점유한 자가 ❷ <u>그 물건에 관하여 생긴 채권</u>이 ❸ <u>변제기</u> 있는 경우에 채권을 변제받을 때까지 그 물건을 <u>유치</u>할 수 있는 권리

          → 물건의 점유를 계속하면서 인도(반환)를 거절하는 것

2. 성질

(1) 법정담보물권

(2) 효력 : 유치적 효력○, 우선변제적 효력× [13,22,28,35]

(3) 통유성 : 부종성○[15+], 수반성○, 불가분성○, 물상대위성× [15+,23,31]

불가분성○	물상대위성×
• 유치권의 불가분성(321)은 목적물이 분할가능하거나 수개의 물건인 경우에도 그대로 적용된다.	• 유치권에는 우선변제적 효력이 없으므로 물상대위성도 없다. [15+,23,31]

한 세대에 시행한 공사대금만이 아니라 전체 공사대금채권 잔액 전부를 피담보채권으로 하여 성립한다.[28]

Ⅱ. 성립요건

1. 타인의 물건을 점유할 것

(1) 타인 : 채무자 소유의 물건○[21,23], 제3자 소유의 물건○, 채권자(=유치권자) 자기 소유의 물건×[27,30]

건축도급에서 신축된 건물의 소유권귀속과 유치권의 성부

 건축도급 ➡ 누구 소유? { 특약이 있으면 → 특약대로 甲소유 또는 乙소유[15+]
                   특약이 없으면 → 주된 재료와 노력을 제공한 자가 취득

건축도급에서 수급인의 재료와 노력으로 건축한 건물은 특약이 없는 한 수급인 자신의 소유이므로 수급인은 공사대금채권을 변제받기 위하여 그 건물을 유치할 수 없다.

(2) 물건 : 동산[13], 부동산을 가리지 않는다. 단, 부동산의 경우에도 등기를 하지 않는다.

(3) 점유

  1) 직접점유·간접점유 불문

    ① 유치권자의 점유에는 간접점유도 포함되므로, 유치권자가 제3자에게 유치물을 보관시킨 경우에도[23,31] 유치권은 소멸하지 않는다. 따라서 유치권자로부터 유치의 방법으로 유치물의 보관을 위탁받은[24] 자는 소유자의 소유물반환청구를 거부할 수 있다.

    ② 다만 채권자가 채무자를 직접점유자로 하여 간접점유하는 경우에는 유치권이 성립하지 않는다.[20,21,23,26,27,30,33] 이는 간접점유가 아니라 점유의 상실이기 때문이다.

  2) 적법한 점유 : 불법행위로 인해 물건을 점유한 자에게는 유치권이 인정되지 않는다(320②).[21,27,30] 따라서 점유할 권원을 상실한 후에 지출한 수리비(가령 임차인이 임대차가 해지된 후에도 정당한 이유 없이 임차건물을 계속 점유하면서 비용을 지출한 경우)에 대하여는 유치권을 행사할 수 없다.[15,15+,18]

  3) 점유의 계속 : 점유는 유치권의 성립요건이자 동시에 존속요건이다.[22] 따라서 유치권자가 점유를 상실하면 유치권도 소멸한다(328).[24,28]

2. 그 물건에 관하여 생긴 채권(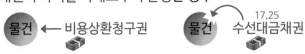)이 존재할 것

(1) 채권의 존재

채권이 없다면 유치권이 성립할 수 없다(부종성). 건물의 임차인이 임대차 종료 시에 건물을 원상복구하여 명도하기로 약정하였다면, 이는 건물에 지출한 각종 유익비나 필요비의 상환청구권을 미리 포기하기로 한 취지의 특약이라고 볼 수 있어 임차인은 그 건물에 대하여 유치권을 주장할 수 없다. [15,27]

(2) 채권과 물건 사이의 견련성(牽連性)

1) 견련성이 인정되는 경우(2원설)

① 채권이 목적물 자체로부터 발생한 경우

 ← 비용상환청구권   수선대금채권 [17,25]    공사대금채권(건축비채권)

② 채권이 목적물반환청구권과 <u>동일한 법률관계</u> 또는 <u>동일한 사실관계</u>로부터 발생한 경우
(예) 계약이 취소된 경우   (예) 신발을 바꿔 신고 간 경우

2) 채권과 물건의 점유와의 견련성은 요하지 않는다 : 채권이 물건에 관하여 생긴 것이면 충분하고 물건의 점유 중에 생겼을 필요까지는 없다. 즉 물건에 관한 채권이 먼저 발생하고 물건의 점유를 나중에 취득하더라도 그때부터 유치권이 성립한다. [18,26]

(예) ①건축비채권 발생 → ②건물의 점유취득 → 이때부터 유치권 성립

견련성에 관한 판례 정리(★) : 견련성 있음 ○, 견련성 없음 ×

임대차

甲 .... 임대차 .... 乙
임대인   임차인   임차건물

· 비용상환청구권○ [16,21,27]   · 부속물매매대금채권× [15+]
· 보증금반환청구권× [15,15+,17,22,27,32,35]   · 권리금반환청구권× [15+,18,20,27,32,35]
· 임대인의 채무불이행으로 인한 손해배상청구권× [15]

건물임대차에서 보증금반환채권이나 권리금반환채권은 임차건물에 관하여 생긴 채권이라고 할 수 없으므로 그와 같은 채권을 가지고 임차건물에 관한 유치권을 행사할 수 없다.

건축도급

· 공사대금채권○ [15+]   · 건축자재대금채권× [23,25]

甲 .... 도급계약 .... 乙   乙 .... 매매계약 .... 丙
도급인   (건물신축)   수급인   신축건물   매수인 (건축자재공급) 매도인

丙이 건물신축공사 수급인인 乙과 체결한 약정에 따라 공사현장에 시멘트와 모래 등 건축자재를 공급한 경우, 丙의 건축자재대금채권은 매매계약에 따른 매매대금채권에 불과할 뿐 건물 자체에 관하여 생긴 채권이라고 할 수 없으므로 건물에 관한 유치권의 피담보채권이 될 수 없다.

매매

· 매매대금채권×   등기○   등기○

甲 .... 매매 .... 乙 .... 매매 .... 丙
매도인 매매건물   매수인 / 매도인   매수인

부동산 매도인이 매매대금을 다 지급받지 않은 상태에서 소유권이전등기를 마쳐주어 그 소유권을 매수인에게 이전한 경우, 매도인에게 동시이행항변권 외에 물권적 권리인 유치권까지 인정할 것은 아니다. 따라서 매도인이 부동산을 점유하고 있고 매수인에게서 매매대금의 일부를 지급받지 못하고 있다 하더라도 매매대금채권을 피담보채권으로 매수인이나 그에게서 부동산을 취득한 제3자를 상대로 유치권을 주장할 수 없다.

---

3. 채권의 변제기가 도래할 것 [13,16,30,34]

유익비상환청구권에 대하여 법원이 상당한 상환기간을 허여한 때에는 그 유익비상환청구권을 피담보채권으로 하는 유치권은 성립하지 않는다. [26,29]

4. 유치권의 성립을 배제하는 특약이 없을 것

제320조는 임의규정이므로 당사자는 특약으로 유치권의 발생을 배제할 수 있고, 그 특약에 따른 효력은 특약의 상대방뿐만 아니라 그 밖의 사람도 주장할 수 있다. [31] [16,21,23,30,34]

Ⅲ. 효력

1. 유치권자의 권리

(1) 유치할 권리(320)

1) 유치의 의미 : 물건의 점유를 계속하면서 인도를 거절하는 것
상대방이 물건의 인도를 청구하는 것이 아니라 소유권이전
등기의 말소만을 청구하는 경우에는 유치권항변을 할 수 없다.[13]

2) 유치권행사의 상대방 : 유치권은 물권(절대권)이므로 누구에게나 행사할 수 있다. 즉, 유치권자는 채무자
뿐만 아니라 제3자(채무자가 아닌 물건의 소유자, 목적물의 양수인, 경락인 등[20,25])에게도 유치권을 주장[13]
할 수 있다. 민사집행법 제91조 제5항은 '매수인(=경락인)은 유치권자에게 그 유치권으로 담보하는
채권을 변제할 책임이 있다.'고 규정하고 있지만, 이는 경락인이 부동산상의 물적 부담을 승계한다는
것이지 인적 채무까지 인수한다는 취지는 아니다.

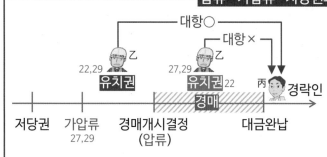

경매와 유치권의 관계

• 유치권은 경매로 소멸하지 않으므로 乙은 경락인 丙에게도 유치권을 행사할 수 있다(인도거절).[13]
• 다만 채권의 행사, 즉 수리비의 청구는 채무자인 甲에게만 할 수 있고 제3자인 丙에게 할 수 없다.[23]

압류·가압류·저당권과 유치권의 관계

• 부동산에 경매개시결정등기(=압류)가 된 뒤에 유치권을 취득한 자는 경락인에게 그 유치권을 주장할 수 없다.
• 경매개시결정등기 전에 유치권을 취득한 자는 그 취득에 앞서 저당권설정등기나 가압류등기 또는 체납처분압류등기가 되어 있다 하더라도 경락인에게 자신의 유치권으로 대항할 수 있다.

3) 유치권행사의 효과 : 물건인도청구소송에서 피고의 유치권항변이 인용되면 법원은 상환이행판결[16,21]
(원고일부승소판결)을 선고해야 한다.

상환이행판결
피고는 원고로부터 금 ×××를 지급받음과
상환으로 건물을 인도하라.

(2) 경매권(322①) : 유치권자는 채권의 변제를 받기 위하여 유치물을 경매할 수 있다. 단, 유치권자의[17,19,24,25,33,34,35]
경매는 우선변제를 위한 경매(실질적 경매)가 아니라 환가를 위한 경매(형식적 경매)이다.

(3) 간이변제충당권(322②) : 정당한 이유 + 감정인 평가 + 통지 + 법원결정 → 유치물로 변제에 충당[19,24]

(4) 과실수취권(323) : 유치물의 과실을 수취하여 채권의 변제에 충당 / 충당순서는 이자 〉 원본[23,24,33]

(5) 유치물사용권(324②)

1) 원칙적 금지 : 유치권자는 유치물을 사용할 수 없다.

2) 예외적 허용 : ① 채무자의 승낙이 있거나 ② 보존에 필요한 경우[13,19,26]에는 유치물을 사용할 수 있다.
(예) 주로 부동산의 유치

보존을 위한 유치물의 사용과 부당이득반환

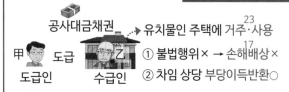

공사대금채권에 기하여 유치권을 행사하는 자가 스스로 유치물인 주택에 거주하며 사용하는 것은 보존에 필요한[35] 사용에 해당한다. 단, 유치권자가 유치물의 보존에 필요한 사용을 한 경우에도 차임 상당의 이득을 소유자에게 반환할 의무가 있다.

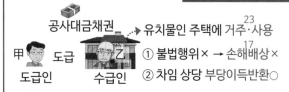
공사대금채권 → 유치물인 주택에 거주·사용[23]
甲 도급 ── 乙 수급인
도급인
① 불법행위× → 손해배상×[17]
② 차임 상당 부당이득반환○

(6) **비용상환청구권(325)** : 유치권자는 유치물 소유자에게 유치물에 지출한 필요비[33] 및 유익비[20]의 상환을 청구할 수 있고, 이를 담보하기 위한 유치권도 인정된다. [19,24]

(7) **물권적 청구권** : 유치권은 점유의 상실로 인해 소멸하므로(328), 유치권자가 유치물의 점유를 잃은 경우, 유치권 자체에 기한 반환청구권은 인정되지 않는다. 다만 유치권자가 유치물의 점유를 침탈당한 경우[18,19,26] 라면 점유권에 기한 반환청구권을 행사할 수 있고(204), 이러한 점유회수의 소를 제기하여 승소판결을 [26,27,30] 받아 점유를 회복하면 유치권은 되살아난다.

2. 유치권자의 의무(324)

(1) **선관주의의무** : 유치권자는 <u>선량한 관리자의 주의</u>로 유치물을 점유해야 한다. [17,27,29,34]
자기 재산에 대한 주의×

(2) **무단사용 · 대여 · 담보제공 금지** : 유치권자는 채무자의 승낙 없이 유치물을 사용하거나 대여 또는 [25,33] 담보제공을 하지 못한다.

(3) **의무위반의 효과** : 채무자의 유치권소멸청구(형성권) / 유치권자의 의무위반만으로 바로 유치권이 소멸하는 것은 아니고 채무자의 소멸청구의 의사표시가 있어야 유치권이 소멸한다. [27,28]

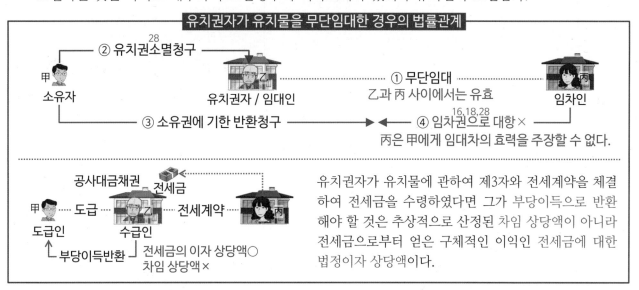

유치권자가 유치물을 무단임대한 경우의 법률관계

② 유치권소멸청구[28]
甲 소유자 — 유치권자 / 임대인 乙 — ① 무단임대 乙과 丙 사이에서는 유효 — 임차인 丙
③ 소유권에 기한 반환청구 → ← ④ 임차권으로 대항× [16,18,28]
丙은 甲에게 임대차의 효력을 주장할 수 없다.

공사대금채권
전세금
甲 도급인 — 도급 — 수급인 乙 — 전세계약 — 丙
↑ 부당이득반환
전세금의 이자 상당액○
차임 상당액×

유치권자가 유치물에 관하여 제3자와 전세계약을 체결하여 전세금을 수령하였다면 그가 부당이득으로 반환해야 할 것은 추상적으로 산정된 차임 상당액이 아니라 전세금으로부터 얻은 구체적인 이익인 전세금에 대한 법정이자 상당액이다.

IV. 소멸

1. 일반적 소멸사유 : 멸실, 포기[24,28], 혼동[28], ~~소멸시효~~[24], 피담보채권의 소멸(부종성)[28]

(1) **포기** : 유치권자가 유치권을 사후에 포기하면 유치권은 곧바로(=점유의 상실 없이도) 소멸한다. 한편 그 효과는 유치권 포기의 의사표시의 상대방뿐만 아니라 그 이외의 사람도 주장할 수 있다.

(2) **유치권의 행사와 채권의 소멸시효의 관계** : 유치권의 행사는 채권의 소멸시효의 진행에 영향을 미치지 않는다(326). 즉 유치권을 행사하고 있더라도 그와 별도로 채권을 행사하지 아니하면 채권의 소멸시효는 진행한다. [23,35]

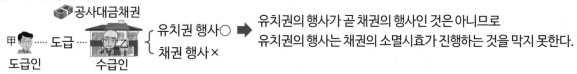

공사대금채권
甲 도급인 — 도급 — 수급인 乙 { 유치권 행사○ 채권 행사× → 유치권의 행사가 곧 채권의 행사인 것은 아니므로 유치권의 행사는 채권의 소멸시효가 진행하는 것을 막지 못한다.

2. 유치권에 특유한 소멸사유

(1) **의무위반 시 소멸청구(324③)** : 형성권

(2) **타담보제공과 소멸청구(327)** : 채무자는 상당한 담보를 제공하고 <u>유치권의 소멸을 청구할 수 있다.</u>
이는 형성권이 아니라 청구권이므로
유치권자의 승낙이 있어야 소멸한다.

(3) **점유의 상실(328)** : 점유는 유치권의 성립요건이자 동시에 존속요건이다. 따라서 유치권자가 점유를 [24,28] 상실하면 유치권은 소멸한다.

3 저당권

Ⅰ. 총설

1. 의의(356) : 채무자 또는 제3자(물상보증인)가 점유를 이전하지 않은 채 채무의 담보로 제공한 부동산 으로부터 채권자가 자기 채권의 우선변제를 받을 수 있는 권리

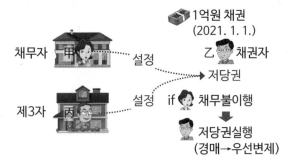

순위번호	등기목적	~	권리자 및 기타사항
1	저당권설정	~	채권액 금 100,000,000원 변제기 2022년 12월 31일 이자 연 5푼 채무자 甲 저당권자 乙 7801212-1121234 서울 구로구 구로동 53

2. 성질

(1) **약정담보물권** : 당사자 간의 합의(계약)에 의해 성립

(2) **효력** : 우선변제적 효력○, 유치적 효력× 15+,21,27

(3) **통유성** : 부종성○, 수반성○, 불가분성○, 물상대위성○

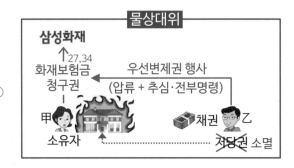

Ⅱ. 저당권의 성립

1. 법률행위에 의한 성립 : 저당권설정계약 + 저당권설정등기(186)

(1) 저당권설정계약

1) 성질

① **물권계약** : 저당권의 설정은 처분행위이므로 처분권한이 없는 자가 하면 무효 [24][31]

② **종된 계약** : 채권계약이 무효이거나 취소되면 → 저당권설정계약도 실효(失效)된다(부종성).
주된 계약   종된 계약

2) 당사자

 저당권설정자 { 甲 채무자 / 丙 제3자(물상보증인) }    저당권자 乙 채권자

채무자가 아닌 자도 저당권설정자가 될 수 있다. [18,31,35]   채권자가 아닌 자는 저당권자가 될 수 없다.
→ 물상보증인(채무 없이 책임만 지는 자)   (저당권의 부종성)

3) 객체

① **민법** : 부동산 / 지상권·전세권(371) [22,28][22,34] →권리저당

② **특별법** : 자동차, 선박, 항공기, 건설기계 [18]
입목(立木) / 광업권, 어업권 [22][22]

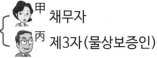
- 토지의 일부에는 저당권이 성립할 수 없다. [16,21,33,35]
  300㎡ / 100㎡ →저당권 성립×
- 공유지분에는 저당권이 성립할 수 있다. [22]
  300㎡ / 1/3지분 →저당권 성립○

4) 피담보채권

① 금전채권인 것이 보통이지만, 비금전채권도 저당권의 피담보채권이 될 수 있다. [18]

② 피담보채권이 저당권설정 당시에 반드시 확정되어 있어야 하는 것은 아니다. (예) 근저당

(2) 저당권설정등기

제3자 명의의 저당권설정등기의 효력 [15+,24]

채권자가 아닌 제3자 명의의 저당권설정등기는 원칙적으로 무효이지만 [31] 채권자와 채무자 및 제3자 사이의 합의에 의해 그 채권이 제3자에게 실질 적으로 귀속되었다고 볼 수 있는 특별한 사정(가령 채권양도)이 있는 경우 에는 제3자 명의의 저당권설정등기도 유효하다.

2. 법률의 규정에 의한 성립 : 법정저당권(649) → p.137 참고 [35]

Ⅲ. 저당권의 효력

1. 피담보채권의 범위(360)[29] : 저당권의 효력이 미치는 채권의 범위(=우선변제를 받을 채권의 범위)

(1) **원본**

(2) **이자(약정이자)** : 등기된 경우에만 담보되고, 지연이자와는 달리 <u>1년분의 제한 없이 담보된다.</u> ◀┈┈┈┐

                                                                         비교

(3) **위약금** : 등기된 경우에만 담보된다.

(4) **채무불이행으로 인한 손해배상** : 등기 없이도 담보되지만, <u>지연배상는 1년분에 한해서만 담보된다.</u> ◀┈┈┘

                                         지연이자

(5) **실행비용** : 등기 없이도 담보된다.

순위번호	등기목적	권리자 및 기타사항
1	저당권설정	채권액 금 100,000,000원 변제기 2022년 12월 31일 이자 연 5푼 채무자 甲 저당권자 乙 7801212-1121234

➡
┌ 2021. 1. 1. 채권 발생
├ 2022. 12. 31. 변제기 도래 : <u>원본 + 약정이자</u>
│   1억   500×2년 → 1억1천
├ 2024. 7. 1. 경매신청
├ 2024. 12. 31. 배당실시 : <u>원리금 + 지연이자</u>
│   1억1천   500×2년 → 1억2천
▼ 우선변제를 받을 수 있는 금액은 1억1천5백 ◀┈┈┈

※ '**지연배상에 대해서는 1년분에 한하여 저당권을 행사할 수 있다**'는 제360조 단서의 취지 : 이는 저당권자의 제3자에 대한 우선변제의 한도를 의미하는 것이지, 채무자인 저당권설정자의 책임의 한도를 의미하는 것이 아니다. 따라서 원본의 반환이 2년간 지체된 경우 채무자는 지연배상금 전부를 변제하여야[26] 저당권설정등기의 말소를 청구할 수 있다.

2. 저당권의 효력이 미치는 목적물의 범위

저당권의 효력 ➝ 부합물○   종물○   과실×   가치변형물○

(1) **부합물 및 종물(358)**[30] [26,28,30] : 저당권의 효력은 저당부동산에 부합된 물건과 종물에 미친다.

  1) **시기 불문** : 부합되거나 종물로 된 시기가 저당권설정 전인지 후인지는 묻지 않는다.[22]

  2) **임의규정**[21] : 당사자 간의 특약으로 저당권의 효력이 부합물이나 종물에 미치지 않게 할 수 있다.[23,32]

부합물	종물

① **건물의 증축**   복층식 개조 → 상층
7층 KB → 7층 KB
 	
건물의 증축부분이 기존건물에 부합하여 별개의 독립물로서의 효용을 갖지 못하는 이상 기존건물에 대한 저당권의 효력은 부합된 증축부분에도[27] 미치는 것이므로 기존건물에 대한 경매절차에서 경매목적물로 평가되지 않았다 할지라도 경락인은 부합된 증축부분의 소유권을 취득한다.[29]
 	
② **저당토지 위의 건물, 농작물, 수목**
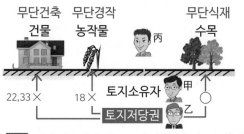
무단건축 건물 / 무단경작 농작물 丙 / 무단식재 수목
22,33×   18×   토지소유자 甲
└ 토지저당권 乙 ┘
비교 지상권, 임차권 등 권원을 가지고 식재한 수목은 토지의 부합물이 아니므로 토지저당권의 효력이 그러한 수목에는 미치지 않는다.[33]
	① 다른 사람 소유의 물건은 종물이 아니다.

	부속
	甲 丙 → × → 건물저당권 乙
	소유자 임차인 저당권자
	               1. 별개의 물건
	               2. 상용에 공(供)
	               3. 동일인 소유
	               4. 부속
	② 종된 권리도 종물에 준하여 취급한다.

	건물저당권 / 대지사용권 ◀ ○
	지상권·임차권 ◀ ○ 29 32
	건물에 대한 저당권의 효력은 그 건물의 소유를 목적으로 하는 지상권(임차권)에도 미치므로 건물에 대한 저당권이 실행되어 경락인이 건물의 소유권을 취득하였다면 특별한 사정이 없는 한 지상권(임차권)도 민법 제187조의 규정에 따라 등기 없이 당연히 취득한다.[23,27,30] 구분건물의 전유부분에 설정된 저당권의 효력은 특별한 사정이 없는 한 그 대지사용권에까지 미친다.[22,27]

(2) **과실(359)** : 저당권의 효력은 저당부동산에 대한 압류가 있은 후에 저당권설정자가 그 부동산으로부터 수취한 과실 또는 수취할 수 있는 과실(가령 차임채권)에 미친다.

과실 ┌ **원칙** : 효력이 미치지 않는다.[30]
      └ **예외** : <u>압류</u>된 이후부터는 효력이 미친다.[29,32,33]
           저당권실행착수(=경매신청)

甲 ┈ 임대차 ┈ 丙   乙
임대인 ◀ 차임 ┈ 임차인   저당권자
(소유자)   ↑
         └ 원칙×, 예외○

(3) 물상대위(342,370)

1) **의의** : 저당물이 멸실, 훼손, 수용된 경우 그 가치의 변형물(화재보험금, 손해배상금, 수용보상금)[27]에 대해 저당권(우선변제권)을 행사하는 것

2) **행사방법** : 가치의 변형물이 저당물의 소유자였던 사람에게 <u>지급 또는 인도되기 전에 압류를 하고</u> 법원으로부터 추심(推尋)명령이나 전부(轉付)명령을 받아서 권리행사를 한다. 재산혼일 방지, 특정성 유지 [21]

  ① **압류는 제3자가 해도 무방**[23,27,32] : 이미 제3자( )가 압류를 하여 특정된 이상 저당권자( )가 스스로 압류하지 않고서도 물상대위권을 행사하여 일반채권자보다 우선변제를 받을 수 있다.

  ② **저당권자가 물상대위권을 행사하지 않은 경우**

    ㉠ 다른 채권자가 이득을 얻은 경우 : 부당이득반환청구×

    ㉡ 소유자가 보상금을 수령한 경우 : 부당이득반환청구○

  ③ **저당물이 매매된 경우** : 이 경우에는 저당권이 존속하므로 매매대금에 대하여는 물상대위를 인정할[30] 필요가 없다. 저당토지가 「공익사업을 위한 토지 등의 취득 및 보상에 관한 법률」에 따라 협의취득된[26,27,32] 경우에도 저당권자는 그 보상금에 대해 물상대위권을 행사할 수 없다(협의취득은 매매와 같은 성질이므로).

A공사(사업시행자)
↑ ②토지수용
③보상금청구권   우선변제권 행사
(압류 + 추심·전부)
甲 소유자   ←채권 乙
①토지저당권

3. 우선변제적 효력

매각대금 배당순위

1. 집행비용(경매절차비용)
2. 제3취득자의 비용상환청구권[26,28]
3. 보증금 중 일정액의 최우선변제[13,15+,16], 임금우선특권[14,16](최종 3월분 임금, 재해보상금, 최종 3년간 퇴직금)
4. 당해세(증여세, 상속세 등)
5. 저당권부채권(가등기담보권 포함), 확정일자부보증금반환채권, 전세금채권, **일반 조세채권**
6. 일반 임금채권
7. 공과금채권(산재보험료, 의료보험료, 국민연금채권…)
8. 일반 채권

2~5순위까지 열른 외우셔~

p.146 참고

선순위 가압류채권자와 후순위 저당권자의 배당관계 → 안분배당 [16]

1. **가압류의 효력** : (상대적) 처분금지효
부동산에 가압류등기가 경료되면 그 부동산에 대한 처분행위가 금지되어 채무자가 당해 부동산에 관한 처분행위를 하더라도 가압류채권자에게 대항할 수 없게 되는데, 여기에서 금지되는 처분행위란 당해 부동산을 양도하거나 그 위에 용익물권, 담보물권을 설정하는 행위를 말한다.

2. 가압류에 우선변제적 효력은 없다.

소유자 甲
— 2022. 4. 1. ① 가압류 乙 ┐ 저당권 주장不可
— 2023. 4. 1. ② 저당권 丙 ┘
— 2024. 4. 1. ③ 가압류 丁 ┐ 저당권 주장可
↓ 2025. 9. 1. ④ 경매 → 배당

乙, 丙, 丁은 1차로 채권액에 따른 안분배당을 받은 다음, 丙이 자기 채권을 만족시킬 때까지 丁의 배당액으로부터 흡수하여 배당받는다.

---

4. 저당권의 실행

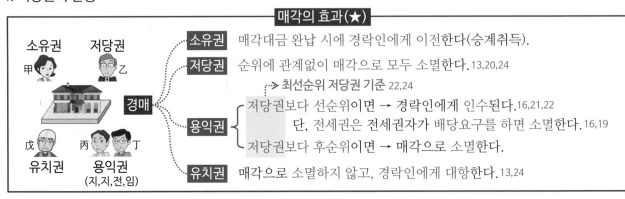

매각의 효과(★)

소유권 甲   저당권 乙

경매

유치권 戊   용익권 丙 丁 (지, 지, 전, 임)

소유권 : 매각대금 완납 시에 경락인에게 이전한다(승계취득).

저당권 : 순위에 관계없이 매각으로 모두 소멸한다.[13,20,24]

→ 최선순위 저당권 기준 [22,24]

용익권 : ┌ 저당권보다 선순위이면 → 경락인에게 인수된다.[16,21,22]
단, 전세권은 전세권자가 배당요구를 하면 소멸한다.[16,19]
└ 저당권보다 후순위이면 → 매각으로 소멸한다.

유치권 : 매각으로 소멸하지 않고, 경락인에게 대항한다.[13,24]

5. 저당권과 용익관계

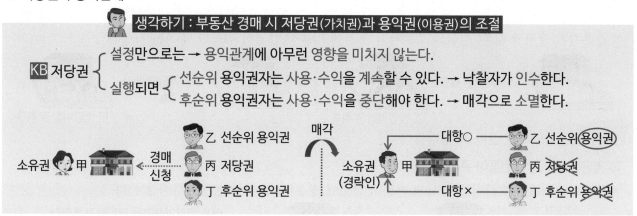

5-1. 저당물의 제3취득자

(1) 의의

1) 저당물의 제3취득자란 어떤 부동산에 저당권이 설정된 후에 그 부동산에 대한 용익권(가령 소유권,[20,21] 지상권,[23] 전세권,[22] 임차권[13] 등)을 취득한 자를 말한다. 이들은 채무 없이 물적 책임만 진다.

2) 후순위 저당권자는 용익권자가 아니므로 저당물의 제3취득자가 아니다. [26,32]

(2) 제3취득자의 보호

1) **경매인** : 제3취득자는 채무자가 아니므로 경매절차에서 매수인[32](경락인)이 될 수 있다(363②). 채무자는 경매절차에서 부동산을 매수할 자격이 없다.

2) **대위변제** : 제3취득자는 저당권에 의해 담보된 채권을 변제하고 저당권을 소멸시킬 수 있다(364).

① 제3취득자는 변제에 이해관계가 있으므로 채무자의 의사에 반하여도 변제할 수 있고,[13] 채무자에게 구상권을 행사할 수 있다.

② 제3취득자는 채무자가 아니므로 저당권에 의해 담보된 채권을 변제하고[22,23] 저당권을 소멸시킬 수 있다.

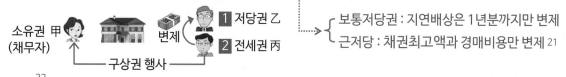

보통저당권 : 지연배상은 1년분까지만 변제
근저당 : 채권최고액과 경매비용만 변제 [21]

③ 후순위[32] 저당권자는 제3취득자가 아니므로 선순위 근저당권의 확정된 채권액이 최고액을 초과하는 경우, 후순위 근저당권자는 채권최고액을 변제하더라도 선순위 근저당권의 소멸을 청구할 수 없다.

3) **비용의 우선상환** : 제3취득자가 저당물에 관한 필요비[20,26,34] 또는 유익비[28,29,32]를 지출하여 저당물의 가치가 유지·증가된 경우, 저당물의 경매대가에서 우선상환을 받을 수 있다(367). 단, 제3취득자가 직접 저당권설정자, 저당권자, 경락인 등에 대하여 비용상환을 청구할 권리가 인정되는 것은 아니므로, 제367조에 의한 비용상환청구권을 피담보채권으로 주장하면서 유치권을 행사할 수는 없다.

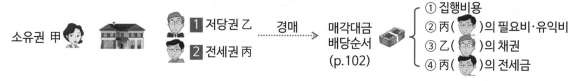

4) **매도인의 담보책임** : 저당부동산의 매수인이 저당권의 실행으로 소유권을 취득할 수 없거나 취득한 소유권을 상실한 경우, 매도인의 담보책임을 물어 매매계약을 해제하고 손해배상을 청구할 수 있다[20,22,26] (576). → p.131

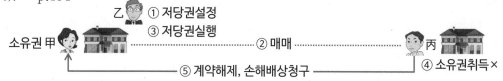

5-2. 저당권실행경매로 인한 법정지상권(=제366조의 법정지상권)

(1) 의의 : 저당권설정 당시에 동일인의 소유였던 토지와 건물이 저당권의 실행(임의경매)으로 인하여 그 소유자가 달라진 경우, 건물의 소유자가 토지에 법률상 당연히 취득하게 되는 지상권

 14,16 건물저당권 실행 ⟹  乙 법정지상권 취득 ┊ 토지저당권 실행 ⟹  甲 법정지상권 취득

(2) 성립요건 : 있다 → 같다 → 달라졌다 (○ = ≠)

1) 저당권설정 당시 건물이 존재하였을 것

① 토지에 저당권을 설정할 당시에 건물이 없었던 경우(나대지)에는 성립하지 않는다. [14,16,22,26,34]

甲은 법정지상권을 취득하지 못한다.
이는 저당권자가 건축에 동의하였다고 하더라도 마찬가지이다. [34,35]

② 토지에 저당권을 설정할 당시에 건물이 있었다면 무허가·미등기건물이더라도 무방하다. [35] [18]

甲은 법정지상권을 취득한다.
이때 건물이 무허가·미등기인 것은 문제되지 않는다.

③ 토지에 저당권을 설정할 당시 건축 중이었던 경우에는 <u>건축의 진전 정도에 따라 결정된다.</u>
  → 일괄경매청구권 내용 참조(p.105)

④ 저당권설정 당시의 건물이 철거되고 새로 건물이 신축된 경우 → 【공안단생】

ㄱ 토지에 대한 단독저당의 경우 → 성립한다. (단, 존속기간이나 범위는 구건물을 기준)

甲은 법정지상권을 취득한다.
단, 그 범위는 구건물을 기준으로 정해진다.

ㄴ 토지와 건물에 대한 공동저당의 경우 → 성립하지 않는다. [16,22]

甲은 법정지상권을 취득하지 못한다.
단, 신축건물에 토지저당권과 동일한 순위의 저당권을 설정하였다면 신축건물을 위한 법정지상권이 성립한다.

2) 저당권설정 당시 토지와 건물이 동일인의 소유에 속하였을 것

① 법률상 동일인 소유이어야 하고 사실상 동일인 소유인 것으로는 부족하다.

 토지+건물 일괄매매  저당권실행

乙은 법정지상권을 취득하지 못한다. [16,33]
저당권설정 당시 토지와 건물이 동일인의 소유가 아니었기 때문이다.

② 저당권설정 당시 동일인 소유인 것으로 족하고 저당권실행 시까지 동일인 소유일 필요는 없다.

 건물 매매  저당권실행

乙은 법정지상권을 취득한다. [15+,22]
저당권설정 당시 토지와 건물이 동일인의 소유였기 때문이다. 이 경우 관습상의 법정지상권은 저당권실행경매로 인해 소멸하고 제366의 법정지상권을 새로 취득한다.

3) 저당권실행경매(임의경매)로 토지와 건물의 소유자가 달라질 것

저당권실행경매(임의경매)가 아닌 통상의 강제경매에 의해 소유자가 달라진 경우에는 제366조의 법정지상권이 아니라 관습법상의 법정지상권이 성립한다. → p.85

4) 등기는 不要 : 법률의 규정에 의한 물권취득이므로 등기 없이 취득한다(187).

5) 강행규정 : 제366조는 법정지상권의 성립을 강제하는 것이므로, 당사자 간의 특약으로 제366조의 법정지상권을 배제하는 약정을 하더라도 그 특약은 무효이다. [29]

(3) 내용 (4) 법정지상권 성립 후의 법률관계 : 관습법상의 법정지상권과 동일 → p.86

5-3. 토지저당권자의 지상건물에 대한 일괄경매청구권

(1) **의의** : 토지에만 저당권을 가진 자가 토지와 함께 건물까지 경매를 청구할 수 있는 권리(365)

(2) **요건** : 없다 → 있다 → 같다 (× ○ =)

1) **토지에 저당권을 설정할 당시에 건물이 없었을 것** 16,20,21,31

① 토지에 저당권을 설정할 당시에 건물이 있었던 경우에는 일괄경매청구를 인정할 필요가 없다.31
(토지에 대한 저당권이 실행되면 그 건물을 위한 법정지상권이 성립하기 때문)

② 토지에 저당권을 설정할 당시에 건축 중이었던 경우에는 건축의 진전 정도에 따라 결정된다.
저당권설정 당시에 건물의 존재가 예측되고 사회경제적 관점에서 그 가치의 유지를 도모할 정도로
건물의 축조가 진행되어 있는 경우에는 일괄경매청구가 인정되지 않는다(법정지상권이 성립하기 때문).

③ 동일인의 소유에 속하는 토지와 지상건물에 공동저당권이 설정된 후 건물이 철거되고 새로 신축된
경우에는 토지와 신축건물에 대하여 일괄경매청구를 할 수 있다.

2) **토지에 대한 저당권을 실행할 당시에 건물이 존재할 것**

3) **토지에 대한 저당권을 실행할 당시에 토지와 건물의 소유자가 동일할 것** 30,31

① 저당권설정자가 건물을 축조하여 제3자에게 양도한 경우 → 일괄경매청구가 인정되지 않는다.16,24,26

② 제3자(토지임차인)가 축조한 건물을 저당권설정자가 양수한 경우 → 일괄경매청구가 인정된다.16,31

(3) **효과**

1) **권리일 뿐 의무가 아니다** : 일괄경매청구의 요건이 갖추어진 경우에도 저당권자는 토지에 대해서만
경매를 신청할 수 있다.16

2) **과잉경매금지원칙 적용×** : 토지만을 경매하여도 그 대금으로부터 충분히 채권의 변제를 받을 수 있는
경우에도 일괄경매청구가 허용된다.

3) **우선변제는 토지의 경매대금에서만 인정** : 건물의 경매대가에서는 우선변제를 받을 수 없다.16,19,23,34

6. 저당권의 침해에 대한 구제

(1) **의의** : 저당권의 침해란 저당물의 교환가치를 감소시키는 일체의 행위를 말한다.

저당물의 멸실·훼손	저당산림의 부당한 벌채	부합물·종물의 부당한 분리

(2) **구제수단**

1) 물권적 청구권(370 → ~~213~~, 214) [15+,19,21,26,31,34]

① **반환청구권×** : 저당권은 점유를 수반하는 권리가 아니므로 반환청구권이 인정되지 않는다. [33]

② **방해제거청구권** : 후순위 저당권자는 선순위 저당권의
피담보채무가 변제되었음에도 그 등기가 말소되지 않고
있는 경우, 저당권에 기한 방해제거청구의 일환으로
선순위 저당권설정등기의 말소를 청구할 수 있다.

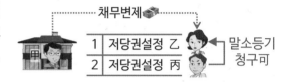

③ **방해예방청구권** : 나대지의 저당권설정자가 건축을 시작하였으나 채무를 변제하지 못하여 저당권이
실행에 이르렀거나 실행이 예상되는 상황인데도 소유자 또는 제3자가 신축공사를 계속하는 경우,
저당권자는 그 건축공사의 중지를 청구할 수 있다. [22]

2) 손해배상청구권(750)

① **손해발생 要** : 저당권에 대한 침해가 있더라도 목적물의 잔존가치가 채권의 담보로 충분한 경우
(즉 현실적인 손해가 없는 경우)에는 손해배상청구권이 발생하지 않는다.

② **저당권등기가 불법말소된 경우** : 저당권설정등기가 불법행위로 인해 원인 없이 말소되었더라도 저당권
자가 곧바로 저당권을 상실하는 손해를 입는 것은 아니다(등기의 물권의 효력존속요건이 아니므로). [25]

> **저당권등기가 불법말소된 후에 저당물이 경매된 경우**   ① **불법말소**
> 1. 말소회복등기청구×(∵저당권은 경매로 이미 소멸) ② **경매**
> 2. 후순위 저당권자에게 부당이득반환청구○
>
> | 1 | 저당권설정 | 乙 | 乙→丁 : 말소회복등기청구× |
> |---|---|---|---|
> | 2 | 저당권설정 | 丙 | 乙→丙 : 부당이득반환청구○ | [18,20,25]

3) 담보물보충청구권(362)

① 저당권설정자의 책임 있는 사유로 인하여 저당물의 가액이 현저히 감소된 때에는 저당권자는 저당권
설정자에 대하여 그 원상회복 또는 상당한 담보제공을 청구할 수 있다.

② 저당권자가 담보물보충청구권을 행사한 경우에는 손해배상청구나 즉시변제청구를 할 수 없다.

 2억 ──甲의 귀책사유로 현저히 파손──▶   1억2천 ▶ KB { 원상회복청구 2억 또는 담보제공청구 1억2천 + 8천 (추가적 공동저당) }

4) 기한이익의 상실(388) [22]

채무자가 저당물을 손상, 감소, 멸실하면 → { 채무자 : 기한의 이익을 주장하지 못한다. → p.53 채권자 : 즉시변제를 청구할 수 있다. }

Ⅳ. 저당권의 처분과 소멸

1. 처분 : 저당권은 피담보채권과 분리하여 양도하지 못한다. → 수반성(361) [14,21,25,26,28,29,30,34]

2. 소멸 : 멸실[25], 포기, ~~소멸시효~~[17,24], 혼동[13,20,24,25], 경매 / 피담보채권이 소멸하면 저당권도 소멸한다. → 부종성(369) [18,25,28]

                                                                      말소등기 없이도 소멸 [18,22,25,26,34]

근저당권이 설정된 후에 부동산의 소유권이 제3자에게 이전된
경우, 현재의 소유자가 자신의 소유권에 기하여 피담보채무의
소멸을 원인으로 근저당권설정등기의 말소를 청구할 수 있음
은 물론이지만, 근저당권설정자인 종전의 소유자도 근저당권
설정계약의 당사자로서 근저당권설정등기의 말소를 구할 수
있는 계약상 권리가 있다.

채무자 ③ 변제 ── 말소등기청구 (계약상 권리) ──▶ ① 저당권등기 乙 채권자
② 매매
현재의 소유자 丙 ── 말소등기청구 [16] (물권적 청구권) ──▶

V. 특수한 저당권

1. 근저당

(1) 의의 : 계속적 거래관계로 인해 발생하는 불특정채권을 담보하기 위하여 <u>담보할 채권의 최고액만을</u> 정하고 채권의 확정은 장래에 보류하여 설정하는 저당권(357)
= 우선변제를 받을

(2) 성질 : 근저당거래가 계속 중인 경우, 즉 피담보채권이 확정되기 전에는 채권이 일시적으로 소멸하더라도 근저당권은 소멸하지 않고(부종성의 완화)[13,15+], 채권의 일부를 양도하거나 대위변제하더라도 근저당권이 양수인이나 대위변제자에게 이전하지 않는다(수반성의 완화).[15+]

(3) 성립 : 근저당권설정계약 + 근저당권설정등기

① 필요적 기록사항 : 근저당취지, 채권최고액[16,23]
② 임의적 기록사항 : 존속기간, 결산기
③ 등기사항이 아닌 것 : 이자

순위번호	등기목적	~	권리자 및 기타사항
1	근저당권 설정	~	채권최고액 금 100,000,000원 채무자 甲 근저당권자 乙

(4) 효력

1) 채권최고액 : 근저당권의 채권최고액은 후순위 담보권자나 제3취득자에 대한 관계에서 우선변제의[33] 한도로서의 의미를 갖는 것에 불과하고, 그 부동산으로써는 최고액 범위 내의 채권에 한하여서만 변제를 받을 수 있다는 채무자의 책임의 한도라고는 볼 수 없다.[14,15+,24]

2) 피담보채권의 범위 : 원본, 이자, 위약금, 채무불이행으로 인한 손해배상, 실행비용
① 이자 : 채권최고액에는 이자까지 산입(포함)되어 있다. 따라서 이자는 별도로 등기하지 않는다.[14,20,31,34,35]
② 지연배상 : 지연배상도 1년분에 한하지 않고 채권최고액의 범위 내라면 제한 없이 담보된다.[26]
③ 실행비용 : 실행비용은 채권최고액에 포함되지 않는다(판례).[20] → 최고액과 관계없이 별도로 담보된다.

3) 피담보채권의 확정 : 우선변제받을 채권금액의 확정
① 확정사유 : 근저당권의 존속기간 만료, 기본계약의 결산기 도래(결산기의 정함이 없는 경우 언제든지[19,34] [22,19] 계약해지 가능)[16], 근저당권자의 경매신청[16,19,23,24,31,34], 채무자의 파산선고 또는 회생절차(회사정리절차)개시결정[17,19]

후순위 근저당권자가 경매를 신청한 경우 선순위 근저당권의 피담보채권은 그 근저당권이 소멸하는 시기, 즉 경락인이 경락대금을 완납한 때에 확정된다.[17,19,24,26,28,33]

1	근저당권 乙 (1억)	2025. 3. 1. ① 丙 경매신청 → 丙의 피담보채권 확정
2	근저당권 丙 (1억)	2025. 8. 1. ② 경락인 매각대금 완납 → 乙의 피담보채권 확정
		2025. 8. 20. ③ 배당

② 확정의 효과
㉠ **보통저당권으로 전환** : 근저당권의 피담보채권이 확정된 이후에는 근저당권은 보통의 저당권으로 전환되고, 그 이후에 발생하는 원금채권은 그 근저당권에 의해 담보되지 않는다.[14,15+,20,22,24]
㉡ **이자, 지연손해금** : 확정 이후에 새로운 거래관계에서 발생한 원본채권은 그 근저당권에 의해 담보되지 않지만, 확정 전에 발생한 원본채권에 관하여 확정 후에 발생하는 이자나 지연손해금 채권은 채권최고액의 범위 내에서 근저당권에 의하여 여전히 담보된다.[33]
㉢ **경매신청취하** : 경매개시결정 후에 경매신청이 취하되어도 채무확정의 효과는 번복되지 않는다.[20]
③ **확정된 채권의 총액이 채권최고액을 초과하는 경우**
㉠ 채무자 : 최고액에 관계없이 채무 전부를 변제해야만 근저당권의 말소를 청구할 수 있다.[16,22]
㉡ 물상보증인이나 제3취득자 : 최고액까지만 변제하면 근저당권의 말소를 청구할 수 있다.[20,23,24,34] [21]

(5) 변경
1) **최고액 또는 존속기간의 변경** : 변경등기 要 / 등기부상 이해관계인에 대해서는 증액 주장 不可[14]
2) **채권자 또는 채무자의 변경** : 채무자가 변경된 경우에는 변경 후 채무자에 대한 채권만 담보된다.[26,34,35]
3) **채무원인의 변경** : 후순위권리자의 승낙은 요하지 않는다.[15+,23]

2. 공동저당

(1) 의의 : 동일한 채권을 담보하기 위하여 수개의 부동산에 저당권을 설정하는 것(368)

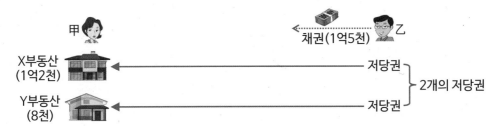

(2) 성질 : 여러 개의 부동산에 1개의 저당권이 성립하는 것이 아니라 각각의 부동산마다 1개의 저당권이 성립한다. → 일물일권주의 원칙에 반하지 않는다.

(3) 성립 : 저당권설정계약 + 저당권설정등기

1) 저당권설정계약

① 수개의 저당권은 같은 시기(창설적 공동저당) 혹은 각각 다른 시기(추가적 공동저당)에 설정되어도 되고, 목적물의 소유자가 달라도 되고, 각각의 저당권의 순위가 달라도 상관없다.

② 일부 부동산에 설정된 저당권이 무효라도 다른 부동산에 대한 저당권은 원칙적으로 유효하다. [13]

2) 저당권설정등기

① 각 부동산마다 저당권설정등기를 한다. 부동산이 5개 이상이면 공동담보목록을 첨부한다.

② 공동저당관계의 등기는 공동저당권의 성립요건이나 대항요건이 아니다(판례).

(4) 효력 : 저당권자는 <u>수개의 저당권을 동시에 실행할 수도 있고</u> <u>일부 저당권을 먼저 실행할 수도 있다</u>.
　　　　　　동시(同時)배당　　　　　　　　　　　　　　　　　　　　이시(異時)배당

1) 저당물이 모두 채무자의 소유인 경우

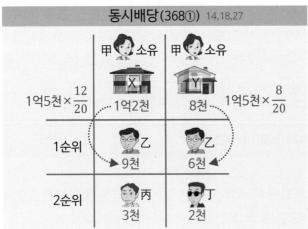

① 안분(按分)배당 : 각 부동산의 경매대가에 비례하여 채권의 분담을 정한다.

② 동시배당의 안분배당의 법리는 후순위 저당권자의 존재 여부와 상관없이 적용된다. [13]

③ 주택임대차보호법 제8조에 규정된 소액보증금에 대한 최우선변제권은 이른바 법정담보물권으로서 대지와 건물의 경매대가를 동시에 배당하는 때는 민법 제368조 제1항을 유추적용하여 대지와 건물의 경매대가에 비례하여 그 채권의 분담을 정하여야 한다(판례).

① 전액배당 : 일부 부동산의 경매대가에서 채권 전부의 변제를 받는다.

② 후순위자 저당권자 보호 : 경매한 부동산의 차순위 저당권자는 선순위 공동저당권자를 대위하여 다른 부동산에 대한 저당권을 행사할 수 있다. (선순위 공동저당권자가 동시배당을 받았더라면 다른 부동산의 경매대가에서 우선변제를 받을 수 있는 금액의 한도에서)

③ 차순위 저당권자의 대위는 선순위 공동저당권자가 채권의 일부를 변제받은 경우에도 인정된다. [13]

2) 저당물이 일부는 채무자의 소유이고, 일부는 제3자(물상보증인)의 소유인 경우

동시배당	이시배당 (채무자 소유 부동산이 먼저 경매된 경우)

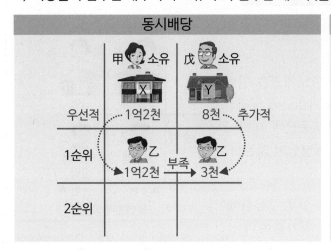

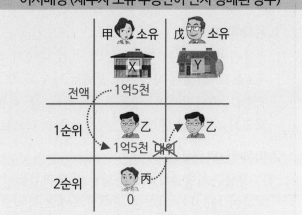

① 안분배당의 법리가 적용되지 않는다.

② 우선적 배당 → 추가적 배당

채무자 소유의 부동산의 경매대가에서 우선적으로 배당을 하고, 부족분이 있으면 물상보증인 소유의 부동산의 경매대가에서 추가적으로 배당을 한다.

① 채무자 소유의 부동산이 먼저 경매된 경우

차순위 저당권자는 선순위 공동저당권자를 대위하여 물상보증인 소유의 부동산에 대한 저당권을 행사할 수 없다. [15+,25]

이시배당 (물상보증인 소유 부동산이 먼저 경매된 경우)

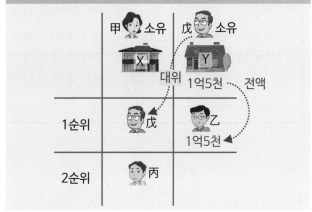

② 물상보증인 소유의 부동산이 먼저 경매된 경우

물상보증인은 변제자대위의 법리(제3자가 채무를 변제한 경우 그 채권은 소멸하지 않고 변제한 제3자에게 이전된다는 법리)에 의하여 채무자 소유의 부동산에 대한 1번 저당권을 취득한다.

결론 공동근저당의 경우에도 민법 제368조는 적용된다(대판17 전원합의체).

1. 동시배당의 경우

공동근저당권자는 채권최고액 범위 내에서 피담보채권을 민법 제368조 제1항에 따라 부동산별로 나누어 각 환가대금에 비례한 액수로 배당받으며, 공동근저당권의 각 목적부동산에 대하여 채권최고액만큼 반복하여, 이른바 누적적으로 배당받지 않는다.

2. 이시배당의 경우 [29]

(1) 공동근저당권자가 공동담보의 목적부동산 중 일부 부동산에 대하여 제3자가 신청한 경매절차에 소극적으로 참가하여 우선배당을 받은 경우, 해당 부동산에 관한 근저당권의 피담보채권은 매수인이 매각대금을 지급한 때에 확정된다. 단, 나머지 목적부동산에 관한 근저당권의 피담보채권은 특별한 사정이 없는 한 확정되지 않는다.

(2) 공동근저당권자가 공동담보의 목적부동산 중 일부에 대한 환가대금으로부터 피담보채권의 일부에 대하여 우선변제받은 경우에, 그와 같이 우선변제받은 금액에 관하여는 나머지 목적부동산에 대한 환가절차에서 다시 우선변제권을 행사할 수 없고, 나머지 목적부동산에 대하여 행사할 수 있는 우선변제권의 범위는 최초의 채권최고액에서 우선변제받은 금액을 공제한 나머지 채권최고액으로 제한된다.

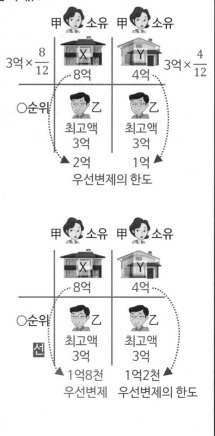

제3편 계약법

제1장 계약 총론

甲 →   ← 乙

1 서론

Ⅰ. 계약의 의의

계약이란 서로 대립하는 의사표시의 합치(=합의)에 의해 성립하는 법률행위이다. 넓은 의미의 계약에는 채권계약(매매, 교환, 임대차 등), 물권계약(전세권설정, 저당권설정 등), 가족법상 계약(혼인, 입양 등)이 모두 포함되지만, 보통 계약이라 할 때에는 채권계약만을 의미한다.

Ⅱ. 계약자유의 원칙

계약자유의 원칙의 내용 : 계약체결의 자유, 상대방선택의 자유, 내용결정의 자유, 방식의 자유
　　　　　　　　　　　　　　　　　　　　　　제한 → 약관　　　불요식(不要式) 원칙

약관(約款) [15+,17,19,32]

1. 약관의 의의

약관이란 그 명칭이나 형태를 불문하고 계약의 일방 당사자가 다수의 상대방과 계약을 체결하기 위하여 일정한 형식에 의하여 미리 마련한 계약의 내용을 말한다.

사업자　※KB국민은행　CJ 대한통운　SAMSUNG 삼성화재　미리 작성 → ××계약　甲 乙 丙 丁 戊…　고객

2. 「약관의 규제에 관한 법률」의 주요 내용

(1) **사업자의 의무(3)** : 명시의무, 사본 교부의무, 중요내용 설명의무

　사업자가 명시·설명의무를 위반한 경우, 당해 약관은 계약의 내용으로 주장하지 못한다.

(2) **개별약정우선(4)** : 사업자와 고객이 약관의 내용과 다르게 합의한 사항(=개별약정)이 있는 때에는 그 합의사항은 약관보다 우선한다.[15+]

(3) **약관의 해석(5)**

　1) **객관적 해석의 원칙(=동일성 유지의 원칙)** : 약관은 고객에 따라 다르게 해석되어서는 안 된다. 약관은 개개 계약체결자의 의사나 구체적인 사정을 고려함이 없이 평균적 고객의 이해가능성을 기준으로 객관적·획일적으로 해석하여야 한다.[15+,32]

　2) **작성자불이익의 원칙**[32] : 약관의 뜻이 명백하지 않은 경우에는 고객에게 유리하게 해석해야 한다.

(4) **일부무효의 특칙(16)** : 약관의 일부조항이 무효인 경우 계약은 나머지 부분[17]만으로 유효하게 존속한다(일부무효의 원칙). 단, 유효한 부분만으로는 계약의 목적달성이 불가능하거나 한쪽 당사자에게 부당하게 불리한 경우에는 계약 전부를 무효로 한다(전부무효의 예외). → p.45

Ⅲ. 계약의 종류

1. 쌍무계약과 편무계약

(1) **의의** : 쌍무(雙務)계약이란 계약의 양 당사자가 서로 대가적 의미(=견련성)를 갖는 채무를 부담하는 계약을 말하고, 편무(片務)계약이란 일방만 채무를 부담하거나(가령 증여) 쌍방이 채무를 부담하더라도 양 채무가 대가적 의미를 갖지 않는 계약(가령 사용대차)을 말한다.

(2) **구별실익** : 쌍무계약에서만 동시이행의 항변권[16]이나 위험부담[18,30]의 문제가 발생한다.

　　　　　쌍무계약　　　‥‥‥‥‥　**동시이행항변권**　　　‥‥‥‥‥‥　**편무계약**
　　　[26,30]　　　[28,33]　　[31,35]　　위험부담
　(예) 매매, 교환, 임대차, 도급　　　　　　　　　　(예) 증여[28], 사용대차, 현상광고[16,18,22]

甲 재산권이전채무 → 매매 ← 대금지급채무 乙　　甲 재산권이전채무 → 증여 ← × 乙
매도인　　↑‥‥‥‥대가관계‥‥‥‥‥　매수인　　증여자　　　　　　　　　　수증자

2. 유상계약과 무상계약 ·출연(出捐) : 자신의 재산을 감소시키면서 상대방의 재산을 증가시켜 주는 행위

(1) **의의** : 유상(有償)계약이란 계약의 양 당사자가 서로 대가적 의미를 갖는 출연(出捐)을 하는 계약을 말하고, 무상(無償)계약이란 일방만 출연을 하거나 쌍방이 출연을 하더라도 양 출연이 대가적 의미를 갖지 않는 계약을 말한다.

(2) **구별실익** : 유상계약에는 매매에 관한 규정, 특히 매도인의 담보책임에 관한 규정이 준용된다.

(3) **쌍무계약과 유상계약의 관계** : 쌍무계약은 모두 유상계약이지만, 유상계약이라고 해서 모두 쌍무계약인 것은 아니다. 가령 현상광고는 편무계약이면서 유상계약이다.

3. 낙성계약과 요물계약

(1) **의의** : 낙성(諾成)계약이란 당사자의 합의만으로 성립하는 계약을 말하고, 요물(要物)계약이란 당사자의 합의 외에 물건의 인도 기타 급부를 하여야 성립하는 계약을 말한다.

(2) **구별실익** : 양자는 계약의 성립시기에 차이가 있다.

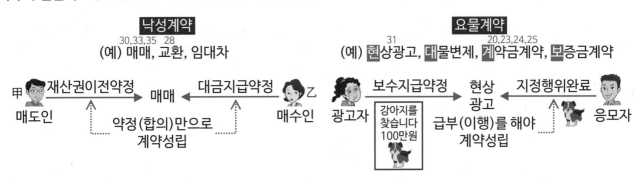

4. 일시적 계약과 계속적 계약

(1) **의의** : 급부의 실현이 시간적 계속성을 갖느냐에 따른 구별이다. 일시적 계약은 1회적인 급부의 이행으로 계약이 종료되는데 비해, 계속적 계약은 계약에 의한 급부가 계속적, 반복적으로 이루어진다.

(2) **구별실익** : 계속적 계약은 계약을 해소하는 경우 주로 해지에 의하고(해제되는 경우도 있음), 당사자의 착오가 중요부분의 착오로 될 수 있으며, 사정변경의 원칙이 고려될 여지가 커진다.

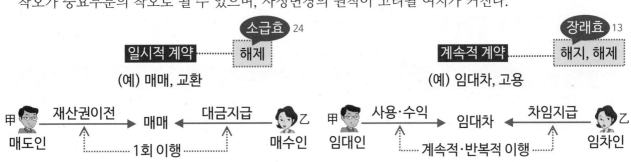

5. 예약과 본계약

(1) **의의** : 예약이란 장래에 일정한 계약을 체결할 것을 미리 약정하는 계약을 말하고, 예약에 기하여 체결되는 계약을 본계약이라 한다.

(2) **구별실익** : 본계약은 채권계약일 수도 있고 물권계약 또는 가족법상의 계약일 수도 있지만, 예약은 본계약을 체결해야 할 채무를 발생시키므로 언제나 채권계약이다.

2 계약의 성립

Ⅰ. **서설** 계약은 당사자들의 의사표시의 합치, 즉 합의(合意)에 의해 성립한다. 합의는 보통 청약과 승낙으로 성립하지만 민법은 그 밖에 의사실현이나 교차청약에 의한 계약성립도 인정하고 있다.

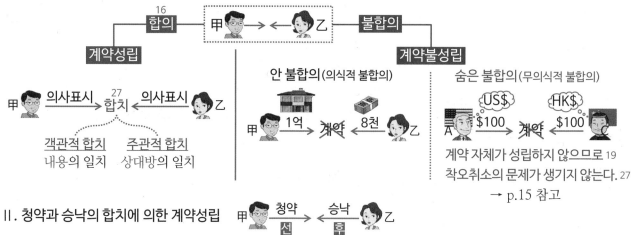

Ⅱ. **청약과 승낙의 합치에 의한 계약성립**

1. 청약

(1) **의의** : 승낙과 결합하여 계약을 성립시킬 것을 목적으로 하는 구체적이고 확정적인 의사표시

(2) **요건**

1) **구체적이고 확정적일 것**[15+,19,20,28] : 청약은 그 내용이 이에 대한 승낙만 있으면 곧 계약이 성립될 수 있을 정도로 구체적, 확정적 의사표시이어야 한다.

2) **청약자** : 청약자가 누구인지 청약의 의사표시 속에 명시되어 있을 필요는 없다.

3) **상대방** : 청약의 상대방은 특정되어 있을 필요가 없고, 불특정다수인에 대한 청약도 가능하다.[23,25,26,27,29,31,32]

4) **승낙기간** : 승낙기간은 정할 수도 있고, 정하지 않을 수도 있다.[15+]

　① **정한 경우(528)** : 청약자가 그 기간 내에 승낙을 받지 못하면 청약은 효력을 잃는다.[26,27]

　② **정하지 않은 경우(529)** : 청약자가 상당한 기간 내에 승낙을 받지 못하면 청약은 효력을 잃는다.[25]

(3) **효력**

1) **효력의 발생**

　① **도달주의**[25] : 청약은 상대방에게 도달한 때 효력이 발생한다(111①).[22,27] 격지자, 대화자 불문

　② **발송 후의 사정변경** : 청약자가 청약의 통지를 발송한 후에 사망하거나 제한능력자가 되더라도[15,17,26,31] 청약의[29] 효력에는 영향을 미치지 않는다(111②). 즉 청약은 그대로 효력이 발생한다.

2) **효력의 내용**

　① **형식적 효력(구속력)** : 청약의 효력이 발생하면 청약자도 마음대로 이를 철회하지 못한다(527).[17,26,29,33]

　② **실질적 효력(승낙적격)** : 청약이 효력을 발생하면 승낙과 결합하여 계약을 성립시킬 수 있다.

청약과 청약의 유인의 구별

청약	청약의 유인
• 계약성립을 위한 구체적·확정적인 의사표시 • 상대방의 승낙만 있으면 곧바로 계약성립	• 타인을 꾀어 자기에게 청약을 하게 하려는 행위 • 피유인자의 청약에 대해 유인한 자가 다시 승낙을 해야 비로소 계약성립
• 계약의 내용이 되어 법적 책임 발생 　(예) 자동판매기 설치, 정찰제상품의 진열	• 계약의 내용이 되지 않으므로 법적 책임 발생×[32] 　(예) 각종 광고, 상품의 진열, 견적서 제출[32]

• 상가나 아파트의 분양광고의 내용은 청약의 유인으로서의 성질을 갖는 것이 일반적이다.[28]

　(예) 상가분양광고 : 첨단오락타운 조성, 수익 보장 / 아파트분양광고 : 도로 확장, 전철 복선화, 서울대학교 이전

• 단, 아파트분양광고의 내용 중 구체적인 거래조건, 즉 아파트의 외형·재질이나 부대시설에 관한 사항은 청약에 해당되어 분양계약의 내용이 된다. (예) 온천, 바닥재 원목마루, 유실수단지, 테마공원 조성, 콘도회원권

• 선시공·후분양 아파트의 외형·재질에 관하여 분양광고에만 표현된 내용은 분양계약의 내용이 되지 않는다.[35]

2. 승낙

(1) 의의 : 청약에 대응하여 계약을 성립시킬 것을 목적으로 청약자에 대해서 하는 의사표시

(2) 요건

  1) 승낙의 자유 : 청약의 상대방에게 청약을 받아들일 것인지 여부에 관하여 회답할 의무는 없으므로 청약자가 미리 정한 기간 내에 이의를 하지 않으면 승낙한 것으로 간주한다는 뜻을 청약 시에 표시하였다고 하더라도 이는 상대방을 구속하지 않는다. [14,15,22,24,28,29,31]

  2) 청약과 합치

    ① **객관적 합치** : 승낙은 그 내용이 청약과 일치하여야 한다.

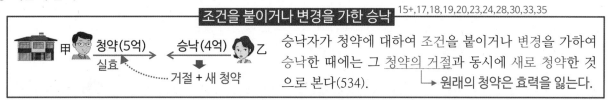

조건을 붙이거나 변경을 가한 승낙 [15+,17,18,19,20,23,24,28,30,33,35]

승낙자가 청약에 대하여 조건을 붙이거나 변경을 가하여 승낙한 때에는 그 청약의 거절과 동시에 새로 청약한 것으로 본다(534). → 원래의 청약은 효력을 잃는다.

    ② **주관적 합치** : 승낙은 청약자에 대해 하여야 하고 불특정다수인에 대한 승낙은 있을 수 없다. [15+,23,25]

  3) 승낙기간 내에 청약자에게 도달할 것

    ① 승낙이 승낙기간을 경과하여 도달하면. 즉 승낙이 연착하면 계약은 성립하지 않는 것이 원칙이다.

    ② 단, 연착된 승낙은 청약자가 이를 새 청약으로 볼 수 있으므로(530), 청약자가 연착된 승낙에 대하여 다시 승낙을 하면 계약이 성립할 수 있다. [17,22,25,31] [15]

연착된 승낙(★)

【문제】甲은 乙에게 승낙기간을 10. 31.로 하여 자신의 건물을 1억 원에 팔겠다는 내용의 청약을 하였는데 (10. 1. 발송, 10. 3. 도달), 乙의 승낙이 11. 2.에야 甲에게 도달하였다.

통상의 연착

甲 청약 → ← 승낙 乙
도달 ←‑‑‑‑‑‑‑ 발송
(11. 2.)　　　　(10. 30.)

① 승낙이 도달한 때 청약은 이미 실효되었으므로 계약은 성립하지 않는다. 이 경우 甲은 乙에게 연착사실을 통지할 필요가 없다.
② 단, 甲이 연착된 乙의 승낙을 새 청약으로 보아 다시 승낙을 하면 계약이 성립한다(530).

사고로 인한 연착 (528②③)

甲 청약 → ← 승낙 乙
도달 ←‑‑‑‑‑‑‑ 발송
(11. 2.)　　　　(10. 20.)

① 甲은 지체 없이 乙에게 연착사실을 통지해야 한다(528②). 연착통지를 하면 계약은 성립하지 않는다.
② 만일 甲이 乙에게 연착사실을 통지하지 않으면 연착되지 않은 것으로 간주되어(528③) 계약이 성립한다. 단, 격지자 간의 계약이므로 10. 20.에 계약이 성립한 것으로 본다. [14,15]

---

(3) 효력 : 승낙의 효력발생 = 계약의 성립

  1) 대화자 간의 계약성립시기 : 승낙이 도달한 때 성립한다(111①).

  2) 격지자 간의 계약성립시기 : 승낙을 발송한 때 성립한다(531).
    발신주의 [14,15,17,20,26,29,33,35]

승낙 발송　　　　승낙기간 내 도달
10월 20일 ‑‑‑‑‑‑‑ 격지자 ‑‑‑‑‑→ 10월 22일

계약 성립 ←

III. 그 밖의 방법에 의한 계약성립

1. 의사실현(532) : 청약자의 의사표시나 관습에 의하여 승낙의 통지가 필요하지 않은 경우에는 승낙의 의사표시로 인정되는 사실이 있는 때에 계약이 성립한다. 이때 청약자의 인식은 요하지 않는다. [24,35]

  (예) 청약과 함께 송부된 물품을 소비하거나 사용한 경우 [14]

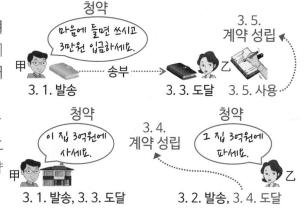

청약 : 마음에 들면 쓰시고 3만원 입금하세요.
甲　‑‑‑ 송부 ‑‑‑→　乙
3. 1. 발송　　3. 3. 도달　　3. 5. 사용
　　　　　　　　　　3. 5. 계약 성립

2. 교차청약(533) : 당사자 간에 동일한 내용의 청약이 상호 교차된 때에는 양 청약이 상대방에게 도달한 때에 계약이 성립한다. [14,15+,16,17,18,19,24,28,32,35]

청약 : 이 집 3억원에 사세요.
甲 3. 1. 발송, 3. 3. 도달
청약 : 그 집 3억원에 파세요.
乙 3. 2. 발송, 3. 4. 도달
3. 4. 계약 성립

Ⅳ. 계약체결상의 과실책임

1. 의의 : 원시적 불능인 계약[19]을 체결하여 상대방에게 손해를 입힌 경우에 그 손해를 배상할 책임(535)[무효]
(예) 이미 수용된 토지[23]나 이미 멸실된 별장[35]에 대한 매매계약을 체결한 경우 → p.18

화재로 전소 (9. 25.) ┄┄ 甲 ┄┄┄┄ 매매계약 체결 (10. 1.) ┄┄┄┄ 乙

2. 성립요건

(1) 계약이 체결(성립)되었으나 목적이 불능(원시적 불능)이어서 계약이 무효일 것
　　후발적 불능의 경우에는 계약체결상의 과실책임의 문제가 생기지 않는다. 18,23

(2) 일방(배상의무자 😊)은 원시적 불능에 대하여 악의 또는 과실이 있을 것

(3) 상대방(배상권리자 😊)은 선의·무과실[19]일 것

3. 효과　악의 또는 과실 😊 甲 ──── 이행이익을 한도로 신뢰이익의 손해를 배상 ───➤ 乙 😊 선의·무과실

(1) 손해배상 : 악의 또는 과실 있는 당사자(😊)는 선의·무과실의 상대방(😊)이
　　계약의 유효를 믿었음으로 인하여 입은 손해를 배상하여야 한다.
　　신뢰이익의 손해 (예)조사비용, 융자비용, 기회거절로 인한 손해 등

(2) 과잉배상금지 : 신뢰이익에 대한 배상액은 계약이 유효함으로 인하여 생길 이익액을 넘지 못한다.[19]
　　　　　　　　　　이행이익 (예)전매차익

4. 계약체결상의 과실책임의 유추 내지 확대적용 : 판례는 원시적 불능으로 인해 계약이 무효인 경우가 아닌
　다른 사안에 대한 계약체결상의 과실책임의 유추 내지 확대적용을 인정하지 않는다.

(1) 계약교섭 중 부당하게 중도파기한 경우 : 계약체결상의 과실이 아니라 불법행위의 문제(750)이다.

(2) 수량지정매매에서 수량이 부족한 경우 : 계약체결상의 과실이 아니라 담보책임의 문제(574)이다.

계약교섭 중 부당한 중도파기 16,17,18

 甲 ┄┄ 계약교섭 중 ┄┄ 합격 乙

① 계약이 체결되리라는　② 신뢰에 따라 행동
　 정당한 신뢰 부여
③ 상당한 이유 없이　　　④ 손해발생
　 계약체결 거부
　　　　　　불법행위(750)
　　　　　← ─────
　　　　　　손해배상청구

위와 같은 甲의 행위는 계약자유원칙의 한계를
넘는 위법한 행위로서 불법행위를 구성한다.
18

수량지정매매에서 수량부족

 甲 ┄┄ 수량지정매매 ┄┄ 乙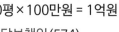
100평×100만원 = 1억원
실제로는 90평
　　　담보책임(574)
　← ─────────────
대금감액청구, 해제, 손해배상청구

수량지정 매매에서 실제면적이 계약면적에 미달하는 경우
매수인은 매도인의 담보책임을 물어 대금감액청구권을
행사할 수 있을 뿐, 그 매매계약이 그 미달부분만큼 일부
무효임을 주장하여 일반 부당이득반환청구를 하거나 그
부분의 원시적 불능을 이유로 계약체결상의 과실책임을
물을 수 없다. 15,16,19,23,28,35

(3) 계약이 의사의 불합치로 성립하지 않은 경우 : 상대방이 계약이 성립되지 않을 수 있다는 것을 알았거나
　알 수 있었음을 이유로 제535조를 유추적용하여 계약체결상의 과실로 인한 손해배상청구를 할 수 없다.35

	신뢰이익의 손해	이행이익의 손해
의의	계약이 성립할 것으로 믿었거나 무효인 계약을 유효하다고 믿었기 때문에 입은 손해 즉, 무효인 줄 알았더라면 입지 않았을 손해	채무자가 채무를 이행하지 않아 입은 손해 즉, 채무자가 채무를 이행하였더라면 채권자가 얻었을 이익 상당의 손해
예	조사비용, 융자비용, 기회거절로 인한 손해	목적물의 사용이익, 전매차익
적용	계약이 무효이거나 불성립한 경우 1. 계약체결상의 과실로 인한 손해배상 2. 계약교섭 중 부당파기로 인한 손해배상 16,17	계약이 유효한 경우 1. 채무불이행으로 인한 손해배상 → p.126 2. 담보책임에서의 손해배상 → p.130

3 계약의 효력

Ⅰ. 동시이행의 항변권 ※ 항변 = 이행거절

1. 의의 : 쌍무계약[21]의 당사자 일방이 상대방의 채무이행이 있을 때까지 자기 채무의 이행을 거절할 수 있는 권리(536) = 선이행거절권

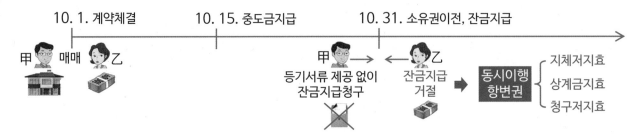

2. 성립요건

(1) 대가적[19] 의미를 갖는 양 채무가 존재할 것

  1) 당사자 쌍방이 각각 별개의 약정으로 채무를 부담하게 된 경우 : 동시이행항변권 인정×[17]

    단, 쌍방의 채무가 별개의 약정에 기한 것이라도 특약에 의해 동시이행항변권이 성립할 수 있다.[19]

  2) 채권양도[19,25], 전부명령, 채무인수, 상속 등 채권·채무의 동일성[21]이 유지되는 경우 : 동시이행항변권 존속

  3) 동시이행관계에 있는 쌍방의 채무 중 어느 한 채무가 이행불능이 되어 발생한 손해배상채무도 여전히[17,20,22,26] 다른 채무와 동시이행관계에 있다.

(2) 상대방의 채무가 변제기에 있을 것

  1) **원칙** : 상대방의 채무가 변제기에 있지 않다면 동시이행항변권은 발생하지 않는다. 즉 선이행의무자에게는 원칙적으로 동시이행항변권이 인정되지 않는다(536① 단서).

  2) **예외** : 다음의 경우에는 선이행의무자에게도 예외적으로 동시이행항변권이 인정된다.

   ① **선후이행 → 동시이행** : 선이행의무자가 이행을 지체하고 있던 중 상대방의 채무의 변제기가 도래한 경우[15+,21,26]
   (예) 매수인이 중도금지급을 지체하던 중 매도인의 소유권이전등기일이 도래한 경우

매수인이 선이행하여야 할 중도금지급을 하지 않은 채 잔대금지급일을 경과한 경우에는 매수인의 중도금 및 이에 대한 지급일 다음날부터 잔대금지급일까지의 지연손해금과 잔대금지급채무는 매도인의 소유권이전등기의무와 동시이행관계에 있다.

   ② **불안의 항변** : 상대방의 이행이 곤란할 현저한 사유가 있는 경우(536②)[20,25]
   (예) 상대방의 신용불안이나 재산상태 악화로 반대급부를 이행받을 수 없는 사정이 생긴 경우

(3) **상대방이 자기 채무의 이행이나 이행제공 없이 이행을 청구할 것**

1) 상대방이 채무내용에 좋은 이행제공을 한 때에는 동시이행항변권을 행사할 수 없다. 17,20

2) **상대방의 이행제공이 중지된 경우** : 쌍무계약의 당사자 일방이 먼저 한 번 현실의 제공을 하고 상대방을 수령지체에 빠지게 하였더라도 그 이행의 제공이 계속되지 않는 한 과거에 이행제공이 있었다는 사실만으로 상대방이 가지는 동시이행항변권이 소멸하는 것은 아니므로, 그 후 그 일방이 재차 자기 채무의 이행제공 없이 이행을 청구하는 경우에는 상대방은 다시 동시이행의 항변권을 행사할 수 있다. 물론 그때까지의 이행지체로 인한 손해배상책임은 져야 한다. 15+,22,23,35

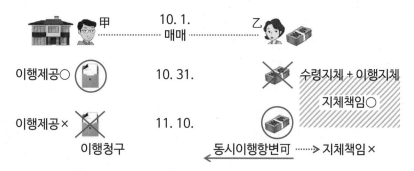

(4) **임의규정** : 채무자가 동시이행의 항변권을 포기하는 것은 자유이며, 당사자 간의 특약으로 동시이행의 항변권을 배제하는 것도 유효하다. 22

3. 효력

(1) **연기적 항변권** : 동시이행의 항변권은 상대방의 이행제공이 있을 때까지만 이행을 거절할 수 있는 일시적인 이행거절권능일 뿐, 상대방의 청구를 영구히 거절할 수 있는 권리가 아니다.

(2) **실체법상 효력**
15+,17,20,26

1) **지체저지효** : 동시이행의 항변권을 가지는 채무자는 이행기에 이행을 하지 않더라도 이행지체로 인한 책임을 지지 않는다(지체책임의 면제). 이와 같은 지체저지의 효과는 반드시 동시이행의 항변권을 행사하여야만 발생하는 것이 아니라 항변권의 존재 자체로 지체책임이 발생하지 않는 것이다(당연효).

2) **상계금지효** : 동시이행의 항변권이 붙은 채권을 자동채권으로 하는 상계는 허용되지 않는다. 15+21,23,35
상대방이 동시이행의 항변권을 가진 경우에는 상계를 할 수 없다는 의미

(3) **소송법상 효력**

1) **청구저지효** : 이행청구소송에서 피고의 동시이행항변권이 인용되면 원고의 청구를 저지할 수 있다.

2) **원용 要** : 동시이행의 항변권은 당사자가 반드시 소송에서 원용(주장)하여야 하며, 항변권자의 원용이 없는 한 법원이 직권으로 항변권의 존재를 고려하지 못한다. 22,26

3) **상환이행판결** : 원고의 이행청구에 대해 피고가 동시이행항변권을 행사하여 법원이 이를 인용한 경우, 법원은 상환이행판결(원고일부승소판결)을 선고하여야 한다.
원고패소판결× 15+,26

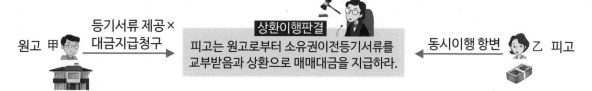

4. 동시이행항변권의 확대적용(★) ← 공평의 원칙

(1) 법률이 명문의 규정을 두어 인정하는 경우
1) 전세권소멸 시 전세권설정자의 전세금반환과 전세권자의 목적물인도 및 말소등기서류교부(317) 18,20,29
2) 계약해제 시 양 당사자의 원상회복의무(549) 13,14,18,25,26,27,29
3) 가등기담보권의 사적 실행 시 채권자의 청산금지급과 채무자의 본등기 및 목적물인도(가담법 4③) 29,35

(2) 판례·학설에 의하여 인정되는 경우
1) 임대차 종료 시 임대인의 보증금반환과 임차인의 목적물인도 15,23,31,32
2) 계약이 무효이거나 취소된 경우 양 당사자의 부당이득반환 17,20,26,35
3) 채무자의 채무변제와 채권자의 영수증교부
4) 저당부동산의 매매 시 매도인의 저당권말소 및 소유권이전등기의무와 매수인의 대금지급의무 17
5) 가압류부동산의 매매 시 매도인의 가압류말소 및 소유권이전등기의무와 매수인의 대금지급의무 19,21
6) 매수인이 양도소득세를 부담하기로 한 경우, 매도인의 소유권이전과 매수인의 양도소득세액 제공
7) 토지임차인의 건물매수청구의 경우, 임차인의 소유권이전등기 및 건물명도와 임대인의 대금지급 31
8) 구분소유적 공유관계가 해소되는 경우, 공유지분권자 상호간의 지분이전등기의무 22,25,29,33,35

(3) 동시이행관계가 아닌 경우 : 선후이행관계 / 아무런 관계×

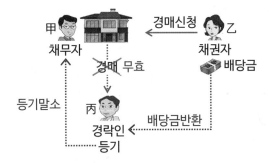

1) 채무자의 채무변제와 채권자의 채권증서(차용증)반환
2) 채무자의 채무변제와 채권자의 저당권설정등기말소 17,24,31
3) 채무자의 채무변제와 채권자의 가등기담보권(양도담보권)말소 18,26,28,35
4) 매도인의 토지거래허가신청절차 협력의무와 매수인의 대금지급의무 15,15+,18,31,32
5) 임차권등기명령에 의한 임차권등기에서 임대인의 보증금반환과 임차인의 임차권등기말소 16,18,25,31,33
6) 임차인의 임차물반환의무와 임대인의 권리금회수방해로 인한 손해배상의무 33
7) 저당권실행경매가 무효인 경우, 낙찰자의 소유권이전등기말소의무와 저당권자의 배당금반환의무 19,29
   채무자에 대한 의무 / 낙찰자에 대한 의무

유치권과 동시이행항변권의 비교

		유치권	동시이행의 항변권
공통점		재판상 인정되는 경우 법원은 상환이행판결(원고일부승소판결)을 선고한다.	
차이점	발생	법률의 규정에 의해 발생한다.	쌍무계약을 체결하면 발생한다.
	성질	법정담보물권이다. 누구에 대해서나 주장할 수 있다(절대권).	쌍무계약상의 이행거절권능에 불과하다. 채무자에게만 행사할 수 있다(상대권).
	효력	물건의 인도를 거절한다. 채권을 전부 변제받을 때까지 행사할 수 있다. 불가분적이다. 다른 담보를 제공하고 소멸청구할 수 있다.	자기 채무의 이행을 거절한다. 상대방이 이행제공할 때까지 행사할 수 있다. 급부가 가분적이면 항변권도 가분적이다. 해당사항 없다.

II. 위험부담

※ 위험 : 불능으로 인한 경제적 손실 내지 불이익

1. **의의** : 쌍무계약의 당사자 일방의 채무가 채무자의 책임 **없는** 사유로 **이행불능**[14,30,31]이 되어 소멸한 경우에 그에 대응하는 상대방의 채무는 어떻게 되는가의 문제 → p.18   후발적 불능

   (예) 건물매매계약 체결 후 천재지변으로 그 건물이 멸실한 경우[14]
   토지매매계약 체결 후 그 토지가 수용된 경우[18]

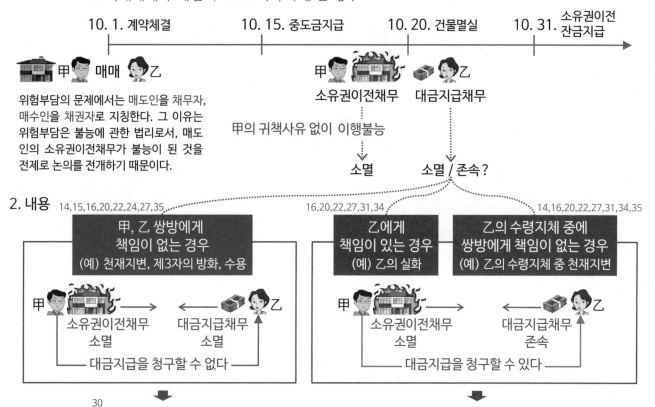

위험부담의 문제에서는 매도인을 채무자, 매수인을 채권자로 지칭한다. 그 이유는 위험부담은 불능에 관한 법리로서, 매도인의 소유권이전채무가 불능이 된 것을 전제로 논의를 전개하기 때문이다.

2. **내용** [14,15,16,20,22,24,27,35] [16,20,22,27,31,34] [14,16,20,22,27,31,34,35]

| 甲, 乙 쌍방에게 책임이 없는 경우 (예) 천재지변, 제3자의 방화, 수용 | 乙에게 책임이 있는 경우 (예) 乙의 실화 | 乙의 수령지체 중에 쌍방에게 책임이 없는 경우 (예) 乙의 수령지체 중 천재지변 |

원칙 : 채무자위험부담(537)[30]

- **부당이득반환**[22,24,27,30,34,35] : 甲은 乙로부터 받은 계약금, 중도금을 부당이득으로 반환하여야 한다.
- **대상청구권**[29,31] : 乙은 甲의 채무가 이행불능이 됨으로써 얻은 대상(代償)(가령 수용보상금)에 대하여 그 상환을 청구할 수 있는바, 이 경우 乙 자신도 채무를 이행하여야 한다.

예외 : 채권자위험부담(538)

- **중간수입공제** : 채무자는 자기의 채무를 면함으로써 이익을 얻은 때에는 그 이익을 채권자에게 상환하여야[16] 한다(538②).
  (예) 매도인이 소유권이전등기의 비용을 부담하기로 약정한 경우 그 비용

3. **임의규정** : 위험부담에 관한 규정은 임의규정이므로 계약당사자는 위험부담에 관하여 민법규정과 달리[31] 정할 수 있다. 가령 쌍방에게 책임 없는 사유로 인한 불능의 위험을 채권자가 부담하기로 하는 특약도 유효하다.

대상청구권(代償請求權)   p.75 참고

1. **의의** : 대상청구권이란 채무의 이행을 불능케 하는 사유로 채무자가 이행의 목적물에 갈음하는 이익 (가령 수용보상금이나 화재보험금 등)을 얻은 경우, 채권자가 채무자에게 그 이익의 상환을 청구할 수 있는 권리를 말한다. 민법에는 대상청구권을 인정하는 규정이 없으나, 판례는 이를 인정하고 있다.
2. **행사방법** : 소유권이전등기의무의 목적부동산이 수용되어 그 소유권이전등기의무가 이행불능이 된 경우, 등기청구권자는 등기의무자에게 대상청구권의 행사로써 등기의무자가 지급받은 수용보상금의 반환을 구하거나 또는 등기의무자가 취득한 수용보상금청구권의 양도를 구할 수 있을 뿐 그 수용보상금청구권 자체가 등기청구권자에게 귀속되는 것은 아니다.
3. **반대급부의 이행** : 채권자가 대상청구권을 행사하는 경우에는 자신의 채무도 이행하여야 한다.

Ⅲ. 제3자를 위한 계약

1. **의의(539)** : 계약의 당사자가 아닌 제3자로 하여금 계약상의 권리를 취득하게 하는 내용의 계약

13,15,15+,17,22,24,25,26

【사례】부동산을 매매하면서 매매대금을 매수인이 매도인의 채권자에게 지급하기로 약정한 경우

부동산을 매매하면서 매도인과 매수인 사이에 중도금 및 잔금은 매수인이 매도인의 채권자에게 직접 지급하기로 약정한 경우, 그 약정은 제3자를 위한 계약에 해당하고 동시에 매수인이 매도인의 제3자에 대한 채무를 인수하는 병존적(=중첩적) 채무인수에도 해당한다.

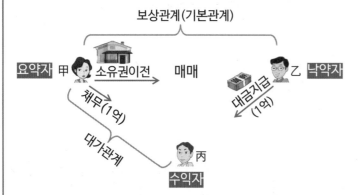

Time line

① 甲과 乙이 매매계약을 체결하면서 매매 대금은 乙이 甲의 채권자인 丙에게 직접 지급하기로 약정
  → 제3자를 위한 계약성립

② 乙이 丙에게 수익 여부의 확답을 최고 [32]
  [20,29]

③ 丙이 乙에게 수익의 의사표시를 하면 매매대금채권 취득 [17,25,32]

2. **성립요건**

 (1) 당사자 사이에 유효한 계약이 성립할 것

 (2) 제3자 약관(=제3자 수익조항)이 존재할 것

  1) 제3자의 수익의 의사표시는 자신의 권리발생요건일 뿐 제3자를 위한 계약의 성립요건이나 효력요건이 [20] 아니다.

  2) 제3자는 계약의 당사자가 아니므로(계약의 당사자는 요약자와 낙약자임), 계약성립 당시에 현존하거나[27] 특정되어 있을 필요가 없다. 따라서 태아나 설립 중의 법인도 제3자가 될 수 있다.
  [16,33] [13]

  3) 계약의 당사자가 제3자에 대해 가진 채권에 관하여 그 채무를 면제하는 계약도 제3자를 위한 계약에 준하는 것으로서 유효하다.
  [16,28]

3. **효력**

 (1) 제3자(수익자) ( )의 지위

  1) 수익의 의사표시를 하기 전

   ① 제3자는 낙약자에게 수익의 의사표시를 하여 채권을 취득할 수 있는 지위를 가진다. 제3자의 이러한 지위는 일신전속권이 아니므로 양도, 상속, 채권자대위의 대상이 된다.
   [24]

   ② 낙약자의 최고에 대해 제3자가 확답을 하지 않으면 수익을 거절한 것으로 본다(540).
   [22,25,27]

  2) 수익의 의사표시를 한 후

   ① **권리취득(539②)** : 제3자는 낙약자에 대하여 직접 채권을 취득한다. 따라서 낙약자에게 직접 이행을[17,25] [24,28,30,32] 청구할 수 있을 뿐만 아니라 낙약자의 채무불이행 시 그로 인한 손해배상을 청구할 수도 있다. 한편[13,15+,16,22,30,31,34] 요약자가 낙약자의 채무불이행을 이유로 계약을 해제한 후에도 제3자는 낙약자에 대해 채무불이행[30,31,34] 으로 인한 손해배상을 청구할 수 있다(계약의 해제나 해지는 손해배상청구에 영향을 미치지 않으므로(551)).

   ② **권리의 확정(541)** : 제3자가 수익의 의사표시를 하여 권리가 발생한 후에는 요약자와 낙약자의 합의에 의하여 제3자의 권리를 변경·소멸시킬 수 있음을 미리[35] 유보하였거나 제3자의 동의가 있는 경우가 아니면 요약자와 낙약자는 임의로(당사자 간의 합의로) 제3자의 권리를 변경(가령 대금감액)시키거나[13,15+,27] [15] 소멸(가령 합의해제)시키지 못한다. 가령 당사자는 제3자의 권리가 생긴 후에는 합의해제를 할 수 없고,[13,20,26] [22,31] 설사 합의해제를 하더라도 이미 제3자가 취득한 권리에는 아무런 영향을 미치지 못한다

③ **계약의 당사자가 아니다.**

  ⊙ **취소권×, 해제권×**[22,35] [13,15,15+,17,20,24,26,27,28,31,32,33,34] : 제3자는 계약당사자가 아니므로 계약에 취소사유나 해제사유가 있더라도 자신이 계약을 취소하거나 해제할 수는 없다.

  ⓛ **원상회복청구권×, 원상회복의무×**[16,15+,28,29] [22,24,25,26,30,34,35] : 계약이 해제된 경우 그 계약관계의 청산은 계약당사자인 요약자와 낙약자 사이에서 이루어져야 하므로, 낙약자가 이미 제3자에게 급부한 것이 있더라도 낙약자는 제3자를 상대로 계약해제에 기한 원상회복이나 부당이득반환을 청구하지 못한다. [30,31,34,35]

④ **제3자 보호규정의 제3자가 아니다.**[15,15+,30] : 가령 제3자를 위한 계약이 허위표시로 이루어진 가장행위인 경우 수익자는 선의라도[15+] 허위표시의 제3자로서 보호받지 못한다(새로운 이해관계를 맺은 것이 아니기 때문). 즉 가장매매의 매수인은 선의의 수익자에 대해 매매의 무효를 들어 대금지급을 거절할 수 있다.

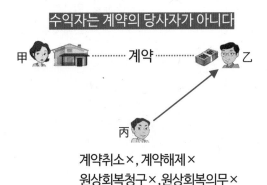

수익자는 계약의 당사자가 아니다

계약취소×, 계약해제×
원상회복청구×, 원상회복의무×
손해배상청구○

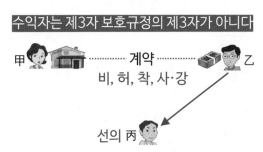

수익자는 제3자 보호규정의 제3자가 아니다

비, 허, 착, 사·강

선의 丙

甲과 乙은 계약의 무효나 취소로
선의의 丙에게 대항할 수 있다.

가령 甲, 乙 간의 계약이 가장매매로서 무효인 경우
乙은 선의의 丙에게도 매매계약의 무효를 주장하여
대금지급을 거절할 수 있다. → p.29

(2) **요약자()의 지위**

  1) **계약의 당사자** : 요약자는 수익자의 권리가 확정된 이후에도 착오나 사기·강박을 이유로 계약을 취소할 수 있고[17,29,33,34,35], 낙약자의 채무불이행 시 수익자의 동의 없이 계약을 해제할 수 있다.[25,34]

  2) **항변사유** : 요약자는 대가관계의 부존재나 효력상실을 이유로 자신이 기본관계에 기하여 낙약자에게 부담하는 채무의 이행을 거부할 수 없다.[30]

(3) **낙약자()의 지위**

낙약자는 수익자의 이행청구에 대하여 기본관계(=보상관계, 요약자와 낙약자의 관계)[33]에 기한 항변 [20,28,29] (예) 계약의 무효·취소·해제의 항변[24,26,27,31] 동시이행의 항변 으로 대항할 수 있지만, 대가관계(=요약자와 수익자의 관계)[16,17,25,34,35]에 기한 항변으로는 대항할 수 없다.

보상관계(기본관계)

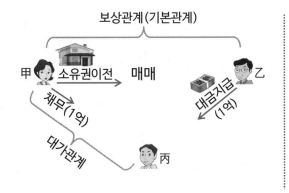

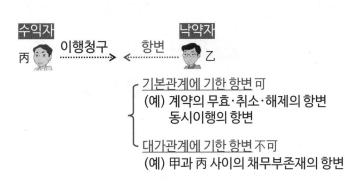

기본관계에 기한 항변 可
(예) 계약의 무효·취소·해제의 항변
    동시이행의 항변

대가관계에 기한 항변 不可
(예) 甲과 丙 사이의 채무부존재의 항변

4 계약의 해제

Ⅰ. 서설

1. **의의** : 계약의 해제란 유효하게 성립한 계약을 당사자의 <u>일방적 의사표시</u>에 의하여 소급적으로 소멸시켜 <u>계약이 없었던 것과 같은 상태로 복귀시키는 것</u>을 말한다.

단독행위, 형성권

채권·채무 소멸 + 물권복귀

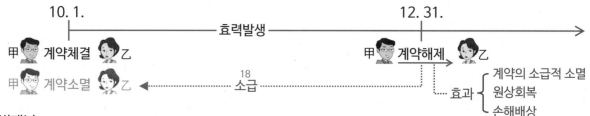

2. **구별개념**

(1) **합의해제(=해제계약)** : 당사자 쌍방의 합의에 의해 계약의 효력을 소멸시키기로 하는 새로운 계약으로[22] 합의해제의 효력은 합의의 내용에 따라 결정되므로 해제에 관한 민법규정이 적용되지 않는다.[14]

 1) **이자** : 합의해제로 인해 반환할 금전에는 그 받은 날로부터의 이자를 가하여야 할 의무가 없다.[26,27,29,30,31,32]

 2) **손해배상** : 합의해제의 경우는 특약이 없는 한 채무불이행으로 인한 손해배상을 청구할 수 없다.[15,24,29,30,31,32]

 3) **제3자 보호** : 합의해제의 경우에도 해제 시 제3자 보호규정(548① 단서)은 적용된다.[25,30,31,32]

(2) **해제조건** : 장래의 불확실한 사실이 일어나면 계약의 효력을 자동적으로 소멸시키는 계약의 부관으로 해제조건이 성취되면 별도의 의사표시 없이 장래를 향하여 계약의 효력이 소멸된다

(3) **해지**

 1) **의의** : 계속적 계약의 효력을 당사자의 일방적 의사표시에 의해 장래를 향하여 소멸시키는 것

 2) **효과** : 계약은 장래를 향하여 실효되므로 원상회복의무는 발생하지 않고 청산의무가 발생한다.[13,23]

 3) **특징** : 해지는 계속적 계약에서 채무자가 채무의 내용에 좋은 이행을 시작한 후에만 문제된다. 가령 임차인이 임차목적물을 명도받아 점유를 계속하여 온 경우에는 임차물에 있는 법률적 제한으로 말미암아 임차의 목적을 달성할 수 없어 임대인의 담보책임을 묻더라도 계약의 효력을 장래에 향하여 소멸케 하는 해지를 할 수 있으나 그 효력을 소급적으로 소멸시키는 해제를 할 수는 없다.

Ⅱ. 해제권의 발생

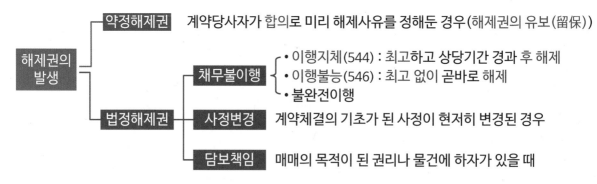

1. **약정해제권**[24]

(1) **의의** : 당사자의 특약에 의해 발생한 해제권. 즉 당사자가 합의로 미리 해제사유를 정해둔 경우

 1) **예** : 건축을 목적으로 토지매매계약을 체결하면서 건축허가신청이 불허되면 매수인이 일방적으로 매매계약을 해제할 수 있도록 약정한 경우

 2) **법정해제권과의 관계** : 약정해제권의 유보는 채무불이행으로 인한 법정해제권의 성립에 아무런 영향을[20] 미치지 않는다(약정사유 발생 여부와 상관없이 채무불이행 등 법정사유가 생기면 법정해제권을 행사할 수 있다는 의미).

(2) **해제권행사의 방법** : 법정해제권 행사와 동일하다(일방적 의사표시). 단, 최고는 요하지 않는다.

(3) **해제의 효과** : 계약은 소급하여 소멸하고 원상회복의무가 생긴다. 단, 손해배상청구는 할 수 없다.[18]

2. 법정해제권

(1) 채무불이행

1) 이행지체 : 채무자의 귀책사유로 인한 이행지체 + 최고 + 상당한 기간 내 이행× → 해제권 발생[14,15+,17,18,33]
(544, 545)

① **최고기간** : 최고는 반드시 미리 일정한 기간을 명시하여 하여야 하는 것은 아니고[28], 최고한 때로부터 상당한 기간이 경과하면 해제권이 발생한다. 따라서 기간이 상당하지 않거나 기간을 정하지 않은 최고도 최고로서의 효력은 있고 객관적으로 상당한 기간이 경과하면 해제권이 발생한다.

② **과다최고** : 과다한 정도가 현저하고 청구한 금액을 제공하지 않으면 수령하지 않을 의사가 분명한 경우, 그 최고는 부적법하고 이러한 최고에 터잡은 해제는 효력이 없다.

③ **최고를 요하지 않는 경우**
  ㉠ **이행거절(544 단서)** : 채무자가 미리 이행하지 않을 의사를 표시한 경우에는 최고 없이 해제할 수 있다.[17,18,21,31] 단, 그 이행거절의 의사표시가 적법하게 철회된 경우에는 다시 최고를 해야 한다.[20]
  ㉡ **정기행위(545)** : 일정한 기간 내에 이행하지 않으면 계약의 목적을 달성할 수 없는 경우(가령 결혼식에 입을 예복을 주문한 경우나 연회를 위한 요리를 주문한 경우)에는 이행지체가 있으면 즉시(=최고 없이)[14,28] 해제권이 발생한다. 단, 최고를 요하지 않을 뿐 해제의 의사표시는 필요하다.[19,26]
  ㉢ **특약** : 최고를 요하지 않는다는 특약이 있는 경우

④ **관련문제(매매목적 부동산에 대한 저당권이나 가압류가 말소되지 않은 경우)** : 매매목적물인 부동산에 대한 저당권설정등기나 가압류등기가 말소되지 않았다고 하여 바로 매도인의 소유권이전등기의무가 이행불능으로 되었다고 할 수 없으므로, 매수인이 매도인에게 상당한 기간을 정하여 그 이행을 최고하고 그 기간 내에 이행하지 않은 때에 한하여 계약을 해제할 수 있다.

2) 이행불능 : 채무자의 귀책사유로 인한 이행불능 → 곧바로 해제권 발생(p.18)
(546)

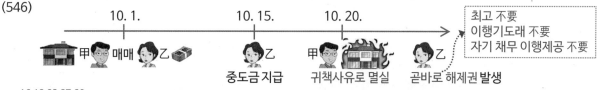

① **채무자의 귀책사유에 의한 불능일 것**[16,18,23,27,29] : 매도인의 소유권이전의무가 매수인의 귀책사유로 인해 이행불능이 된 경우에는 매수인은 계약을 해제할 수 없다. → 위험부담의 문제(p.121) : 매수인이 위험부담[14,18,19,20,21,29]

② **최고 不要** : 이행불능의 경우에는 이행지체와는 달리 최고 없이 곧바로 해제권이 발생한다.

③ **자기 채무 이행제공 不要** : 가령 위의 경우 매수인은 매매대금 제공 없이 계약을 해제할 수 있다.[22,25,31]

3) 불완전이행 : ① 추완(追完, 완전한 이행을 의미)이 가능한 경우에는 이행지체에 준하고(최고 후 상당한 기간이 경과해야 해제 可), ② 추완이 불가능한 경우는 이행불능에 준한다(최고 없이 곧바로 해제 可).

4) 부수적 채무 불이행 : 채무불이행을 이유로 계약을 해제하려면 불이행된 당해 채무가 주된 채무이어야 하고, 부수적 채무의 불이행만으로는 해제권이 생기지 않는다.[14,19]
① **상가분양회사의 영업권보호채무는 주된 의무** : 불이행 시 분양계약 해제○
② **토지거래허가신청절차 협력의무는 부수적 의무** : 위반해도 계약해제×, 손해배상청구는○ → p.46[20]

(2) 사정변경[15+] : 판례는 사정변경으로 인한 계약해제를 인정한다. 즉 계약성립 당시 예견할 수 없었던 현저한 사정변경이 발생하였고, 그러한 사정변경이 해제권을 취득하는 당사자의 책임 없는 사유로 생긴 것으로, 그 사정이 계약의 기초가 되었던 객관적인 사정이라면(주관적·개인적 사정은 제외) 계약준수 원칙의 예외로서 사정변경으로 인한 계약해제가 인정된다. (단, 지방자치단체로부터 매수한 토지가 공공공지에 편입되어 매수인이 의도한 음식점 건축이 불가능하게 되었더라도 이는 매매계약을 해제할 만한 객관적인 사정변경에 해당하지 않는다.)

Ⅲ. 해제권의 행사

1. 해제권행사의 방법(543)
 (1) 일방적 의사표시 : 해제권의 행사는 상대방에 대한 일방적 의사표시로 한다.
 (2) 조건× : 해제는 단독행위이므로 원칙적으로 조건을 붙일 수 없다.[16]
 (3) 철회× : 해제의 의사표시는 (상대방에게 도달하면) 철회하지 못한다. [27]

> 일방 당사자의 계약위반을 이유로 상대방이 계약을 해제한 경우
> 계약을 위반한 당사자도 상대방의 해제로 계약이 소멸되었음을
> 들어 계약상의 의무이행을 거절할 수 있다. [15,22,34]
>
>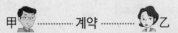
> 甲 ·········· 계약 ·········· 乙
> ① 계약위반   ② 계약해제
> ④ 이행거절 可   ③ 계약이행청구

2. 해제권의 불가분성(547) : 당사자가 수인인 경우
 (1) 행사상의 불가분성 : 해제권의 행사는 전원으로부터 또는 전원에 대하여 하여야 한다.[13,20,26,28,29,31]
 (2) 존속상의 불가분성 : 당사자 1인의 해제권이 소멸하면 다른 당사자의 해제권도 소멸한다.[27]
 (3) 임의규정 : 제547조는 임의규정이므로 당사자의 특약에 따라 가분적 해제도 가능하다.

Ⅳ. 해제의 효과

1. **계약의 소급적 소멸**[24]
 ┌─ (1) 채권·채무 소멸 ┤ 이행하지 않은 급부는 이행할 필요가 없다.
 │   └ 이미 이행된 급부는 부당이득으로 반환하여야 한다(원상회복).
 └─ (2) 물권의 당연복귀 : 계약이 해제되면 계약의 이행으로 변동이 생겼던 물권은 말소등기 없이도 당연히 계약 전의 상태로 복귀한다.[13,14,15,33] → p.61

2. **원상회복**(548)
 ┌─ (1) 의의·성질 : 각 당사자가 상대방을 계약이 없었던 원상태로 회복시키는 것 / 부당이득반환
 ├─ (2) 범위
 │   1) 원상회복 : 이익의 현존 여부나 선의·악의를 불문하고 받은 이익의 전부를 반환한다.[15+,16,24][24][15+]

甲 금전 + 이자[13,16,35]   乙 물건 + 과실 (사용이익)[31,34][35]
                                     감가비는 반환×

반환 [13,14,18,25,26,27] 반환
→ 동시이행 ← (549)

> 이때의 이자는 부당이득반환이지 반환의무의 이행지체로 인한 손해배상이 아니므로, 양 당사자의 원상회복의무가 동시이행관계에 있는지 여부와 관계없이 **반환할 금전에 법정이자를 부가하여 지급하여야 한다.**[15]

 │   2) 과실상계× : 해제로 인한 원상회복의무의 이행에는 과실상계가 적용되지 않는다.[34]
 └─ (3) 제3자 보호 : 계약해제로 인한 원상회복을 이유로 제3자의 권리를 해하지 못한다.
     1) 548① 단서의 제3자 : 해제된 계약으로 생긴 법률효과를 기초로 하여 해제 전에 새로운 이해관계를 가졌을 뿐만 아니라 등기나 인도 등으로 <u>완전한 권리를 취득한 자</u>(선·악 불문)
                          대항력 있는 권리(절대적 권리)
     2) 제3자 범위 확대 : 계약해제 후 해제로 인한 원상회복등기(말소등기)가 이루어지기 전에 이해관계를 가진 선의의 제3자도 계약해제로부터 보호되는 제3자에 포함된다.[14,15,15+21,24]

채무불이행
3. ↓ **손해배상**(390)
 ┌─ (1) 해제와 손해배상의 관계 : 양자는 양립할 수 있다.[13,14,16,28,31]
 │   계약의 해제는 손해배상청구에 영향을 미치지 않는다(551). 따라서 채무불이행을 이유로 계약을 해제하여 원상회복을 받은 경우에도 그것으로 전보되지 않은 손해에 대하여서는 다시 그 배상을 청구할 수 있다.[13,18]
 └─ (2) 손해배상의 내용 : [원칙] 이행이익[14] 배상, [예외] 신뢰이익 배상
     채무불이행을 이유로 계약해제와 아울러 손해배상을 청구하는 경우에는 그 계약의 이행으로 인하여 채권자가 얻을 이익, 즉 이행이익의 배상을 구하는 것이 원칙이지만(p.116), 그에 갈음하여 계약이 이행되리라고 믿고 채권자가 지출한 비용, 즉 신뢰이익의 배상을 구할 수도 있다. 단, 그 신뢰이익은 이행이익의 범위를 초과할 수 없다(과잉배상금지원칙).

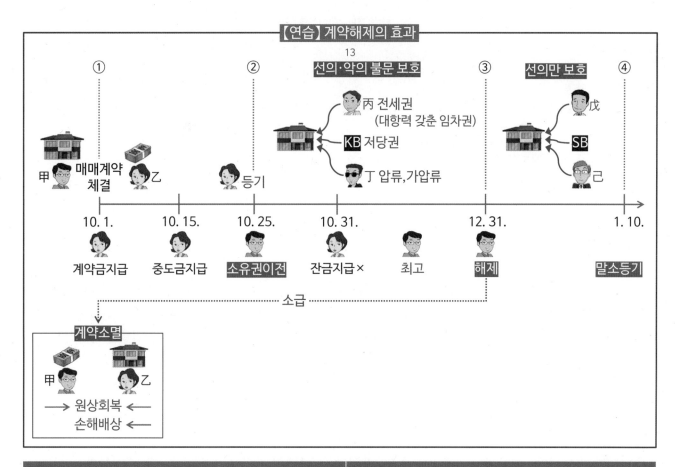

【연습】계약해제의 효과

계약의 해제로부터 보호받는 자	계약의 해제로부터 보호받지 못하는 자
• 매수인으로부터 목적물을 매수하여 소유권이전등기를 경료한 자 21,27,33 • 매수인과 매매예약을 체결한 후에 소유권이전청구권 보전을 위한 가등기를 마친 자 27,35 • 매수인의 재산이 된 계약의 목적물을 가압류한 가압류채권자 15,23,30,35 • 매수인과 전세권설정계약을 체결하고 전세권설정등기를 한 자 15 • 매수인 명의로 소유권이전등기가 된 주택을 임차하여 주택의 인도와 주민등록을 마침으로써 주택임대차보호법상의 대항요건을 갖춘 임차인 15,23,27,35 • 매수인 명의로 소유권이전등기가 된 목적물에 관하여 저당권을 취득한 자 15,35	• 매수인으로부터 목적물을 증여받은 후 소유권이전등기를 마치지 않은 수증자 23 • 주택소유권을 취득한 매수인으로부터 주택을 임차한 후 대항요건을 갖추지 않은 임차인 27 • 미등기·무허가건물을 매수하고 무허가건물관리대장에 소유자로 등재된 자 • 계약상의 채권을 양수한 자 26,30 • 계약상의 채권을 양수하여 이를 피보전권리로 하여 처분금지가처분결정을 받은 자 15,23,30 • 계약상의 채권을 압류 또는 전부(轉付)한 자 23 • 매수인의 소유권이전등기청구권을 압류한 자 35 • 제3자를 위한 계약에서의 수익자

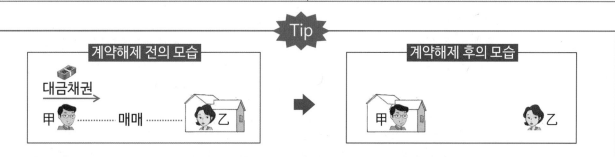

계약의 해제로부터 보호받는 민법 제548조 제1항 단서의 제3자가 되기 위해서는 계약이 해제되면 소멸해 버리는 계약상의 채권에 이해관계를 가질 것이 아니라(가령 채권양도나 채권압류) 계약이 해제되더라도 사라지지 않는 계약상의 목적물(토지나 건물 등)에 완전한 권리를 취득하여야 한다.

제2장 계약 각론

1 매매

I. 서설

1. 의의, 성질(563) : 재산권이전과 대금지급의 합의에 의해 성립하는 낙성[22,33,34]·불요식[34]·쌍무[26]·유상계약[22]

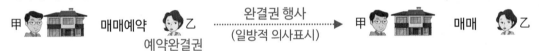

2. 목적

 (1) **재산권이전**[14,19,20] : 타인의 물건이나 권리에 대한 매매계약도 유효하다(채권행위·의무부담행위).[34] → p.14

 (2) **대금지급** : 매매대금은 금전에 한한다. 반대급부가 금전이 아니라면 매매가 아니라 교환이다.

II. 매매의 성립

1. 합의

 (1) **합의사항** : 매매계약은 재산권이전과 대금지급의 합의로 성립한다. 매매계약 체결 당시 목적물과 대금이 구체적으로 확정되지 않았더라도 그 확정방법과 기준이 정하여져 있으면 계약이 성립할 수 있다.[19,22] 계약비용, 이행기, 변제장소 등 부수적 사항에 관한 합의가 없더라도 매매계약은 성립할 수 있다.

 (2) **당사자의 특정** : 매매계약은 성립 당시에 당사자가 누구인지가 구체적으로 특정되어야 성립할 수 있다.

 (3) **계약비용** : 당사자 쌍방이 균분하여 부담한다(566).[20,24,25,26,34] → 임의규정이므로 다른 특약도 가능하다.
   * 등기비용은 계약비용이 아니라 변제비용(=채무이행비용)이다.[24]

2. 매매의 예약

 (1) **의의** : 장래 매매계약을 체결할 것을 미리 약속하는 계약(채권계약)[19] / 매매의 형식에 의한 채권담보수단[21,28]

 (2) **종류** : 쌍무예약·편무예약 / 쌍방예약·일방예약 → 매매의 예약은 일방예약으로 추정한다.

 (3) **매매의 일방예약(564)**

  1) **의의** : 예약당사자 중 일방만 예약완결권을 갖기로 한 경우 → 일방의 완결권 행사로 매매의 효력 발생[15+,24,28]

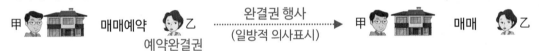

  2) **성립요건** : 매매의 일방예약은 당사자 일방이 완결의 의사표시를 한 때 매매의 효력이 생기는 것이므로 적어도 매매의 일방예약이 성립하려면 그 예약에 터잡아 맺어질 본계약의 요소가 되는 매매목적물, 이전방법, 매매가액, 지급방법 등의 내용이 확정되어 있거나 확정할 수 있어야 한다.[34]

  3) **예약완결권**

   ① **의의** : 예약완결의 의사표시를 하여 본계약을 성립시킬 수 있는 권리

   ② **성질** : 형성권[33] / 양도성○[33] / 부동산물권의 이전에 대한 예약완결권은 가등기할 수 있다.[21]

   ③ **행사기간**

    ㉠ 행사기간을 약정한 때에는 그 기간 내에, 약정이 없는 때에는 예약이 성립한 때로부터 10년 내에[34] 행사해야 하고, 그 기간이 지나면 예약완결권은 제척기간의 경과로 소멸한다.[15+,20,26,28]

    ㉡ 상대방이 예약목적물인 부동산을 인도받은 경우에도 예약완결권은 제척기간의 경과로 소멸한다.[21,34]

    ㉢ 제척기간의 경과 여부는 법원의 직권조사사항이다.[21,28,33]

    ㉣ 행사기간을 약정하지 않은 경우 예약자는 상당한 기간을 정하여 매매완결 여부의 확답을 완결권자에게 최고할 수 있고, 그 기간 내에 확답을 받지 못하면 예약은 효력을 잃는다(564②③).

    ㉤ 당사자 사이에 약정하는 예약완결권의 행사기간에는 특별한 제한이 없다(10년 초과 可).[33]

   ④ **행사방법**

    ㉠ 형성권이므로 상대방에 대한 일방적 의사표시로 행사하고, 상대방의 승낙은 요하지 않는다.[33]

    ㉡ 예약목적물이 제3자에게 양도된 경우에도 완결권의 행사는 원래의 예약의무자(=양도인)에게 하여야 하고, 가등기에 따른 본등기청구도 양도인에게 하여야 한다.[15+]

   ⑤ **행사의 효과** : 자동적으로 본계약(매매)이 성립한다. 예약완결권이 가등기된 후에 목적부동산이 양도된 경우, 가등기에 기한 본등기가 경료되면 양수인 명의의 이전등기는 등기관에 의해 직권말소된다.

3. 계약금(★)

(1) **의의** : 계약을 체결할 때 당사자 일방이 상대방에게 교부하는 금전 기타 유가물

(2) **계약금계약**

  1) **종된 계약** : 계약금계약은 주된 매매계약에 부수하여 체결되는 종된 계약이다.[20,23,24,27,28] 그러나 매매계약과 반드시 동시에 체결될 필요는 없고,[19,23] 매매계약 성립 후에 교부된 계약금도 계약금으로서의 효력이 있다. 또한 매매계약이 무효이거나 취소되면 계약금계약도 효력을 잃는다.[29]

  2) **요물계약** : 계약금계약은 금전 기타 유가물의 교부를 요건으로 하는 요물(要物)계약이다.[20,23,24,25] 따라서 계약금을 지급하기로 약정만 하였거나[19,25] 계약금의 일부만 지급한 단계에서는 아직 계약금으로서의 효력이[28,29,31] 생기지 않으므로, 당사자가 임의로 주계약인 매매계약을 해제할 수 없다.

(3) **계약금의 종류(기능, 성질)**

  1) **증약금** : 계약성립의 증거로서의 의미를 가지는 계약금 / 계약금은 언제나 증약금의 성질을 가진다.[18,29]

  2) **해약금** : 해제권을 유보하는 작용을 하는 계약금 / 계약금은 다른 약정이 없는 한 해약금으로 추정된다.[24,25,26,30,31]

  3) **위약금** : 손해배상액의 예정으로서의 계약금 / 계약금은 특약이 있을 때에만 위약금의 성질을 가진다.[15+,27,28]

    ① **계약금을 위약금으로 하는 특약** : 교부자가 계약을 위반하면(=채무불이행) 수령자는 계약금을 몰수하고[15] 수령자가 계약을 위반하면 배액을 상환한다는 약정 → 계약금은 해약금과 위약금의 성질을 겸유[15]

    ② **특약이 있는 경우** : 실제 손해가 계약금을 초과하더라도 초과부분에 대한 손해배상청구 不可

    ③ **특약이 없는 경우** : 채무불이행 시 실제 손해만 배상받을 수 있을 뿐[15+] 계약금을 위약금으로 몰수할 수 없다.[15+,18]

(4) **계약금(해약금)에 의한 계약해제(565)**

  1) **해제의 요건**

    ① **계약금 포기 또는 배액상환** : 교부자는 계약금을 포기해야 하고, 수령자는 계약금의 배액을 상환해야 한다.[23] 매도인이 계약을 해제하는 경우에 계약해제의 의사표시 외에 계약금 배액의 이행제공이 있으면 족하고,[15+,18] 매수인이 이를 수령하지 않는다 하여 계약금의 배액을 공탁해야 하는 것은 아니다.[15+,20,30]

    ② **일방의 이행착수 전** : 계약금에 의한 해제는 당사자의 일방이 이행에 착수하기 전까지만 할 수 있다.

      ㉠ **이행착수** : 이행착수란 이행행위의 일부를 행하거나 이행에 필요한 전제행위를 행하는 것으로 단순히 이행의 준비를 하는 것만으로는 부족하다.[15,18]

이행착수○ → 계약금해제 不可	이행착수× → 계약금해제 可
• 매수인이 중도금을 지급한 것[25,27,28,29] • 매수인이 중도금지급에 갈음하여 제3자에 대한 대여금채권을 매도인에게 양도한 것[34]	• 매도인이 잔금지급청구소송을 제기한 것[22,26] • 토지거래허가신청절차 협력의무이행의 소를 제기하여 승소판결을 받거나 토지거래허가를 받은 것[26,31]

      ㉡ **당사자의 일방** : 매도인이 계약의 이행에 전혀 착수한 바가 없다 하더라도 매수인이 중도금을 지급하여 이행에 착수한 이상 매수인은 계약금을 포기하고 매매계약을 해제할 수 없다.[15,19,22,29]

      ㉢ **이행기 전의 이행착수** : 이행기의 약정이 있는 경우라도 당사자가 이행기 전에는 이행에 착수하지 않기로 하는 특약을 하는 등 특별한 사정이 없는 한 이행기 전에 이행에 착수할 수 있다.[25,30,31,34]

    ③ **임의규정** : 제565조는 임의규정이므로 당사자가 위 조항의 해약권을 배제하기로 하는 약정을 하였다면 더 이상 그 해제권을 행사할 수 없다.[20,22,27,28]

  2) **해제의 효과**

    ① **계약의 소급적 소멸** : 계약상의 채권·채무는 소급적으로 소멸한다.

    ② **원상회복×** : 이행착수 전의 해제이므로 원상회복의 문제가 생기지 않는다.[20,26]

    ③ **손해배상×** : 채무불이행으로 인한 해제가 아니므로 손해배상의 문제가 생기지 않는다(565②).[15,20,22,23,27,28]

  3) **계약금과 법정해제권의 관계** : 계약금의 수수는 법정해제권의 행사에 영향을 미치지 않는다. 즉 계약금의 교부로 약정해제권이 유보된 경우에도 당사자 일방의 채무불이행이 있으면 상대방은 이를 이유로 계약을 해제하고 손해배상을 청구할 수 있다.[15,22,25,29]

Ⅲ. 매매의 효력

1. 일반적 효력

재산권이전 (매도인)

1) **완전한 재산권이전** : 매매목적부동산에 저당권이나 가압류가 있는 경우, 매도인은 저당권이나 가압류를 말소하여 완전한 소유권을 이전해 주어야 한다.[17][19,21] 이 경우 저당권이나 가압류의 말소의무도 매수인의 대금지급의무와 동시이행관계에 있다.

2) **타인 권리를 매매한 경우(569)** : 매도인은 그 권리를 취득하여 매수인에게 이전해 주어야 한다.[25]

3) **과실의 귀속(587)**
① **원칙** : 매매계약 후에도 아직까지 인도하지 않은 목적물로부터 생긴 과실은 매도인에게 속한다.[13,14,26,30]
② **예외** : 목적물이 인도되기 전이라도 매수인이 매매대금을 완납한 때에는 그 이후의 과실은 매수인에게 속한다.[19,20,30,34]

대금지급 (매수인)

1) **대금지급시기(585)** : 매수인의 대금지급은 매도인의 목적물인도와 동일한 기한이 있는 것으로 추정한다.[14,25]

2) **대금지급장소**
① **원칙(467②)** : 매도인의 현주소(지참채무의 원칙)
② **특칙(586)** : 목적물의 인도와 동시에 대금을 지급할 경우에는 그 인도장소가 대금지급장소가 된다.[14,24,25,26]

3) **대금의 이자(587)** : 매수인은 목적물을 인도받은 날로부터 대금의 이자를 지급하여야 한다.[14,30]

4) **대금지급거절(588)** : 목적물에 대해 권리를 주장하는 자가 있어 매수인이 매수한 권리를 잃을 염려가 있는 때에는 그 위험의 한도에서 대금지급을 거절할 수 있다.[13,14] (예) 매매계약 체결 후 타인 소유임이 밝혀진 경우, 저당권이 설정된 부동산을 매매한 경우 → p.139

2. 매도인의 담보책임(★)

(1) **의의** : 매매의 목적물인 권리나 물건에 하자가 있는 경우 매도인의 귀책사유 유무에 관계없이 매도인이 매수인에 대하여 부담하는 법적 책임

매도인 ——— 유상계약의 등가성(等價性) ——— 매수인

매도인 ——— 하자 ——— 매수인
대금감액청구, 계약**해**제, **손**해배상청구

(2) **성질**

1) **무과실책임** : 매도인의 담보책임은 매도인의 귀책사유(고의나 과실)를 요건으로 하지 않는다.[30]

> **과실상계 적용×** : 매도인의 담보책임은 법이 특별히 인정한 무과실책임으로 여기에 민법 제396조의 과실상계 규정이 준용될 수는 없다 하더라도, 공평의 원칙상 하자의 발생 및 확대에 가공한 매수인의 잘못을 참작하여 손해배상의 범위를 정함이 상당하다(판례).[16,28]

2) **임의규정** : 당사자 간의 합의로 매도인의 담보책임을 민법규정보다 가중, 감경, 면제할 수 있다.
① **담보책임면제 특약** : 담보책임에 관한 규정은 임의규정이므로 당사자는 특약으로 매도인의 담보책임을 면제할 수 있다. 단, 매도인이 알고 고지하지 않은 사실에 대하여는 책임을 면하지 못한다.[25,28]
② **담보책임면제의 예** : 매수인이 매매목적물에 관한 저당권의 피담보채무를 인수하는 것으로 매매대금의[15] 지급에 갈음하기로 약정한 경우에는 특별한 사정이 없는 한 매수인은 매도인에 대하여 제576조의 담보책임을 면제해 주었거나 포기한 것으로 본다.

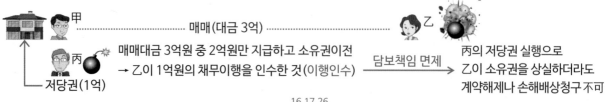

甲 ——— 매매(대금 3억) ——— 乙

丙 저당권(1억)

매매대금 3억원 중 2억원만 지급하고 소유권이전 → 乙이 1억원의 채무이행을 인수한 것(이행인수) — 담보책임 면제 → 丙의 저당권 실행으로 乙이 소유권을 상실하더라도 계약해제나 손해배상청구 不可

(3) **내용** : 대금감액청구, 계약해제, 손해배상청구(이행이익배상) / 완전물급부청구(종류물매매의 경우)[16,17,26]

(4) **제척기간** : 권리의 하자의 경우는 1년, 물건의 하자의 경우는 6월 / 담보책임의 제척기간은 출소기간(出訴期間)이 아니므로 매수인은 재판상 또는 재판 외에서 권리행사를 할 수 있다.

(5) 권리의 하자에 대한 담보책임

암기 Tip 악의의 매수인에게도 인정되는 권리 : 전해 / 일대 / 저해손

유형	대금감액청구	계약해제	손해배상청구	제척기간
전부 타인의 권리		15,16,19,22,26,33 선의 · 악의	17 선의	없음
일부 타인의 권리	15+,20 22,33 선의 · 악의	선의	15+,18,20 선의	17,24,26 1년
수량부족 · 일부멸실	14,16,18,22,24,28,32 선의	14,28,32 선의	14,15,16,28,32 선의	14,15,28 1년
용익권능의제한		15,17,18,22,24,26,33 선의	선의	1년
저당권의실행		20,22,26,33 선의 · 악의	20,22,26 선의 · 악의	없음

1) 권리의 전부가 타인에게 속한 경우(570)

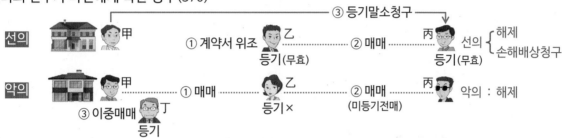

15,20
선의의 매도인의 해제권 특칙
(571)
매수인이 선의인 경우 : 선의의 매도인은 손해를 배상하고 계약을 해제할 수 있다.
매수인이 악의인 경우 : 선의의 매도인은 손해배상 없이 계약을 해제할 수 있다.

2) 권리의 일부가 타인에게 속한 경우(572)

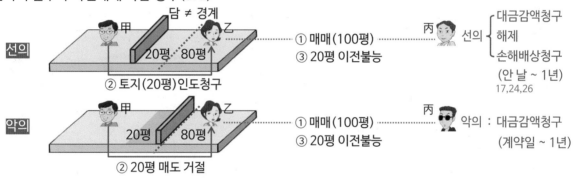

3) 목적물의 수량이 부족하거나 목적물의 일부가 계약 당시 이미 멸실된 경우(574)

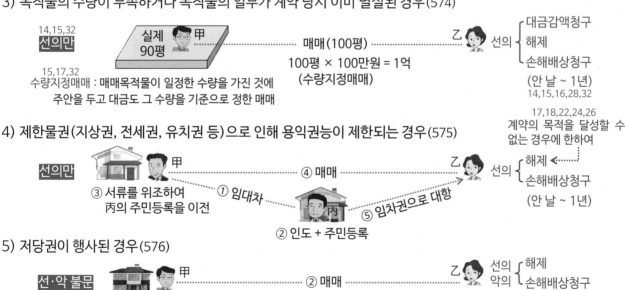

14,15,32
선의만

15,17,32
수량지정매매 : 매매목적물이 일정한 수량을 가진 것에
주안을 두고 대금도 그 수량을 기준으로 정한 매매

4) 제한물권(지상권, 전세권, 유치권 등)으로 인해 용익권능이 제한되는 경우(575)

선의만

5) 저당권이 행사된 경우(576)

저 = 가 = 가 公式
15,29
• 가등기의 목적이 된 부동산의 매수인이 가등기에 기한 본등기의 경료로 소유권을 상실한 경우
• 가압류의 목적이 된 부동산의 매수인이 가압류에 기한 강제집행으로 소유권을 상실한 경우
→ 매수인은 선·악을 불문하고 매매계약을 해제하고 손해배상청구를 할 수 있다.

(6) 물건의 하자에 대한 담보책임(하자담보책임)

유형	완전물급부청구	계약해제	손해배상청구	제척기간
특정물 매매		선의·무과실	선의·무과실	6월
종류물 매매	선의·무과실	선의·무과실	선의·무과실	6월

1) 요건

① 물건에 하자가 있을 것

㉠ 물건의 하자 : 물건의 하자란 매매목적물이 거래통념상 기대되는 객관적 성질이나 성능을 결여하거나 당사자가 예정 또는 보증한 성질을 결여한 것을 말한다.

(예) 매도인이 공급한 기계가 카탈로그와 검사성적서에 의해 보증한 성능을 갖추지 못한 경우[16]

㉡ 법률적 제한·장애 : 건축을 목적으로 매매된 토지에 건축허가를 받을 수 없어 건축이 불가능한 경우, 이와 같은 법률적 제한 내지 장애 역시 목적물의 하자에 해당한다. (예) 북한산 자연공원구역 편입 사건[23,28]

㉢ 하자의 존부 판단시기 : 매매계약 성립[16,17,23] 시를 기준으로 판단한다. (예) 자연공원구역 편입 → 하자×

② 매수인이 선의·무과실일 것[18] : 매수인이 악의나 과실이 있는 경우에는 담보책임을 물을 수 없다.[13,19,23]

2) 내용

① 특정물 매매(580)

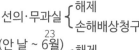

甲 ·········· 매매 ·········· 乙 선의·무과실 ┤ 해제 / 손해배상청구

② 종류물 매매(581)
(불특정물)

甲 ·········· 매매 ·········· 乙 (안 날 ~ 6월)[23] 선의·무과실 ┤ 해제 / 손해배상청구 / 완전물급부청구[18,31] ←···· 해제나 손해배상청구를 하지 않고

(7) 경매에 있어서의 담보책임(578)

1) 요건

① 권리의 하자일 것 : 경매에 있어서는 물건의 하자에 대한 담보책임은 인정하지 않는다.[16,23,29,34] (예) 주택의 파손[15+]

② 경매절차가 유효할 것 : 경매절차가 무효인 경우에는 담보책임이 인정될 여지가 없다.[15+,23,29] (예) 강제경매의 기초가 된 채무자 명의의 소유권이전등기가 무효등기여서 경락인이 소유권을 취득하지 못한 경우→ 부당이득의 법리에 따라[29] 배당금의 반환을 청구할 수 있을 뿐 담보책임은 성립×

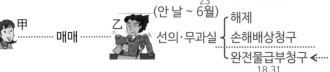
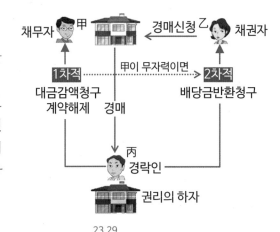

채무자 甲 / 경매신청 / 乙 채권자
1차적 ········· 甲이 무자력이면 ·········► 2차적
대금감액청구 / 계약해제 / 경매 / 배당금반환청구
丙 경락인 / 권리의 하자

2) 내용

① 책임의 주체 : 1차적으로 채무자가, 채무자가 무자력이면 2차적으로 배당채권자가 책임을 진다.[15+][23,29]

② 책임의 내용 : 계약해제, 대금감액청구

③ 손해배상의 특칙 : 원칙적으로 경락인에게 손해배상청구권이 인정되지 않으나, 채무자가 권리의 흠결을 알고 고지하지 않거나 채권자가 이를 알고 경매를 청구한 경우[15+]에는 예외적으로 그 흠결을 안 채무자나[23] 채권자에 대하여 손해배상을 청구할 수 있다.

(8) 담보책임과 다른 제도와의 관계

1) 착오와의 관계[31] : 착오와 담보책임은 경합한다. 매매계약 내용의 중요부분에 착오가 있는 경우, 매수인은 매도인의 하자담보책임이 성립하는지와 상관없이 착오를 이유로 매매계약을 취소할 수 있다. → p.31

2) 사기와의 관계[15,15+] : 사기와 담보책임은 경합한다. 매수인이 매도인의 기망에 의해 하자 있는 물건을 매수한 경우, 매도인에 대해 담보책임을 물을 수도 있고, 사기를 이유로 계약을 취소할 수도 있다. → p.33

3) 채무불이행책임과의 관계 : 채무불이행책임과 담보책임도 경합할 수 있다. 가령 타인의 권리의 매매에서 매도인의 의무가 매도인의 귀책사유로 인하여 이행불능이 되었다면 매수인은 매도인의 담보책임에 관한 제570조 단서 규정에 의해 손해배상을 청구할 수 없다 하더라도(매수인이 악의인 경우여서) 채무불이행 일반의 규정(제546조, 제390조)에 좇아서 계약을 해제하고 손해배상을 청구할 수 있다.

IV. 환매(還買)

1. **의의(590)** : 매도인이 매매계약과 동시에 환매할 권리를 보류해 두었다가 일정한 기간 내에 환매권을 행사하여 매매의 목적물을 도로 사오는 것 / 매매의 형식에 의한 채권담보의 수단

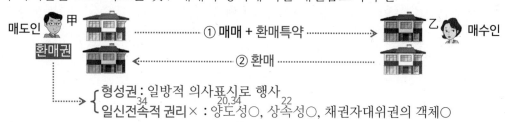

형성권 : 일방적 의사표시로 행사 [34]
일신전속적 권리× : 양도성○ [20,34], 상속성○ [22], 채권자대위권의 객체○

순위번호	등기목적	접수	등기원인	권리자 및 기타사항
1	소유권보존	2005년 6월 5일		소유자　甲
2	소유권이전	2021년 1월 10일	2021년 1월 8일 환매특약부매매	소유자　乙
2-1	환매특약	2021년 1월 10일	2021년 1월 8일 특약	환매대금　금100,000,000원 계약비용　금200,000원 환매기간　2025년 7월 8일까지 환매권자　甲

2. **요건**

(1) **환매의 목적물** : 부동산, 동산, 그 밖의 재산권 등 제한이 없다. [17,19,27,30,33,34]

(2) **환매특약의 시기(590①)** : 환매특약은 반드시 매매계약과 동시에 하여야 한다. 환매특약은 매매계약에 종된 계약이므로, 매매계약이 무효·취소로 효력을 상실하면 환매특약도 효력을 잃는다. [20,33,34]

(3) **환매대금(590)**

1) 특약이 있으면 특약대로, 특약이 없으면 최초의 매매대금과 매수인이 부담한 매매비용 [17,27,32]

2) 목적물의 과실과 대금의 이자는 특약이 없으면 상계한 것으로 본다. [22,33]

(4) **환매기간(591)**

1) 부동산은 5년 [17], 동산은 3년을 넘지 못한다. 약정기간이 이를 초과하면 5년, 3년으로 단축한다. [27]

2) 환매기간을 정하지 않은 때에는 부동산은 5년, 동산은 3년으로 한다. [22,30,32,33]

3) 환매기간은 한번 정하면 연장할 수 없다. [17,19,30,34]

(5) **환매특약등기(592)** : 매매로 인한 소유권이전등기(주등기)와 동시에 환매권을 등기(부기등기)한 때에는 제3자에 대하여 직접 환매권을 행사할 수 있다. [19,27][32,34]

① 환매특약부 매매　+ 환매권등기　② 매매　③ 환매권 행사

1	소유권보존		甲
2	소유권이전	매매	乙
2-1	환매특약		甲
3	소유권이전	매매	丙
4	소유권이전	환매	甲
5	2-1 환매권말소		

3. **실행**

(1) **환매권의 행사방법** : 환매기간 내 + 환매대금 제공 + 환매의 의사표시(일방적 의사표시)

(2) **환매권행사의 상대방(592)** : 환매의 의사표시는 매수인에게 해야 하지만, 환매등기가 되어 있고 환매의 목적물을 제3자가 취득한 때에는 제3자, 즉 현재의 소유자에게 하여야 한다.

4. **효과**

(1) **등기를 해야 소유권취득** : 환매로 인한 권리취득은 등기를 해야 그 효력이 생긴다. 따라서 환매로 인한 소유권이전등기청구권은 채권적 청구권으로서 환매권의 제척기간 제한과는 별도로 환매권을 행사한 때로부터 일반채권과 같이 10년의 소멸시효기간이 진행된다. [33]

(2) **환매등기 이후에 경료된 제한물권 소멸** : 매도인이 환매기간 내에 적법하게 환매권을 행사하면 환매등기 이후에 마쳐진 제3자의 근저당권 등 제한물권은 소멸한다. [32]

(3) **관습상의 법정지상권 성립 여부** : 나대지상에 환매특약의 등기가 마쳐진 상태에서 대지의 소유자(대지의 매수인)가 그 지상에 건물을 신축하였다면 그 후 환매권의 행사로 토지와 건물의 소유자가 달라진 경우, 그 건물을 위한 관습상의 법정지상권은 생기지 않는다. → p.87 [23,27]

2 교환

Ⅰ. 의의

요물계약×
16,22,26 16,25,27 22,32 28,32,33

금전 이외의 재산권을 상호이전할 것을 약정함으로써 성립하는 낙성, 불요식, 쌍무, 유상계약(596)

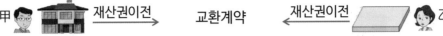

Ⅱ. 성립

1. 교환의 목적물

(1) 금전 이외의 재산권 : 환금(換金)은 교환계약이 아니다.

(2) 노무의 제공×, 일의 완성× : 노무의 제공이나 일의 완성은 교환계약의 목적이 될 수 없다.[15]

2. 보충금 : 보충금에 대해서는 매매대금에 관한 규정을 준용한다(597).[18,32]

(1) 매매대금 규정 준용 : 보충금에 대해서는 매매대금에 관한 규정을 준용한다(597). 단, 보충금지급의 약정이 있다고 하여 매매계약이 성립하는 것은 아니다.[24]

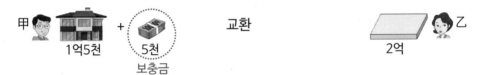

(2) 보충금의 미지급은 교환계약의 해제사유에 해당 : 보충금지급채무는 교환계약상의 주된 채무이므로 보충금의 미지급은 교환계약의 해제사유가 된다.[27]

(3) 보충금지급에 갈음하여 저당권의 피담보채무를 인수하기로 약정한 경우 : 채무를 인수한 일방은 위 보충금을 제외한 나머지 재산권을 상대방에게 이전하여 줌으로써 교환계약상의 의무를 다한 것이 된다. 다만 피담보채무를 인수한 자가 변제를 게을리하여 근저당권이 실행될 염려가 있어 상대방이 부득이 피담보채무를 변제한 경우, 상대방은 이를 이유로 교환계약을 해제할 수 있다(보충금을 지급하지 않은 것으로 평가할 수 있으므로).[28]

Ⅲ. 효력

1. 쌍무계약 : 동시이행의 항변권, 위험부담에 관한 규정이 준용된다.[15,27,28]

2. 유상계약 : 교환의 목적물에 하자가 있을 때에는 당사자는 상대방에게 담보책임을 진다.[18,24,27,28,32,34]

Memo

❸ 임대차

Ⅰ. 서설

1. **의의, 성질** : 목적물의 사용·수익과 차임지급의 합의로 성립하는 낙성[20], 불요식[16], 쌍무[22,28], 유상계약[22,26,28](618)

2. **목적**
   - (1) **목적물** : 임대차계약은 채권계약이므로 임대인이 목적물에 대한 소유권 기타 임대권한이 없는 경우에도[18,32,34] 유효하게 성립할 수 있다. 즉, 타인의 물건에 대한 임대차계약도 유효하다.
   - (2) **차임** : 차임은 임대차의 필수요소이다[13]. 단, 차임은 금전에 한하지 않고 과실, 미곡 등이라도 무방하다[16]. 반면 보증금의 수수는 임대차계약의 성립요건이 아니다.[22]

Ⅱ. 성립

임대차는 낙성계약이므로 당사자 간의 합의만으로 성립하고, 불요식계약이므로 특별히 서면작성 등의 방식은 요하지 않는다.

전세권과 임차권의 비교

구분	전세권	임차권
권리의 성질	물권(지배권)	채권(청구권)
대항력	제3자에 대한 효력(대항력)이 있음	제3자에 대한 효력(대항력)은 없음
목적물	부동산(토지, 건물), 농경지는 제외(303②)	물건(부동산, 동산 불문), 농경지도 가능
권리의 처분	임의로 양도, 담보제공, 전전세 가능(306)	임대인의 동의 없는 양도, 전대는 불가(629)
존속기간	최장기간 제한 : 10년(312①) 건물전세권 최단기간 제한 : 1년(312②)	최장기간, 최단기간 제한 없음 단, 주택이나 일정한 상가는 최단기간 제한
기간의 정함이 없는 경우	각 당사자 언제든지 소멸통고(313) 6월 경과 시 소멸	각 당사자 언제든지 해지통고(635) 부동산 6월, 1월, 동산 5일 경과 시 종료
묵시의 갱신 (법정갱신)	건물의 전세권설정자가 존속기간 만료 전 6월~1월 사이에 갱신거절 또는 조건변경의 통지를 하지 않은 경우(312④)	기간만료 후 임차인이 임차물의 사용·수익을 계속하는데 임대인이 상당한 기간 내에 이의를 하지 않은 경우(639)
갱신청구권 지상물매수청구권	명문의 규정은 없지만, 토지임차인의 권리를 유추적용하여 인정(판례)	토지임차인 : 갱신청구권, 매수청구권(643) 토지전차인 : 임대청구권, 매수청구권(644)
부속물매수청구권	전세권설정자의 매수청구권(316①) 전세권자의 매수청구권(316②)	건물 기타 공작물 임차인(646) 건물 기타 공작물 전차인(647)
유지·수선의무	전세권자에게 수선의무 있음(309)	임대인에게 수선의무 있음(623)
비용상환청구권	유익비상환청구권만 있음(310)	필요비, 유익비상환청구권 모두 있음(626)
권리자의 파산	전세권자의 파산은 소멸사유 아님	임차인의 파산은 해지통고사유(637)
보증금·전세금의 충당	전세권이 소멸된 후 전세금으로 손해배상에 충당할 수 있음(315)	임대차존속 중에도 연체차임채무를 보증금에서 충당할 수 있음

Ⅲ. 존속기간

1. 존속기간을 정하는 경우

(1) **최장기간** : 제한이 없다. 따라서 임대차기간을 영구(永久)[34]로 정하는 것도 허용된다.

 기간을 영구로 하는 임대차계약은 결국 임차인에게는 기간의 정함이 없는 임대차가 된다. 즉 임차인은 언제라도 자신의 권리를 포기하고 임대차계약을 해지할 수 있다(1월 후 종료).

(2) **최단기간** : 민법상의 일반 임대차에는 최단기간의 제한이 없다. 단, 주택임대차와 일정한 상가임대차는 최단기간의 제한이 있다(주택 2년, 상가 1년).

2. **존속기간을 정하지 않은 경우(635)** : 당사자는 언제든지 계약해지의 통고를 할 수 있고[18,27], 상대방이 통고를 받은 날로부터 일정한[13] 기간(6월, 1월)이 경과하면 해지의 효력이 생긴다.

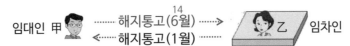

임대인 甲 ┄┄┄┄ 해지통고(6월)[14] ┄┄┄→ 乙 임차인
     ←┄┄┄┄ 해지통고(1월) ┄┄┄┄

3. 갱신

(1) 합의갱신

(2) 법정갱신(=묵시의 갱신)(639)

1) **요건** : 기간만료 후 임차인이 사용·수익을 계속하고 임대인은 상당한 기간 내 이의를 하지 않음

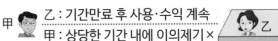

甲 乙 : 기간만료 후 사용·수익 계속 乙
  甲 : 상당한 기간 내에 이의제기×

2) **효과**

① **갱신 간주** : 전 임대차와 동일한 조건으로 다시 임대차한 것으로 본다.

② **기간** : 기간은 정함이 없는 것으로 보아 당사자는 언제든지 해지통고를 할 수 있다.[26] → 6월, 1월 후 종료

③ **담보** : 전 임대차에 대하여 제3자[22,34]가 제공한 담보(질권, 저당권, 보증계약 등)는 소멸한다. 단, 보증금은 소멸하는 담보의 개념에 포함되지 않는다(즉 보증금은 제3자가 제공한 경우에도 소멸하지 않는다).

각종 용익권의 존속기간 비교
서울 9억 이하

	지상권	전세권	임대차	주택임대차	상가임대차
최장	없음	10년	없음	없음	없음
최단	30, 15, 5년	건물만 1년	없음	2년	1년
약정이 없는 경우	30, 15, 5년	언제든지 소멸통고 6월 후 소멸	언제든지 해지통고 6월, 1월 후 종료	2년	1년
법정 갱신	없음	건물소유자 기간만료 전 6월~1월 사이 갱신거절통지×	기간만료 후 임차인 사용·수익 계속 + 임대인 상당한 기간 내에 이의×	임대인 기간만료 전 6월~2월 사이 갱신거절통지× 임차인 2월 전 통지×	임대인 기간만료 전 6월~1월 사이 갱신거절통지×
		동일 조건 기간은 정함× 당사자 언제든지 소멸통고 (6월)	동일 조건 기간은 정함× 당사자 언제든지 해지통고 (6월, 1월)	동일 조건 기간은 2년 임차인만 언제든지 해지통고 (3월)	동일 조건 기간은 1년 임차인만 언제든지 해지통고 (3월)
갱신 청구 (요구)	지상권자의 갱신청구권		토지임차인의 갱신청구권	임차인의 갱신요구권 기간만료 전 6월~2월 사이 1회 / 2년	임차인의 갱신요구권 기간만료 전 6월~1월 사이 보증금 제한× / 10년

Ⅳ. 효력

1. 임대인의 권리

(1) **차임지급청구권**[13,30]

(2) **차임증액청구권** : 차임불감액특약은 임차인에게 불리하여 무효이지만, 차임부증액특약은 임차인에게 유리하므로 유효하다. 다만, 그 특약을 그대로 유지시키는 것이 신의칙에 반한다고 인정될 정도의 사정변경이 있는 경우에는 형평의 원칙상 임대인에게 차임증액청구를 인정해야 한다(판례).

(3) **법정담보물권** : 법정저당권(649), 법정질권(648, 650)
토지임대인이 변제기를 경과한 최후 2년의 차임채권에 의하여 그 지상에 있는 임차인 소유의 건물을 압류한 때에는 저당권과 동일한 효력이 있다(법정저당권). 이 경우 저당권설정등기는 요하지 않는다.

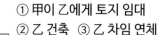

토지임대인의 법정저당권(649)

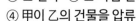

① 甲이 乙에게 토지 임대
② 乙 건축 ③ 乙 차임 연체
④ 甲이 乙의 건물을 압류
→ 甲 최후 2년분 차임 우선변제

2. 임대인의 의무

(1) **목적물을 사용·수익하게 할 의무** : 목적물인도의무, 방해제거의무, 유지·수선의무(623)[19,22]

　1) **파손·장해의 정도와 임대인의 수선의무** : 임차물의 파손·장해가 임차인이 별 비용을 들이지 않고도 손쉽게 고칠 수 있을 정도의 사소한 것이면 임대인은 수선의무를 부담하지 않지만, 그것을 수선하지 않으면 임차인이 사용·수익할 수 없는 정도라면 임대인은 수선의무를 부담한다.[16,17]

　2) **임차인의 특별한 용도를 위한 유지의무×** : 임대인은 임차물의 통상의 사용·수익에 필요한 상태를 유지해 주면 족하고, 임차인의 특별한 용도를 위한 구조나 상태를 유지할 의무까지는 없다.[16]

　3) **수선의무의 면제** : 제623조는 임의규정이므로 임대인의 수선의무는 특약에 의해 면제하거나 임차인의 부담으로 돌릴 수 있다. 단, 그러한 특약에 의해 면제되는 것은 소규모수선에 한한다.[18]

(2) **비용상환의무(626)** : 임대인은 임차인이 지출한 필요비와 유익비를 상환할 의무를 부담한다.

(3) **담보책임** : 임대차계약은 유상계약이므로 임대차의 목적물에 하자가 있는 경우 임대인은 매도인과 같은 담보책임을 진다. → 차임감액청구, 계약해지, 손해배상청구

(4) **보호의무** : 임차인의 생명·신체의 안전을 배려하고 재산의 도난을 방지해 줄 의무

　1) **통상의 임대차(가령 토지, 주택, 상가 등의 임대차)** : 임대인은 보호의무가 없다.[18]

　2) **일시 사용을 위한 임대차(가령 숙박계약)** : 임대인은 보호의무를 부담한다.[19]

3. 임차인의 의무

(1) **차임지급의무**

　1) **차임지급시기** : 차임은 후급을 원칙으로 한다(633).

　2) **차임연체와 계약해지(640, 641)** : 2기 연체(연속 不要) → 임대인은 계약을 해지할 수 있다.[15,16,31,32][15]
　　※ 상가건물임대차의 경우 임차인이 3기의 차임액을 연체해야 임대인이 계약을 해지할 수 있다.

　3) **차임지급거절** : 임대인이 필요비상환의무를 이행하지 않는 경우 임차인은 차임지급을 거절할 수 있다.[34]

(2) **임차물보관의무** : 임차인은 계약 종료로 목적물을 반환할 때까지 선량한 관리자의 주의로 임차물을 보관하여야 한다(374).[21]

(3) **통지의무(634)** : 임차물이 수리를 요하거나 임차물에 대하여 권리를 주장하는 자가 있으면 임차인은 지체 없이 이를 임대인에게 통지하여야 한다.[19]

(4) **임대인의 보존행위 인용의무(624, 625)** : 임대인이 임대물의 보존에 필요한 행위를 하는 경우 임차인은 이를 거절하지 못한다. 단, 임차인의 의사에 반하는 보존행위로 인하여 임차인이 임차의 목적을 달성할 수 없는 때에는 임차인은 계약을 해지할 수 있다.

(5) **임차물반환의무** : 임대차가 종료하면 임차인은 목적물을 원상회복하여 반환해야 한다. 이 원상회복의무에는 임대인이 임대 당시의 부동산 용도에 맞게 다시 사용할 수 있도록 협력할 의무도 포함된다.[19][34]

(6) **공동임차인의 연대의무(654, 616)** : 수인이 공동으로 임차한 때에는 연대하여 임차인의 의무를 부담한다.

4. 임차인의 권리

(1) 부동산임차권의 강화(물권화)

1) 임차권의 대항력

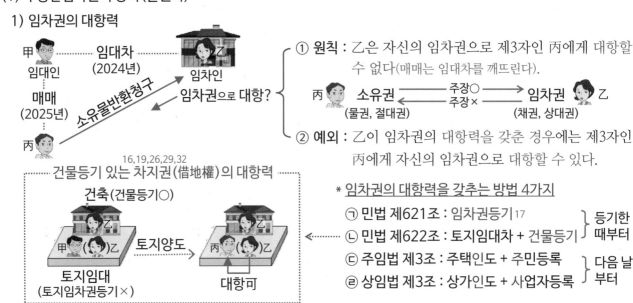

① 원칙 : 乙은 자신의 임차권으로 제3자인 丙에게 대항할 수 없다(매매는 임대차를 깨뜨린다).

丙 소유권 ——주장○→ 임차권 乙
(물권, 절대권) ←주장×—— (채권, 상대권)

② 예외 : 乙이 임차권의 대항력을 갖춘 경우에는 제3자인 丙에게 자신의 임차권으로 대항할 수 있다.

16,19,26,29,32
건물등기 있는 차지권(借地權)의 대항력

* 임차권의 대항력을 갖추는 방법 4가지

㉠ 민법 제621조 : 임차권등기[17] } 등기한 때부터
㉡ 민법 제622조 : 토지임대차 + 건물등기
㉢ 주임법 제3조 : 주택인도 + 주민등록 } 다음 날부터
㉣ 상임법 제3조 : 상가인도 + 사업자등록

2) 임차권에 기한 방해배제청구

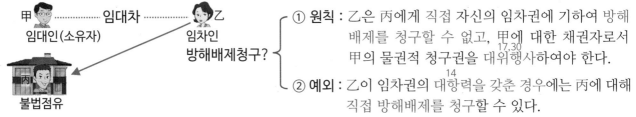

① 원칙 : 乙은 丙에게 직접 자신의 임차권에 기하여 방해배제를 청구할 수 없고, 甲에 대한 채권자로서 甲의 물권적 청구권을 대위행사하여야 한다.[17,30]

② 예외 : 乙이 임차권의 대항력을 갖춘 경우에는 丙에 대해 직접 방해배제를 청구할 수 있다.[14]

(2) 차임감액청구권[13,33]

1) **일부멸실** : 임차물의 일부가 임차인의 과실 없이 멸실 기타 사유로 사용·수익할 수 없게 된 경우(627)[31]

2) **경제사정변동** : 경제사정의 변동으로 인해 약정한 차임이 상당하지 아니하게 된 경우(628)

※ 임차인의 투하자본 회수수단(★)

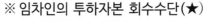

(3) 비용상환청구권 : 모든 임차인에게 인정

1) **필요비상환청구권**[22] : 가치보존비용 (예) 수선비, 유지비 / 지출 즉시 상환을 청구할 수 있다[17,18,26]

임대인이 필요비상환의무를 이행하지 않는 경우, 임차인은 지출한 필요비의 한도 내에서 차임의 지급을 거절할 수 있다(임대인의 필요비상환의무와 임차인의 차임지급의무는 상호대응관계에 있으므로).[34]

2) **유익비상환청구권** : 가치증대비용 (예) 개량비, 증축비 / 임대차 종료 시 상환을 청구할 수 있다.[17,18,27]

유익비의 경우 법원은 임대인의 청구에 의하여 상당한 상환기간을 허여할 수 있다.

3) **제척기간** : 임대인이 목적물을 반환받은 날로부터 6월 내에 행사하여야 한다(654, 617).[21,27]

4) **유치권** : 비용상환청구권은 임차물에 관하여 생긴 채권이므로(임차물과의 견련성 있음), 임차인은 비용을 상환받을 때까지 임차물을 유치할 수 있다.[16,21,27]

5) **임의규정** : 제626조는 임의규정이므로 비용상환청구권에 관하여는 임차인에게 불리한 약정도 유효하다.[20,23]

가령 건물임차인이 자신의 비용을 들여 증축한 부분을 임대인의 소유로 귀속시키기로 하는 특약이나[21,22,29] 건물임차인이 개축·변조한 부분을 임차인의 비용으로 원상복구하기로 한 특약은 임차목적물에 지출한[15,16,18] 각종 유익비상환청구권을 미리 포기하기로 취지의 특약으로 유효하다.

(3) 지상물매수청구권 : 토지의 임차인 / 계약^{23,24,26,30,32}갱신청구 → 거절 → 지상물매수청구

1) 인정되는 경우 : 기간이 만료된 경우○, 임차인의 채무불이행으로 계약이 해지된 경우×^{14,15,16,23,25,30,34}, 기간의 정함이 없는 임대차가 임대인의 해지통고로 종료한 경우○(이 경우는 갱신청구 없이 즉시 매수청구^{14,17}可)^{14,18,24,25,35}

2) 매수청구의 대상 : 무허가·미등기 건물○^{16,25,30,34}, 임대인 동의 없이 신축된 건물○^{17,24}, 경제적 가치가 없는 건물○^{15,17}, 임대인에게 효용이 없는 건물○¹⁷, 저당권이 설정된 건물○^{25,35}, 임차지와 제3자 소유의 토지에 걸쳐서 건립된 건물△(건물 전체³⁴에 대한 매수청구는 不可. 단, 임차지상의 건물부분 중 구분소유의 객체가 될 수 있는^{16,30} 부분에 한하여 매수청구 허용)

3) 매수청구의 주체 : 종전 임차인으로부터 미등기·무허가 건물을 매수하여 점유하고 있는 임차인○, 임대차 기간이 만료하기 전에 임차지 위에 건립된 건물을 타인에게 양도한 임차인× ^{24,29,35}

4) 매수청구의 상대방 : 통상의 경우 임차권소멸 당시의 토지소유자인 임대인¹⁸이지만, 대항력이 있는 토지³⁵ 임차인은 임차권소멸 후의 토지양수인인 신 소유자에게도 매수청구권을 행사할 수 있다.^{17,25,29}

5) 매수청구권 행사의 효과

① 지상물매수청구권은 형성권이므로 임차인의 일방적 의사표시로 건물에 대한 매매가 성립한다(임대인의¹⁸ 승낙은 不要).^{15,30}

② 매매대금은 매수청구권 행사 당시의 시가(時價)로 결정되는 것이지, 기존건물의 철거비용을 포함하여 임차인이 건물신축을 위하여 지출한 모든 비용이 되는 것은 아니다.¹⁶

③ 근저당권이 설정된 건물의 경우에도 매매대금은 건물의 시가 상당액이고, 여기에서 근저당권의 채권최고액이나 피담보채무액 을 공제한 금액이 아니다. 다만 임차인이 그 근저당권을 말소 하지 않을 경우 임대인은 제588조에 의해 채권최고액 상당의 대금의 지급을 거절할 수 있다(p.130).

시가 3억 → 매매대금 = 3억, ~~2억~~

甲은 乙이 근저당권을 말소할 때까지 1억원의 지급을 거절할 수 있다.

④ 임차인의 건물명도 및 소유권이전등기의무와 임대인의 건물대금지급의무는 동시이행관계이다. 따라서 임차인은 임대인으로부터 매매대금을 지급받을 때까지 건물의 인도를 거절할 수 있지만, 그로 인해 부지를 계속 점유·사용하는 한 부지의 임료 상당액을 부당이득^{23,34}으로 반환하여야 한다.

6) 강행규정^{15,17,18,29} : 제643조는 임차인을 위한 편면적 강행규정이므로(652), 임차인이 지상물매수청구권을 미리 포기하기로 하는 특약은 무효이다. 가령 임대차기간 만료 시 임차인이 지상건물을 양도하거나 철거^{14,24,34} 하기로 하는 약정은 임차인에게 불리한 것이므로 무효이다.

(4) 부속물매수청구권^{30,33} : 건물 기타 공작물의 임차인

1) 인정되는 경우 : 임대차 종료 후 / 기간이 만료된 경우○^{19,26}, 임차인의 채무불이행으로 계약이 해지된 경우×^{15+,17,29,31}

2) 부속물의 요건

① 임차인의 소유에 속하고 건물의 구성부분으로는 되지 않은 것으로서 건물의 사용에 객관적인 편익을^{23,27,29} 가져오게 하는 물건

② 오로지 임차인의 특수목적에 사용하기 위하여 부속된 것은 매수청구의 대상×^{19,30}

③ 임대인의 동의를 얻어 또는 임대인으로부터 매수하여 부속한 물건 ^{29,30}

3) 매수청구권 행사의 효과

① 매수청구권은 형성권이므로 임차인의 일방적 의사표시로 부속물에 대한 매매가 성립한다.

② 부속물매매대금은 건물에 관하여 생긴 채권이 아니므로(건물과의 견련성 없음) 건물에 대한 유치권을 주장할 수 없다.¹⁵⁺

4) 강행규정 : 제646조는 강행규정이므로, 임차인의 부속물매수청구권을 배제하는 특약은 무효이다.^{19,27,29,30}

V. 임차권의 양도 및 임차물의 전대

1. 의의

甲
임대인
— 임대차 —
乙
임차인(양도인)
임차인
지위 상실

임차권양도
임차인
지위승계

丙
양수인

임차인이 임차권의 동일성을 유지
하면서 제3자에게 이전하는 계약

甲
임대인
— 임대차 —
乙
임차인/전대인
임차인
지위 유지

임차물전대

丙
전차인

임차인 자신이 임대인이 되어
임차물을 다시 제3자에게 임대
하는 계약

2. 요건 : 임대인의 동의(629)[13]

(1) **동의의 성질** : 임대인의 동의는 양도나 전대의 효력발생요건이 아니라 임대인에 대한 대항요건에 불과
하다. 따라서 임대인의 동의가 없는 양도나 전대도 당사자 사이에서는 유효하다.[15+,23,28]

(2) **동의의 방법** : 명시적 동의·묵시적 동의 / 사전동의·사후동의 / 양도인에 대한 동의·양수인에 대한 동의

(3) **임의규정** : 제629조는 임의규정이므로 임대인의 동의를 요하지 않는다는 특약도 유효하다.[29]

3. **임대인의 동의가 없는 양도·전대(무단 양도·전대)**

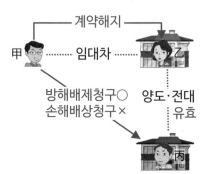

계약해지

甲 ⋯⋯⋯ 임대차 ⋯⋯⋯ 乙

방해배제청구○
손해배상청구×

양도·전대
유효

丙

(1) **양도인·전대인(丙)과 양수인·전차인(乙)의 관계**

　1) **양도·전대 유효** : 무단양도, 무단전대도 甲에게 대항할 수 없을 뿐[15+,23]
　　당사자 사이에서는 유효하다.[15+,23,28,29](인도+사용·수익케 할 의무 발생)[20,27]

　2) **乙의 책임** : 乙은 丙을 위하여 甲의 동의를 받아 줄 의무가 있고,[28]
　　동의를 얻지 못한 경우 乙은 丙에게 담보책임을 져야 한다.

(2) **임대인(甲)과 양수인·전차인(丙)의 관계**

　1) **방해배제청구○** : 甲은 丙에게 불법점유를 이유로 방해의 배제(목적물의 인도)를 청구할 수 있다.[20,22,24,27,29]

　2) **손해배상청구×, 부당이득반환청구×** : 甲은 丙에게 불법점유를 이유로 손해배상이나 부당이득반환을[20,29]
　　청구할 수 없다. 무단양도나 무단전대 자체만으로 임대인에게 손해가 발생하지 않기 때문이다.

(3) **임대인(甲)과 임차인(乙)의 관계**

　1) **임대차 존속** : 임대인이 무단양도·전대를 이유로 임대차계약을 해지하지 않는 한 임대차는 여전히
　　유효하게 존속하므로[27] 임대인은 임차인에게 차임을 청구할 수 있다.

　2) **계약해지** : 甲은 乙의 무단양도·전대(배신행위)를 이유로 임대차계약을 해지할 수 있다.[27] 단, 乙의 무단
　　양도가[20] 甲에 대한 배신행위라고 인정할 수 없는 특별한 사정이 있을 때에는(가령 임차건물에 동거하면서
　　가구점을 함께 운영하는 부부[28] 사이에서 임차권을 양도한 경우) 甲에게 해지권이 발생하지 않는다.

4. **임대인의 동의를 얻은 양도·전대(적법양도·전대)**

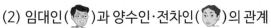

甲 ⋯⋯⋯ 임대차 ⋯⋯⋯ 乙
존속

권리○
의무×

전대 유효

권리×
의무○

丙

(1) **전대인(乙)과 전차인(丙)의 관계** : 계약내용에 따름

(2) **임대인(甲)과 임차인(乙)의 관계** : 전대차로 영향 없음(630②)[32]

(3) **임대인(甲)과 전차인(丙)의 관계**

　1) **임대인 보호** : 丙은 甲에 대하여 직접 임차인으로서의 의무를 부담하지만[32]
　　임차인으로서의 권리를 가지진 못한다(630①).

　　① **차임의 이중지급** : 丙은 乙에 대한 차임지급으로써 甲에게 대항하지 못한다. 단, 전대차계약상의 차임[24]
　　　지급시기 이전에 지급한 경우에만 대항하지 못한다(판례).

　　② **임차물반환의무** : 丙이 甲에게 임차물을 반환하면 乙에 대한 반환의무를 면한다.[20,24,26]

　2) **전차인 보호**

　　① **전차인 권리의 확정(631)** : 甲과 乙이 합의로 임대차계약을 종료하더라도(가령 합의해지) 丙의 권리는[24,26,32][20]
　　　소멸하지 않는다. 단, 임대차가 기간만료나 채무불이행으로 종료하면 전차권도 소멸한다.[15+]

　　② **임대인의 해지통고의 전차인에 대한 통지(638)** : 통지하지 않으면 해지로써 전차인에게 대항하지 못한다.[24]
　　　단, 임차인의 채무불이행을 이유로 해지하는 경우에는 전차인에게 통지하지 않아도 대항할 수 있다.[26,32]

　　③ **전차인의 지상물매수청구권(644)[20], 부속물매수청구권(647)[19,20,21,24,26]** : 적법한 전대차의 경우에만 인정된다.[20,24,30]

Ⅵ. 보증금 및 권리금

1. 보증금

(1) **의의** : 임대차관계에서 발생하는 임차인의 임대인에 대한 일체의 채무(가령 연체차임채무나 임차물의 멸실·훼손으로 인한 손해배상채무)를 담보하기 위하여 임차인 또는 제3자가 임대인에게 교부하는 금전 기타 유가물

(2) **효력**

   1) **임대차종료 후 당연공제** : 연체차임채무나 손해배상채무는 임대차종료 후 목적물이 반환될 때에 별도의 의사표시 없이 보증금에서 당연히 공제된다(차임채권이 압류된 경우에도 마찬가지).[35]

   2) **임대차존속 중 차임충당** : 임대인은 임대차종료 전에도 연체차임을 보증금에서 충당할 수 있다. 단, 이는 임대인의 권리일 뿐 의무가 아니므로 임차인은 보증금의 존재를 이유로 차임의 지급을 거절할 수 없다.[33,35]

(3) **부동산소유권의 이전과 보증금의 승계**

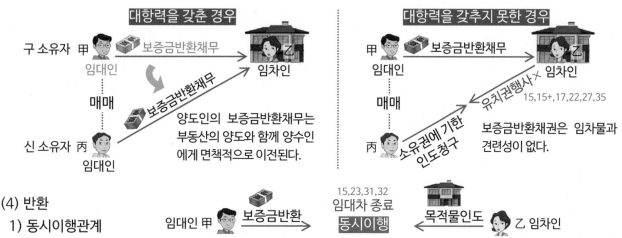

(4) **반환**

   1) **동시이행관계**

   2) **임차인이 임대차 종료 후 동시이행항변권을 행사하여 목적물을 계속 점유하는 경우**

   ① **부당이득반환**

   ㉠ **임차물을 사용·수익한 경우** : 그 점유는 불법점유라고 할 수 없으므로 손해배상책임은 지지 않지만[23,33] 그 사용·수익으로 인한 이익은 부당이득으로 반환하여야 한다.[23,26,35] 단, 주택임대차나 상임법이 적용되는 상가건물임대차의 경우는 부당이득반환이 아닌 약정차임지급의무 부담한다(∵존속의제).[35]

   ㉡ **임차물을 사용·수익하지 않은 경우** : 이 경우에는 임차인이 실질적인 이득을 얻은 바가 없으므로 그로 인하여 임대인에게 손해가 발생하더라도 임차인의 부당이득반환의무는 성립하지 않는다.[17,28]

   ② **보증금반환채권의 소멸시효** : 임대차기간이 끝난 후 임차인이 보증금을 반환받기 위해 목적물을 점유하고 있는 경우 보증금반환채권에 대한 소멸시효는 진행하지 않는다(∵권리를 행사하는 것이므로).

2. 권리금

(1) **의의** : 주로 건물임대차에 있어서 건물 자체의 사용대가 외에 영업시설이나 거래처, 신용, 노하우, 점포 위치에 따른 영업상의 이점 등 무형의 가치의 양도 또는 이용대가로 지급되는 금전

(2) **반환** 1) 보장기간 동안의 이용이 유효하게 이루어진 경우 : 반환×

   2) 임대인의 사정으로 중도해지된 경우 : 잔존기간에 대응하는 부분은 반환

(3) **유치권×** : 임차인은 권리금반환채권을 가지고 임차건물에 대한 유치권을 행사할 수 없다(견련성×).[15+,17,20,27,35]

Ⅶ. 임대차의 종료

1. 종료의 원인

(1) **존속기간 만료**

당사자는 중도해지로 인한 손해배상을 청구하지 못한다.

(2) **해지통고** 1) 기간약정이 없는 경우(635) 2) 해지권을 보류한 경우(636) 3) 임차인이 파산한 경우(637)

(3) **해지** 1) 임대인 → 임차인 : 무단양도·전대(629), 차임연체(640, 641)

   2) 임대인 ← 임차인 : 임차인의 의사에 반하는 보존행위로 목적달성×(625), 일부멸실(627)

2. 종료의 효과 : 임대차계약은 장래를 향하여 효력이 소멸한다(소급효×).

제4편 민사특별법

제1장 주택임대차보호법

1 서설

1. **입법목적** : 국민의 주거생활 안정 보장(1)

2. **법의 성격** : 특별법(민법에 우선적으로 적용) / 편면적 강행규정(10)

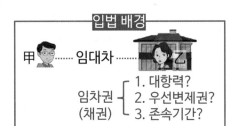

입법 배경

甲 ······ 임대차 ······ 乙

임차권 { 1. 대항력?
(채권) { 2. 우선변제권?
       { 3. 존속기간?

2 적용범위 주거용 건물의 전부 또는 일부의 임대차에 적용(2)

1. **주거용 건물(=주택)**

(1) **판단기준**

  1) **실지 용도** : 공부(公簿)[17]상의 표시만을 기준으로 할 것이 아니라 그 실지 용도에 따라서 정한다.

  2) **허가나 등기는 불문** : 무허가·미등기[23,27] 주택의 임대차에도 적용된다.

  3) **겸용건물** : 주택의 일부를 주거 외의 목적으로 사용하는 경우에는 적용되지만, 비주거용 건물의 일부를 주거의 목적으로 사용하는 경우에는(가령 여인숙이나 다방건물) 적용되지 않는다.

(2) **판단시기** : 계약체결 당시를 기준. 계약체결 이후 임차인이 임의로 주거용으로 개조 → 적용×

2. **임대차**

(1) **미등기전세(=채권적 전세)** : 준용(12). 이 경우 전세금을 보증금으로 간주

(2) **일시 사용을 위한 임대차(가령 숙박계약)** : 적용×(11)[24,27]

(3) **가장임대차** : 적용×

  1) 임대차계약의 주된 목적이 주택을 주거용으로 사용·수익하려는 것이 아니고 기존채권을 우선변제 또는 최우선변제를 받을 목적으로 주택임대차계약의 형식을 빌려 주택의 인도와 주민등록을 마친 경우에는 이 법의 보호를 받을 수 없다. ← 임대차계약 자체가 허위표시로서 무효이기 때문(108)

  2) 그러나 기존채권을 임대차보증금으로 전환[15]하여 계약을 체결한 경우에는 보호를 받는다.

(4) **임대인이 주택의 소유자가 아닌 경우**

  1) **적법한 임대권한을 가진 경우** : 적용○[27] (가령 분양회사로부터 열쇠를 교부받은 아파트의 수분양자가 임대한 경우)

  2) **임대권한이 없는 경우(무단임대)** : 적용×

(5) **임차인이 법인인 경우**

  1) **원칙** : 적용× / 법인은 이 법의 보호대상이 아니다.

  2) **예외** : 적용○ / ① 한국토지주택공사[22], ② 주택사업을 목적으로 설립된 지방공사, ③ 중소기업에 해당하는 법인이 소속 직원의 주거용으로 주택을 임차한 경우에는 적용

3 주택임차권의 대항력

1. **대항력의 의의** : 이미 성립한 권리관계를 당사자가 아닌 제3자에게 주장할 수 있는 법률상의 힘

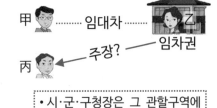

甲 ······ 임대차 ······ 乙

丙 ← 주장? 임차권

2. **대항력의 취득요건(3①)** : 주택의 인도 + 주민등록

(1) **주택의 인도** : 주택의 점유를 의미 / 직접점유, 간접점유 불문[30,32]

(2) **주민등록** : 전입신고를 한 때 주민등록이 된 것으로 간주한다.

  1) **가족의 주민등록** : 임차인 본인뿐만 아니라 가족의 주민등록도 인정[17,19]

  2) **전대차의 경우** : 전차인(직접점유자)의 주민등록 要[14,15,17], 임차인(간접점유자)의 주민등록은 위법[15]

  3) **다가구용 단독주택** : 지번 기재로 충분, 동·호수 표시 不要[23] / 다세대 주택으로 변경되어도 대항력 상실×[33]

  4) **다세대 공동주택** : 지번, 명칭, 동·호수까지 정확하게 기재해야 대항력 취득[21]

  5) **주민등록이 잘못된 경우** : 전입신고는 행정청에 도달하기만 하면 효력이 발생하는 것이 아니라 행정청이 수리하여야 비로소 효력이 발생한다. [21,26]

  ① 전입신고를 수리한 공무원의 착오로 주민등록표상에 지번이 틀리게 기재된 경우 : 대항력 발생○

  ② 올바른 전입신고의 수리가 거부되고 다시 작성된 잘못된 전입신고가 수리된 경우 : 대항력 발생×

> • 시·군·구청장은 그 관할구역에 주소를 가진 자(=주민)를 등록하여야 한다(주민등록법 6).
> • 주소 : 생활의 근거되는 곳(18)

3. 대항력의 취득시기

(1) 일반적인 경우 : 주택의 인도와 주민등록을 마친 다음 날 0시(3①) [16,32,34]

 乙 임차권　　 최선순위 저당권 [14,15]

① 인도+주민등록(3. 15.) / 저당권설정등기(3. 15.) → 저당권이 선순위 → 경매되면 임차권 소멸
② 인도+주민등록(3. 15.) / 저당권설정등기(3. 16.) → 임차권이 선순위 → 경매되어도 임차권 소멸×, 낙찰자가 인수

(2) 특수한 경우

1) 주택의 소유자가 주택을 매도함과 동시에 다시 임차하여 계속 거주하는 경우

甲 ① 소유자(주민등록)　②매매(4. 1.)　③임대차(4. 1.) → 乙　④등기(5. 1.)

매수인(乙) 명의의 소유권이전등기가 경료된 다음 날(5. 2. 0시) 대항력 취득 [14,32]

乙 명의의 소유권이전등기가 경료되기 전에는 甲의 주민등록은 임차권을 공시하지 못하므로

2) 임대아파트가 무단전대된 상태에서 임차인이 그 아파트를 분양받은 경우

甲회사 ①임대 → 乙 ②임대(전대) → 丙 ③인+주
④분양　⑤등기

임차인(乙) 명의의 소유권이전등기가 경료되는 즉시 대항력 취득 [18]

丙의 주민등록은 처음부터 임대차를 공시하는 기능을 수행하고 있었으므로

4. 대항력의 내용

(1) 임대인 지위의 당연승계(3④) [35]

1) 보증금반환채무의 면책적 이전 : 임차주택의 양수인이 임대인의 지위를 승계한 것으로 보므로(3④), 보증금반환채무도 양수인에게 이전되어 종전의 임대인은 보증금반환채무를 면하게 된다.

2) 보증금반환채권이 가압류된 상태에서 주택이 양도된 경우 : 이 경우에도 위와 마찬가지로 주택양수인은 임대인의 지위를 승계한다. 따라서 주택양수인은 채권가압류의 제3채무자의 지위를 승계하여 가압류채권자는 양수인에 대하여만 가압류의 효력을 주장할 수 있다. [24,28,31]

(2) 임차인의 승계거부 : 임차인이 양수인의 임대인의 지위승계를 원하지 않을 경우에는 주택양도사실을 안 때로부터 상당한 기간 내에 이의를 제기(=임대차계약의 해지)함으로써 승계되는 임대차관계의 구속으로부터 벗어날 수 있고, 이 경우에는 양도인의 보증금반환채무가 소멸하지 않는다. [14,15+,17,19,23]

5. 대항력의 존속 : 주택의 인도 및 주민등록은 대항력의 취득요건이자 동시에 존속요건 [25]

(1) 가족의 주민등록은 그대로 둔 채 임차인만 주민등록 이전 : 대항력 유지 [32]

(2) 가족과 함께 주민등록 이전 : 대항력 소멸 [14]

(3) 임차인의 의사에 의하지 않고 제3자에 의하여 임의로 이전 : 대항력 유지

(4) 주민등록법에 따라 행정청이 직권말소 : 대항력 소멸 [17]

　1) 동법의 이의절차에 따라 재등록 : 소급해서 대항력 회복, 선의의 제3자에게도 대항可 [14]

　2) 이의제기기간이 경과하여 재전입신고 : 새로운 대항력 취득, 선의의 제3자에게 대항不可 [15]

(5) 임차권을 양도하거나 주택을 전대한 경우 : 양수인이나 전차인이 주민등록을 해야 대항력 유지

6. 대항력의 범위

통상적인 양도의 경우

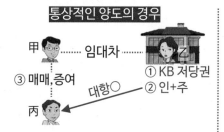

甲 —임대차— 乙 ①KB 저당권 ②인+주
③매매,증여　대항○　丙

甲 —임대차— 乙 ①인+주 ②KB 저당권
③경매　대항○　丙

단, KB의 저당권이 설정된 후 甲, 乙의 합의로 보증금을 증액한 경우, 乙은 그 증액부분에 대해서는 丙에게 대항할 수 없다(증액 전 보증금으로만 대항可).

경매의 경우

甲 —임대차— 乙 ①KB 저당권 ②인+주 ③SB 저당권
④경매　대항×　丙 [13,17,20,23,26,28]

중간임차인(가령 KB → 乙 → SB)은 후순위 저당권자가 경매를 신청한 경우에도 경락인에 대항할 수 없다.
(예) 위에서 SB가 경매신청한 경우

4 보증금의 회수

1. 보증금반환청구소송

(1) **소액사건심판법 준용**(13)

(2) **집행개시요건의 완화**(3의2①) : 임차인이 보증금반환청구소송의 확정판결 기타 이에 준하는 집행권원에 따라 임차주택에 대한 경매를 신청하는 경우에는 반대의무(=주택명도의무)의 이행이나 이행제공을 집행개시요건으로 하지 않는다(주택을 인도하지 않고 계속 거주하면서 경매를 신청할 수 있다는 의미).13,17

보증금반환청구소송 → 승소 → 집행

甲 임대차 종료 乙

집을 비워주지 않고서도 경매를 신청할 수 있다.

2. 보증금의 우선변제 (3의2②③)

(1) **우선변제의 요건** : 대항요건(인+주) 및 확정일자 구비 + 경매 + 배당요구 + 경락인에게 주택인도[15+,30]

1) **대항요건** : 임차인이 보증금의 우선변제를 받기 위해서는 대항요건이 배당요구종기[20,25]까지 존속하여야 한다.

2) **확정일자** : 아파트의 임차인이 전입신고를 올바르게 하였다면 확정일자를 받은 임대차계약서에 아파트의 명칭과 동·호수 기재를 누락하였더라도 우선변제권을 취득한다(확정일자는 임대인과 임차인의 담합에 의한 보증금액의 사후변경을 방지하고자 하는 취지일 뿐 임대차의 존재를 제3자에게 공시하고자 하는 것이 아니므로).

3) **배당요구** : 임차인의 보증금반환채권은 배당요구가 필요한 배당요구채권[34]에 해당한다. 따라서 임차인이 배당요구를 하지 않으면 배당에서 제외되고, 후순위 채권자에게 부당이득반환을 청구할 수 없다.

4) **주택인도** : 이는 경매절차에서 임차인이 보증금을 수령하기 위하여는 임차주택을 명도한 증명을 하여야 한다는 것을 의미할 뿐 임차인의 주택명도의무가 보증금반환의무보다 선이행되어야 하는 것은 아니다.

(2) **효력**

1) **우선변제권 취득시기**

① **일반적인 경우** : 확정일자부여일에 우선변제권을 취득한다.

② **특수한 사례** : 확정일자를 대항요건과 같은 날[19] 또는 그 이전[15+]에 갖춘 경우에는 대항요건을 갖춘 다음 날, 즉 인도와 주민등록을 마친 다음 날 0시에 우선변제권을 취득한다.

> ① 인도+주민등록(3. 15.), 확정일자(3. 20.) → 3. 20. 주간 중 우선변제권 취득
> ② 인도+주민등록(3. 15.), 확정일자(3. 15.) → 3. 16. 0시 우선변제권 취득
> ③ 인도+주민등록(3. 15.), 확정일자(3. 10.) → 3. 16. 0시 우선변제권 취득

2) **우선변제의 순위** : 매각대금 배당순위 참고(p.102)[13,15,28]

※ 선순위 가압류채권과 후순위 확정일자부보증금반환채권의 배당관계 : 평등배당(안분배당) → p.102

3) **우선변제를 받는 대상** : (주택 + 대지)[26,28]의 환가대금

① **주택과 대지의 경매대가를 동시에 배당하는 경우** : 공동저당의 안분배당의 법리(368①)[22]를 유추적용하여 대지와 건물의 경매대가에 비례하여 채권의 분담을 정한다. → p.108

② **대지만 매각된 경우** : 이 경우에도 대지의 환가대금에 대하여 우선변제권[24,33]을 행사할 수 있다. 임차인의 우선변제권 및 최우선변제권은 법정담보물권의 성격을 가지므로, 임대차 성립 당시 임대인 소유였던 대지가 타인에게 양도되어 주택과 대지의 소유자가 달라진 경우에도 행사할 수 있다.

4) **금융기관의 우선변제권 승계**(3의2⑦)

① **우선변제권 승계** : 일정한 금융기관이 우선변제권을 취득한 임차인의 보증금반환채권을 계약으로 양수한 경우, 양수한 금액의 범위에서 우선변제권을 승계한다.

② **금융기관의 임대차 해지 금지** : 우선변제권을 승계한 금융기관은 우선변제권을 행사하기 위해 임차인을 대리하거나 대위하여 임대차를 해지할 수 없다.

③ **우선변제권 상실** : 임차인이 대항요건을 상실한 경우, 임차권등기명령에 따른 임차권등기나 민법 제621조에 따른 임차권등기가 말소된 경우에는 금융기관은 우선변제권을 행사할 수 없다.

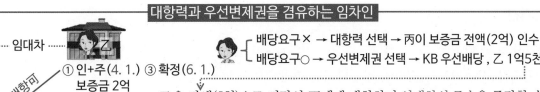

대항력과 우선변제권을 겸유하는 임차인

甲 ---- 임대차 ---- 乙

① 인+주(4. 1.) 보증금 2억
② KB(5. 1.) 채권 1억
③ 확정(6. 1.)
④ 경매 (대항可)
丙

배당요구× → 대항력 선택 → 丙이 보증금 전액(2억) 인수
배당요구○ → 우선변제권 선택 → KB 우선배당, 乙 1억5천 배당

乙은 잔액(5천)으로 경락인 丙에게 대항하여 임대차의 존속을 주장할 수 있다. 13,25 보증금이 모두 변제되지 않은 대항력 있는 임차권은 경매로 소멸하지 않기 때문이다(3의5). 단, 제2경매절차에서 다시 우선변제권을 행사할 수는 없다.

3. 보증금 중 일정액에 대한 우선변제(8) : 최우선변제

(1) 요건 : 보증금이 일정액 이하 + 경매신청등기 전에 대항요건 구비[13,15+,17,25] + 경매 + 배당요구[14,22]

월차임 고려× (확정일자는 不要)[14,17,26] 안 하면 배당에서 제외

(2) 효력

1) 내용 : 소액보증금 중 일정액을 선순위의 담보권자보다 우선하여 변제받는다. → 배당순위 참고(p.102)

2023. 2. 21. 시행

서울 : 1억6천5백	5천5백	
과밀 : 1억4천5백	4천8백	
광역 : 8천5백	2천8백	
기타 : 7천5백	2천5백	

① 丙 저당권(2024. 4. 1.)
② 乙 임차권(2024. 7. 1.)
1억5천 / 인도+주민등록

주택이 경매되면 乙의 임차권은 매각으로 소멸하지만 보증금 중 5천5백만 원은 선순위 저당권자인 丙보다 우선하여 변제받는다.

잔액 9천5백만 원은?

2) 우선변제를 받는 대상 : (주택 + 대지)의 환가대금의 ½ 범위 내에서

3) 임차권등기명령과의 관계 : 아래의 내용 참고

4) 관련판례

① 소액임차인 판단시기 : 임차인이 대항요건을 구비한 때가 아니라 주택에 담보물권을 취득한 때를 기준

② 보증금의 감액으로 소액임차인에 해당하게 된 경우[24] : 인정

③ 미등기주택을 제외하고 대지만 경매된 경우[22] : 인정

④ 임대인 소유였던 대지가 타인에게 양도된 후 경매된 경우[22,23] : 인정

2016. 3. 31.~ : 1억	/ 3천4백
2018. 9. 18.~ : 1억1천	/ 3천7백
2021. 5. 11.~ : 1억5천	/ 5천
2023. 2. 21.~ : 1억6천5백	/ 5천5백

⑤ 점포 및 사무실용 건물이 근저당권 설정 후 주거용 건물로 변경되고 임대된 경우[21,27] : 인정

⑥ 나대지에 저당권이 설정된 후에 신축된 주택을 임차한 경우[17] : 대지에서는 인정× / 대지의 환가대금에 관한 최우선변제는 대지에 관한 저당권설정 당시에 이미 그 지상건물이 존재하는 경우에만 적용된다.

① 나대지에 저당권설정
甲 KB

② 주택 신축
甲 KB

③ 주택 임대
乙
甲 KB
(소액)

④ 토지의 저당권 실행
乙
甲 丙

乙은 대지의 경매대금에서는 최우선변제를 받을 수 없다.

⑦ 소액임차인이 확정일자까지 갖춘 경우 : 최우선변제(일정액) → 우선변제(잔액)

(예) 보증금 1억5천(인도·주민등록 + 확정일자)의 경우 : 5,500은 최우선변제, 9,500은 확정일자에 따른 우선변제

4. 임차권등기명령제도(3의3) [13]

(1) 취지 : 보증금반환지체 → 단독신청에 의한 임차권등기 → 거주이전

(2) 신청 : 임대차종료 후 보증금을 반환받지 못한 임차인이 신청[29]
일정한 금융기관은 임차인을 대위하여 신청할 수 있다.

甲 임대차 종료 乙
보증금반환×
임차권등기명령 신청
법원

(3) 관할 : 주택의 소재지를 관할하는 1심 법원

(4) 집행 : 법원은 판결 또는 결정 후 지체 없이 임차권기입등기를 촉탁

(5) 효력

1) 대항력과 우선변제권 취득·유지 : 임차권등기 이후에는 대항요건을 상실해도 대항력과 우선변제권 유지[13,31]

2) 배당요구 不要 : 임차권등기 이후에는 배당요구를 하지 않아도 당연히 배당받을 채권자에 속한다.[31]

3) 보증금반환과 임차권등기말소 : 임대인의 보증금반환의무가 선이행의무이다(동시이행관계×).[16,18,25,31]

4) 소액임차인과의 관계 : 임차권등기명령에 의한 임차권등기가 끝난 주택을 그 이후에 임차한 임차인은 소액보증금 중 일정액에 대한 최우선변제를 받을 수 없다.[13,14,26,31]

5) 보증금반환채권 소멸시효 중단× : 임차권등기에는 보증금반환채권의 소멸시효를 중단시키는 효력이 없다.

(6) 비용 : 신청비용 및 등기비용은 임대인이 부담[13,31]

5 존속기간

1. 최단기간 보장(4①)

(1) **최단기간 2년** : 기간을 정하지 않거나 2년 미만으로 정한 임대차는 그 기간을 2년으로 본다. [30]
(2) **임차인의 선택** : 임차인은 2년 미만으로 정한 기간이 유효함을 주장할 수 있다. 임대인은 주장不可 [14,25] [14,29,30]

2. 존속의제(4②) : 임대차기간이 끝난 후에도 보증금이 반환될 때까지 임대차는 존속하는 것으로 본다. [13,19,20,22,23]

3. 묵시적 갱신(6, 6의2)

(1) 요건

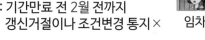

6　　2　만료

甲 : 기간만료 전 6~2월 사이
갱신거절이나 조건변경 통지×
임대인

乙 : 기간만료 전 2월 전까지
갱신거절이나 조건변경 통지×
임차인

* 2기 차임 연체 또는 임차인 의무 현저히 위반 [30,34]
→ 묵시적 갱신 인정×

(2) 효과

1) 전 임대차와 동일조건으로 다시 임대차한 것으로 본다.
2) 존속기간은 2년으로 간주 [16,24,28,29,34]
3) 임차인은 언제든지 해지통고할 수 있고, 3개월 후에 효력발생(=계약 종료) [19] [22,30]
4) 임대인은 해지통고할 수 없음 [15,29]

4. 임차인의 계약갱신요구권(6의3)

(1) 요건

1) 갱신요구기간 : 임대차기간 만료 전 6월부터 2월까지 사이 [32]
2) 갱신요구권 행사 횟수 : 1회에 한하여 행사할 수 있다. [32]

(2) 효과

1) 내용 : 전 임대차와 동일한 조건으로 다시 계약된 것으로 본다.
2) 차임, 보증금 : 증감할 수 있다(1/20, 1년).
3) 존속기간 : 2년으로 본다.
4) 해지통고 : 갱신 후 임차인은 언제든지 계약해지를 통지할 수 있고, 임대인이 그 통지를 받은 날부터 3개월이 지나면 효력이 생긴다. (갱신된 계약기간이 개시되기 전에 해지통지한 경우도 마찬가지) [35]
5) 손해배상 : 임대인이 실거주 목적으로 갱신을 거절한 후 일정한 기간 내에 정당한 사유 없이 제3자에게 그 주택을 임대한 경우 임대인은 임차인이 입은 손해를 배상하여야 한다.

乙 : 기간만료 전 6~2월 사이
계약갱신요구
甲 : 정당한 사유 없이 거절×
임대인　　　　　임차인

갱신거절사유
① 2기 차임 연체한 사실이 있는 때
② 거짓이나 부정한 방법으로 임차
③ 쌍방 합의하여 상당한 보상을 제공
④ 전부 또는 일부 무단전대 [32]
⑤ 전부 또는 일부 고의·중과실 파손
⑥ 전부 또는 일부 멸실
⑦ 전부 또는 대부분 철거·재건축
⑧ 임대인(직계존·비속 포함) 실거주
⑨ 현저한 의무위반 기타 중대한 사유

6 차임 및 보증금

1. 차임 등 증감청구권(7)

(1) **형성권**
(2) **증액 제한** : 증액청구는 임대차계약 또는 증액이 있은 후 1년 이내에는 하지 못하고, 약정한 차임이나 보증금의 20분의 1의 금액을 초과하지 못한다. 단, 이는 임대차계약의 존속 중 당사자 일방이 증감을 청구한 때에 한하여 적용되고(즉 형성권 행사의 경우에만 적용), 임대차계약이 종료된 후 재계약을 하거나 임대차계약 종료 전이라도 당사자의 합의로 증액된 경우에는 적용되지 않는다. [14,21,25]

2. 보증금의 월차임 전환 시 산정률 제한(7의2)

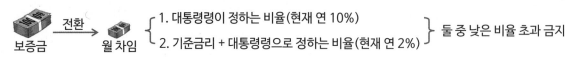

보증금 →전환→ 월 차임

1. 대통령령이 정하는 비율(현재 연 10%)
2. 기준금리 + 대통령령으로 정하는 비율(현재 연 2%)
둘 중 낮은 비율 초과 금지

3. 초과차임 등의 반환청구(7의2) : 증액비율이나 산정률을 초과하여 차임이나 보증금을 지급한 경우, 초과 지급된 부분에 대하여는 반환을 청구할 수 있다.

7 주택임차권의 승계

1. 취지 : 상속권이 없는 사실혼 배우자 보호

2. 승계대상자

(1) 상속인이 없는 경우(9①) : 사실혼 배우자가 단독으로 임차권 승계 [15]

(2) 상속인이 있는 경우

  1) 상속인이 가정공동생활을 하지 않는 경우(9②) : 사실혼 배우자와 2촌 이내 친족 공동승계 [16,23]

  2) 상속인이 가정공동생활을 하고 있는 경우(규정 없음) : 상속인이 단독으로 상속

3. 승계의 포기 : 임차인 사망 후 1개월 이내에 반대의사를 표시

상속순위
1. 직계비속
2. 직계존속
3. 형제자매
4. 4촌 이내 방계혈족

乙 丙
임차인 사실혼
사망 배우자

주택임대차보호법과 상가건물 임대차보호법의 비교

구분	주택임대차보호법	상가건물 임대차보호법
입법목적	국민의 주거생활의 안정 보장	국민의 경제생활의 안정 보장
적용범위	보증금의 규모에 관계없이 적용	환산보증금이 일정액 이하인 임대차에만 적용 [14,21] (환산보증금 = 보증금 + 월차임×100) 1. 서울 : 9억　　　　　※2019. 4. 2. ~ 2. 과밀억제권역 및 부산 : 6억9천 3. 광역시, 세종시, 파주시 등 : 5억4천 [33] 4. 기타 : 3억7천
보호대상	법인은 보호의 대상이 아님(예외 있음)	법인도 보호의 대상
대항력	주택의 인도와 주민등록을 마친 다음 날	건물의 인도와 사업자등록을 신청한 다음 날 [14,21]
우선변제권	대항요건 + 확정일자(관할 동 주민센터…)	대항요건 + 확정일자(관할 세무서장) [16,27]
우선변제권 승계	보증금반환채권을 양수한 금융기관	左同
최우선변제권	※2023. 2. 21. ~ 소액기준(보증금) / 최우선변제 한도 1. 서울 : 1억6천5백 / 5천5백 2. 과밀 : 1억4천5백 / 4천8백 3. 광역 : 8천5백 / 2천8백 4. 기타 : 7천5백 / 2천5백 주택가액(대지가액 포함)의 ½ 범위 내	※2014. 1. 1. ~ 소액기준(환산보증금) / 최우선변제 한도 1. 서울 : 6천5백 / 2천2백 [23] 2. 과밀 : 5천5백 / 1천9백 3. 광역 : 3천8백 / 1천3백 4. 기타 : 3천 / 1천 건물가액(대지가액 포함)의 ½ 범위 내
임차권등기명령	대항력과 우선변제권 취득 또는 유지	左同 [15+,17,18,20,28]
존속기간	최단 2년 / 임차인은 2년 미만 주장可	최단 1년 / 임차인은 1년 미만 주장可 [14,18,21,23,25,27] [17,28]
계약갱신요구권	6월~2월 / 1회(2년)	6월~1월 / 10년
차임연체와 해지	2기 차임 연체 시 계약해지	3기 차임 연체 시 계약해지 [22,27]
차임증감청구권	증액제한 1/20, 1년	증액제한 5/100, 1년 [14,21] [15+]
산정률 제한	(10%) 또는 (기준금리+2%) 중 낮은 비율	(12%) 또는 (기준금리×4.5) 중 낮은 비율
특유한 제도	사실혼 배우자의 임차권 승계	권리금회수기회 보호 [26,27,29]

제2장 상가건물 임대차보호법

1 서설
1. 입법목적 : 국민의 경제생활 안정 보장(1)
2. 법의 성격 : 특별법(민법에 우선적으로 적용) / 편면적 강행규정(15)

2 적용범위
1. 사업자등록이 가능한 상가건물의 임대차 [27]

(1) **상가건물 임대차** : 동법이 적용되는 상가건물임대차는 사업자등록의 대상이 되는 건물로서 건물을 영리를 목적으로 하는 영업용으로 사용하는 임대차를 가리킨다.

(2) **상가건물** : 동법이 적용되는 상가건물인지 여부는 공부상 표시가 아닌 건물의 현황·용도 등에 비추어 영업용으로 사용하느냐에 따라 실질적으로 판단해야 하고, 단순히 상품의 보관·제조·가공 등 사실행위만 이루어지는 공장·창고 등은 영업용으로 사용하는 경우라고 할 수 없으나 그곳에서 영리를 목적으로 하는 활동이 함께 이루어진다면 상가건물에 해당한다. [23]

2. 환산보증금액이 일정액 이하인 임대차 [14,21]

(1) **원칙** : 이 법은 환산보증금액이 일정액(가령 서울의 경우 9억 원)을 초과하지 않는 임대차에만 적용된다.

(2) **예외** : 다음의 규정들은 보증금의 규모에 관계없이 적용된다. [32]

 1) **임차권의 대항력에 관한 규정** [33,34]
 2) **임차인의 계약갱신요구권에 관한 규정** : 단, 9억 초과 + 기간 정함× → 계약갱신요구권 행사 不可 [34]
 3) **3기 차임 연체 시 계약해지에 관한 규정**   계약갱신요구권은 임대차기간이 정해져 있음을 전제로 한 것이므로
 4) **임차인의 권리금회수기회의 보호에 관한 규정**
 5) 「**감염병 예방법**」에 따른 집합 제한 또는 금지 조치로 인해 **폐업**한 경우 계약해지권(3개월 후 효력발생) [33]

 ※ 우선변제권, 최단기간, 묵시적 갱신, 임차권등기명령은 환산보증금액이 일정액 이하인 임대차에만 적용된다.
   [28,33]   [28,34]   [28]

3 대항력

1. 대항력의 취득요건 : 상가건물의 인도 + 사업자등록 신청 → 다음 날 대항력 발생 [16,27] [14,21]

(1) **사업자등록** : 사업자등록이 어떤 임대차를 공시하는 효력이 있는지 여부는 그 사업자등록으로 당해 건물에 사업장을 임차한 사업자가 존재하고 있다고 인식할 수 있는지 여부에 따라 판단해야 한다.

(2) **계약서와 등기부의 불일치** : 사업자등록신청서에 첨부한 임대차계약서상의 목적물의 소재지가 당해 상가건물에 대한 등기부상의 표시와 불일치하는 경우에는 그 사업자등록은 유효한 임대차의 공시방법이 될 수 없다.

(3) **건물의 일부를 임차한 경우** : 그 사업자등록이 유효한 임대차의 공시방법이 되기 위해서는 사업자등록 신청 시 그 임차부분을 표시한 도면을 첨부하여야 한다.

2. 대항력의 존속 : 건물의 점유와 사업자등록은 대항력의 취득요건이자 동시에 존속요건이다. [18,20]

(1) **임차인이 폐업한 경우** : 사업자등록을 마친 사업자가 폐업신고를 했다가 다시 같은 상호 및 등록번호로 사업자등록을 하였더라도 대항력과 우선변제권이 그대로 존속한다고 할 수 없다. [21,31]

(2) **임차인이 건물을 전대한 경우** : 임차인이 대항력 및 우선변제권을 유지하기 위해서는 건물을 직접 점유하면서 사업을 운영하는 전차인이 그의 명의로 사업자등록을 하여야 한다. [21,31]

3. 관련 판례

(1) **가등기 후에 대항력을 취득한 경우** : 가등기가 경료된 후에 비로소 동법상의 대항력을 취득한 임차인은 그 가등기에 기하여 본등기를 경료한 자에 대하여 임대차의 효력으로 대항할 수 없다. [23]

(2) **연체차임 이전×** : 상가건물의 양수인이 임대인의 지위를 승계하는 경우, 건물소유권이 이전되기 전에 이미 발생한 연체차임이나 관리비는 별도의 채권양도절차가 없는 한 양수인에게 이전되지 않는다. [32]

4 보증금의 회수

1. **집행개시요건 완화(5①)** 15+,25
2. **보증금의 우선변제(5②③)** : 대항요건(인+사) 및 확정일자 구비 + 경매 + 배당요구 + 경락인에게 건물인도[28]
3. **소액보증금 중 일정액의 우선변제(14)** : 소액보증금+ 경매신청등기 전 대항요건 구비[23] + 경매 + 배당요구
4. **임차권등기명령(6)** 15+,16,17,18,20,28,30

5 존속기간

1. **최단기간 보장(9)** 14,18,25,27 : 1년 / 단, 임차인은 1년 미만의 약정기간이 17,18,21 유효함을 주장할 수 있다.
2. **임차인의 계약갱신요구권(10①②③)**

甲 임대인 —— 정당한 사유 없이 거절× —— 기간만료 전 6월~1월 사이 / 계약갱신요구 ←— 乙 임차인

반드시 계약갱신요구권을 행사할 당시에 3기분의 차임액이 연체되어 있어야 하는 것은 아니다(판례).

갱신거절사유 14,17,19,25
① 3기 차임 연체한 사실이 있는 때
② 거짓이나 부정한 방법으로 임차
③ 쌍방 합의하여 상당한 보상을 제공[14]
④ 전부 또는 일부 무단전대 14,19
⑤ 전부 또는 일부 고의·중과실 파손 14,19,20,32
⑥ 전부 또는 일부 멸실[19]
⑦ 전부 또는 대부분 철거·재건축 14,15+,19
⑧ 현저한 의무위반 기타 중대한 사유

  (1) **인정범위** : 보증금의 규모에 관계없이 인정된다.
  (2) **기간** : 최초의 기간을 포함한 전체 기간이 10년을 초과하지 않는 범위에서만 행사할 수 있다.17,18,20,28,29
  (3) **내용** : 전 임대차와 동일[28] 조건으로 계약된 것으로 본다.
  (4) **차임, 보증금** : 일정한 범위(5/100, 1년)에서 증감할 수 있다.
  (5) **전차인의 대위행사** : 임대인의 동의를 받고 전대차계약을 체결한 전차인은 임차인을 대위하여 임대인에게 계약갱신요구권을 행사할 수 있다.

3. **묵시적 갱신(10④⑤)**

6 ———————— 1 만료

  (1) **요건** : 기간만료 전 6월~1월 사이 임대인이 갱신거절이나 조건변경의 통지× / 임차인 측 제한은 없음[35]
  (2) **효과**
    1) 전 임대차와 동일조건으로 갱신 / 존속기간은 1년 / 임차인은 언제든지 해지통지可(3월 후 종료)[30]
    2) 묵시적 갱신(=법정갱신)은 계약갱신요구권과는 달리 10년의 기간제한이 없다. 즉 법정갱신이 되는[22] 경우 임대차기간은 10년을 초과할 수도 있다.

6 차임 및 보증금

차임연체와 계약해지 22,27 : 차임연체액이 3기에 달하면 계약해지 / 갱신 시에는 갱신 전후 합산하여 계산

7 권리금회수기회 보호

1. **임대인의 방해금지** : 임대차기간 만료 6개월 전부터 종료 시까지 임차인의 권리금회수 방해금지
  (1) 권리금 수수, 요구
  (2) 권리금지급방해
  (3) 현저히 고액의 차임 요구 ————————[29]
  (4) 정당한 사유 없이 계약체결거절

⊙ 임차인이 주선한 신규임차인이 보증금, 차임을 지급할 자력이 없는 경우
ⓒ 임차인이 주선한 신규임차인이 의무를 위반할 우려가 있는 경우
ⓒ 임대인이 상가건물을 1년 6개월 이상 영리목적으로 사용하지 아니할 경우
ⓔ 임대인이 선택한 신규임차인이 임차인에게 권리금을 지급한 경우에는 임대인은 임차인이 주선한 신규임차인과의 계약체결을 거절할 수 있다.

2. **권리금회수방해로 인한 손해배상**
  (1) **손해배상의 한도** : 신규임차인이 지급하기로 한 권리금과 임대차종료 당시 권리금 중 낮은 금액 초과 금지
  (2) **손해배상청구권의 소멸시효** : 임대차가 종료한 날부터[27] 3년 이내[26] 행사하지 않으면 시효완성으로 소멸한다.

3. **권리금 적용제외** : 상가건물이 대규모점포, 준대규모점포의 일부(전통시장은 제외), 국·공유재산인 경우

4. **관련 판례**
  (1) 전체 기간이 10년을 초과하여 계약갱신요구권을 행사할 수 없는 임차인도 권리금회수기회는 보호된다.
  (2) 권리금회수방해로 인한 임대인의 손해배상책임을 인정하기 위하여 반드시 임차인과 신규임차인 사이에 권리금계약이 미리 체결되어 있어야 하는 것은 아니다.

제3장 집합건물의 소유 및 관리에 관한 법률

1 건물의 구분소유

1. **전유부분** : 구분소유권의 목적인 건물부분[32]

 (1) **귀속** : 각자의 구분소유[18,27]

 (2) **구분소유권의 성립요건**

  1) **객관적 요건** : 구조상·이용상의 독립성 / 독립성이 없는 건물부분의 구분등기는 무효

  2) **주관적 요건** : 소유자의 구분행위(의사표시)[15,15+] / 구분행위는 반드시 등기나 등록일 필요가 없고[25], 건축허가[26,32] 신청이나 분양계약에 의하여도 구분행위의 존재를 인정할 수 있다(2013 전원합의체 판결).

2. **공용부분** : 전유부분 외의 건물부분, 전유부분에 속하지 않는 건물의 부속물, 규약에 의해 공용부분으로 된 건물

 (1) **종류(3)** : 법정(구조상) 공용부분 + 규약상 공용부분
   복도, 계단, 엘리베이터 / 등기×[13,15+,18]   노인정, 관리사무소 / 등기○(표제부만 둔다)[13,15+,18]

 (2) **귀속(10)** : 구분소유자 전원의 공유 / 단, 일부의 공용에만 제공되는 부분은 일부의 공유에 속한다.[29]

 (3) **지분(12,13)**

  1) **비율** : 전유부분의 면적비율에 의한다.

  2) **전유부분과의 일체성** : 공용부분 지분은 전유부분의 처분에 따르고[15], 전유부분과 분리하여 처분할 수 없다.[13,14,15]

  3) **등기 不要** : 공용부분에 관한 물권의 득실변경은 등기를 요하지 않는다.[13,21,29,30,31,34]

 (4) **사용(11)** : 각 공유자가 그 용도에 따라 사용할 수 있다(지분의 비율로 사용하는 것이 아님).[26] [31,34]

 (5) **변경(15)** : 관리단집회결의(특별결의, $2/3$ 이상)로써 결정한다. 단, 권리변동을 일으키는 경우 $4/5$ 이상[13,15+,21]

 (6) **관리(16)** : 관리단집회결의(통상결의, 과반수)로써 결정한다.

 (7) **보존(16)** : 각 공유자가 할 수 있다.[26] / 구분소유자가 다른 구분소유자의 동의 없이 공용부분을 독점적으로 점유·사용하는 경우[14,26], 다른 구분소유자는 공용부분의 보존행위로서 그 인도를 청구할 수 없다.[33]

 (8) **부담·수익(17)** : 지분의 비율에 따라 부담하고 취득한다.[29]

 (9) **공용부분에 관하여 발생한 채권(18)** : 공유자의 특별승계인에게도 행사할 수 있다.

 (10) **건물의 설치·보존상의 흠(6)** : 공용부분에 존재하는 것으로 추정한다.[14,23]

3. **대지** : 전유부분이 속하는 1동의 건물이 있는 대지 및 규약에 의해 건물의 대지로 된 토지

 (1) **종류(2,4)** : 법정(당연) 대지 + 규약상 대지
   건물이 소재하는 토지   도로, 공원, 지상주차장…
               공용부분이 아니라 대지

 (2) **귀속** : 구분소유자 전원의 공유

 (3) **분할청구금지(8)** : 대지의 공유자는 대지의 분할을 청구하지 못한다.[13,27]

 (4) **대지사용권**

  1) **의의(2)** : 구분소유자가 전유부분을 소유하기 위하여 대지에 대하여 가지는 권리[15,27]
    대지사용권은 반드시 소유권에 한하지 않고 지상권, 전세권, 임차권도 대지사용권이 될 수 있다.

  2) **비율** : 전유부분의 면적비율에 의한다.

  3) **사용** : 각 구분소유자는 지분의 비율에 관계없이 대지 전부를 용도에 따라 사용할 수 있다.

  4) **전유부분과의 일체성(20)**

   ① **원칙** : 대지사용권은 전유부분의 처분에 따르고, 전유부분과 분리하여 처분할 수 없다.[34]

   ㉠ 전유부분에 설정된 저당권이나 전세권의 효력은 대지사용권에도 미친다.

   ㉡ 대지사용권의 분리처분은 법원의 강제경매절차에 의한 것이라도 무효이다.[21,34] [25]

   ㉢ 구분소유권이 성립한 후에 대지에 대해서만 경료된 저당권설정등기는 무효로서 말소되어야 한다.

   ② **예외** : 규약으로 달리 정한 때에는 대지사용권을 전유부분과 분리하여 처분할 수 있다.[15+,19,26,34]

  5) **민법 제267조(지분의 탄력성)의 적용 배제(22)** : 전유부분과 함께 국가에 귀속된다.[13]

4. **구분소유자의 의무**

 (1) **일반적 의무** : 공동의 이익에 반하는 행위 금지, 주거용 건물의 용도 변경 및 증·개축 금지[13]

 (2) **위반자에 대한 조치** : 행위정지청구[14], 사용금지청구($3/4$)[14,22], 경매청구($3/4$), 계약해제 및 인도청구($3/4$)[14]

2 내부관계

1. 관리단(23)
(1) **의의** : 건물과 대지의 관리에 관한 사업의 시행을 목적으로 하는 단체
(2) **당연설립** : 별도의 조직행위 없이 구분소유자 전원을 구성원으로 하여 당연히 성립한다.[15,15+,20] [13,15,15+,19,20]
(3) **구성원** : 전세권자나 임차인은 관리단의 구성원이 될 수 없다. 미분양된 전유부분의 소유자(분양회사를 의미)도 포함되며, 분양대금을 완납하였음에도 분양자 측의 사정으로 소유권이전등기를 경료받지 못한[17,22] 수분양자도 구분소유자에 준하는 것으로 보아 관리단의 구성원으로 인정한다.
(4) **관리단의 채무** : 구분소유자는 지분의 비율에 따라 관리단의 채무를 변제할 책임을 진다.[22]

2. 관리인(24~26)
(1) **권한** : 관리단을 대표하고 관리단의 사무를 집행
(2) **선임 및 해임**
  1) 구분소유자가 10인 이상이면 관리인을 선임하여야 한다(선임할 수 있다×).[33]
  2) 관리단집회결의로 선임하고 해임한다. 단, 규약으로 관리위원회의 결의로 선임·해임되도록 정할 수 있다.
  3) 관리인은 구분소유자일 필요가 없으며, 임기는 2년의 범위에서 규약으로 정한다.[24,25,30,33,35] [24,35]
  4) 관리인의 부정행위 시 각 구분소유자는 법원에 관리인의 해임을 청구할 수 있다.[13,24]

3. 관리위원회(26의2) : 관리인의 사무집행을 감독한다. 위원은 구분소유자 중에서 선출한다(관리인은 제외).[24] [33,35]

4. 규약(28~30)
(1) **의의** : 건물과 대지의 관리와 사용에 관한 구분소유자들 사이의 자치법규
(2) **설정·변경·폐지** : 관리단집회에서 구분소유자 및 의결권의 $3/4$ 이상의 찬성을 얻어 설정[13,20]
(3) **판례**
  1) **체납관리비 승계규약** :[15,15+] ① 공용부분 관리비에 관한 부분은 유효. 단, 연체료는 승계×[14] ② 구분소유권이[17,20,25] 순차로 양도된 경우 각 특별승계인들은 이전 구분소유자들의 채무를 중첩적으로 인수하므로, 현재 구분소유권의 보유 여부와 상관없이 공용부분이 체납관리비채무를 부담한다.[32]
  2) 업종준수의무를 위반한 자에 대하여 단전·단수조치를 정한 상가관리규약 : 유효[15+]
  3) 집합건물의 관리인에게 건물 전체 또는 상당 부분의 임대권한을 위임하는 내용의 규약 : 무효

5. 집회(31~42)
(1) **권한** : 관리단의 사무를 결의
(2) **종류** : 정기관리단집회(매년 회계연도 종료 후 3개월 이내), 임시관리단집회(관리인 or $1/5$ 이상 청구)[24,29] [13]
(3) **소집통지** : 집회일 1주일 전 회의의 목적사항을 명시하여 통지 / 전원이 동의하면 소집절차 생략可[13,25]
(4) **의결**
  1) **의결권, 의결정족수** : 의결권은 지분비율에 따른다. 통상결의(과반수), 특별결의($2/3$, $3/4$, $4/5$ 이상)
  2) **의결방법** : 서면결의, 전자적 방법에 의한 결의($3/4$ 이상) / 대리인을 통한 결의도 가능[16]
  3) **점유자의 의견진술권(40) 및 의결권(16②)** : 공용부분의 관리에 관한 사항은 의결권 행사 가능[16]
(5) **효력** : 규약 및 관리단집회의 효력은 구분소유자의 특별승계인에 대하여도 효력이 있다.[30]

3 재건축 및 복구

1. **재건축** : 관리단집회결의 $4/5$ 이상[15,16,17,24,28,30]
   (47~49)

2. **복구** { 건물가격 $1/2$ 이하 멸실 : 각자 복구
   (50) { 건물가격 $1/2$ 초과 멸실 : 복구결의($4/5$ 이상)

4 담보책임

1. **담보책임(9)** : 분양자와 시공자는 구분소유자에 대하여[23] 담보책임을 진다.
2. **하자담보추급권** : 현재(최초×)의 구분소유자에게 귀속한다.[18,31] 입주자대표회의나 관리단은 하자담보추급권을 갖지 못한다.

153

제4장 가등기담보 등에 관한 법률

1 비전형(非典型)담보의 의의

1. 가등기담보 : 채권자와 채무자(또는 제3자) 간에 채무자의 채무불이행 시 채무자 소유 부동산의 소유권을 채권자에게 이전해 주기로 예약하고(대물변제예약 또는 매매예약), 채권자가 그 예약에 따른 권리(장래 완결권을 행사하면 발생하게 될 소유권이전청구권)를 보전하기 위해 채권자 앞으로 가등기를 해 두는 방법

2. 양도담보 : 채무를 담보하기 위하여 채무자(또는 제3자) 소유의 물건의 소유권을 채권자에게 이전해 두었다가 채무자가 채무를 이행하면 목적물을 원소유자에게 반환하고, 채무자가 채무를 이행하지 않으면 채권자가 그 물건으로부터 채권을 회수하기로 하는 방법

가등기담보
甲 채무자 — 대물변제예약 (매매예약) — 채권 乙 채권자 가등기

- 甲 변제 ○ → 乙 가등기말소
- 甲 변제 × → 乙 가등기에 기한 본등기 + 청산 ····
- ?

양도담보
甲 채무자 — 대물변제예약 (매매) — 채권 乙 채권자 소유권이전등기
사용·수익 계속 15+,20

선의인 경우 소유권 취득 丙 13,15+,20,24,29,31

if 청산절차를 거치지 않고 부동산을 처분하면
불법행위책임 22
甲 ← 손해배상 ← 乙

2 동법의 적용요건   이 법은 악덕 사채업자( )의 폭리를 막기 위해 만들었다.

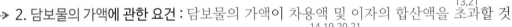

1. 피담보채권에 관한 요건 : 소비대차계약에 의하여 발생한 대여금반환채권일 것 20,21,34

   (1) 매매대금채권, 공사대금채권을 담보하기 위한 경우 : 적용× 19,26,33

   (2) 가등기의 주된 목적이 매매대금채권의 확보에 있고, 대여금채권의 확보는 부수적인 목적에 불과한 경우 : 적용× 15,17

   (3) 차용금반환채무와 다른 채무를 동시에 담보할 목적으로 가등기를 경료하였는데 그 후 다른 채무는 변제로 소멸하고 차용금반환채무만 남은 경우 : 적용○

채권
가등기

2. 담보물의 가액에 관한 요건 : 담보물의 가액이 차용액 및 이자의 합산액을 초과할 것 13,21

   (1) 대물반환예약 당시의 재산가액이 원리금 합산액에 미달하는 경우 : 적용× 14,19,20,21
   즉, 이 법이 정한 청산금평가액의 통지 등의 절차를 이행할 필요가 없다.32

   (2) 대물반환예약 당시 재산에 대하여 선순위 근저당권이 설정되어 있는 경우
   예약 당시의 재산가액에서 선순위 저당권의 피담보채무액을 공제한 나머지 가액이 차용액 및 이자의 합산액을 초과하는 경우에만 이 법이 적용된다. 21,34

   (예) 甲 4억 4. 1. 저당권(2억) KB
   5. 1. 가등기(3억) 乙 ·····→ 이 법이 적용되지 않는다.

3. 등기에 관한 요건 : 채권자 명의로 가등기나 소유권이전등기를 마쳤을 것

   (1) 등기를 하지 않은 경우 : 채권자가 채무자와 담보계약은 체결하였지만 가등기나 소유권이전등기를 마치지 않은 경우에는 이 법이 적용되지 않는다.34

   (2) 소유권 이외의 권리 : 소유권 외에 등기·등록할 수 있는 권리의 취득을 목적으로 하는 담보계약에도 준용한다. 단, 전세권, 저당권, 질권은 제외한다.

3 동법의 담보권실행절차

甲 4억
① KB 저당권(1억)
② 乙 가등기(1억)
③ SB 저당권(1억)
④ 丙 임차권(1억)
실행 선택 13,15+ 17,26

권리취득에 의한 실행 : 사적(私的) 실행, 귀속청산형
변제기 — 통지 — 청산 —————— 소유권취득
변제× — 2개월 — 청산금 지급

경매에 의한 실행 : 공적(公的) 실행, 처분청산형
경매에서는 가등기담보권을 저당권으로 간주한다. 14

권리취득에 의한 실행 사적 실행, 귀속정산

16,24 **통지**	**1. 채무자 등에 대한 통지(3)**
	 (1) **통지사항** : 청산금 평가액[27] / 통지 당시의 부동산 가액 − (피담보채권액 + 선순위담보권의 피담보채권액)[17,30]
	  1) 채권자의 주관적 평가로 족하고, 그 액수가 객관적 평가액에 미치지 않더라도 통지로서 유효하다.[15,15+,17]
	  2) 청산금이 없는 경우에도 그 취지를 통지해야 한다. 단, 평가액 및 채권액을 구체적으로 언급할 필요는 없다.[15+,16,30]
	 (2) **통지의 상대방** : 채무자, 물상보증인, 제3취득자 / 일부에게라도 통지가 누락되면 통지는 무효이다.[16,19]
	  즉, 청산기간이 진행하지 않고 가등기담보권자가 청산금을 지급하더라도 소유권을 취득하지 못한다.[23]
	 (3) **통지의 방법** : 구두 또는 서면 등 아무런 제한이 없다.
	 (4) **통지의 효과** : 청산기간 진행 / 채권자는 자신이 통지한 청산금의 금액을 다툴 수 없다(통지의 구속력)(9).[19,23,24,33]
	 2. 후순위권리자에 대한 통지(6)[16]
	 (1) **통지사항** : 채무자 등에의 통지사실, 내용, 도달일, 채권액
	 (2) **통지의 상대방** : 후순위의 저당권자, 전세권자, 담보가등기권자, 대항력 있는 임차인 등
	 (3) **통지하지 않은 경우** : 채권자가 후순위권리자에 대한 이중지급의 책임을 면할 수 없을 뿐 채무자에게 담보권실행을 거부할 권원이 생기는 것은 아니다.

청산	**1. 청산기간** : 실행통지가 채무자에게 도달한 날로부터 2개월(3①)[20] **2. 후순위권리자의 경매신청(12②)** : 후순위권리자는 청산기간에 한정하여 그 피담보채권의 변제기 도래[13,15+,20,25,26] 전이라도 담보목적부동산의 경매를 청구할 수 있다. → 경매절차 개시, 사적 실행절차 중단 **3. 청산방법** : 귀속청산(4③)[28] / 채권자가 청산금지급 이전에 본등기와 목적물의 인도를 받을 수 있다거나 청산기간이나 동시이행관계를 인정하지 않은 '처분청산'형의 담보권실행은 허용되지 않는다.[15] **4. 청산금 청구권자** : 설정자, 제3취득자, 후순위권리자, 대항력 있는 임차인 등 **5. 청산금 지급시기** : 청산기간 만료 시 / 경과 전에 지급한 경우 후순위권리자에 대항하지 못한다(7).[28,32] **6. 청산금 공탁** : 청산금채권이 압류 또는 가압류된 경우(8)
소유권 취득	**1. 청산금지급** : 가등기담보의 경우에는 청산금을 지급해야 가등기에 기한 본등기를 청구할 수 있고(4②) 양도담보의 경우에는 청산금을 지급해야 담보목적부동산의 소유권을 취득한다(양 🐑→ 소 🐂). **2. 동시이행** : 채권자의 청산금지급과 담보권설정자의 소유권이전등기 및 인도의무는 동시이행관계(4③)[24,35] **3. 실행절차를 위반한 경우** : 동법의 규정을 위반하여 이루어진 본등기는 무효이다. 다만 사후에라도 가등기[15+,22,28,35] 담보권자가 동법 소정의 청산절차를 거쳐 청산금을 지급하면 그 무효인 본등기는 실체적 법률관계에 부합하는 유효한 등기가 될 수 있다.[23] **4. 채무자 등의 말소청구권(11)** (1) 채무자는 청산기간이 경과한 후에도 청산금채권을 변제받을 때까지 채무액(반환 시까지의 이자와 손해금을 포함)을 변제하고 소유권이전등기의 말소를 청구할 수 있다.[15+] (2) 단, 변제기가 경과한 때부터 10년이 지났거나 선의의 제3자가 부동산의 소유권을 취득한 경우에는[13] 말소를 청구할 수 없다. (3) 채무자의 말소청구권이 제척기간(10년)의 경과로 확정적으로 소멸하면 양도담보권자(=채권자)는 확정적으로 소유권을 취득한다. 단, 이 경우에도 채권자는 채무자에게 청산금을 지급할 의무가 있다.

경매에 의한 실행 공적 실행, 처분정산

경매	**1. 경매청구** : 가등기담보권자는 담보목적부동산의 경매를 청구할 수 있다(12).[14,18,25,33] **2. 우선변제권** : 가등기담보권자는 담보목적부동산의 경매대가에서 우선변제를 받을 권리가 있다(13). 단, 집행법원이 정한 기간 내에 채권신고를 하지 않으면 배당받을 권리를 상실한다(16②).[18][22] **3. 경매가 개시되면 사적 실행은 중단** : 청산금이 지급되기 전에 부동산에 대한 경매신청이 행하여진 경우 가등기담보권자는 그 가등기에 따른 본등기를 청구할 수 없다(14).[25] **4. 담보가등기는 경매로 소멸** : 담보가등기권리는 매각에 의해 소멸한다(15).[15+,18,24,25,28,32,35]

제5장 부동산 실권리자명의 등기에 관한 법률

■ 1 명의신탁(名義信託)의 개념과 유효성

1. **부동산의 명의신탁** : 당사자 간의 채권계약에 의하여 신탁자가 실질적으로는 그의 소유에 속하는 부동산의
등기명의를 실체적인 거래관계가 없는 수탁자에게 매매 등의 형식으로 이전(가등기도 포함)해 두는 것

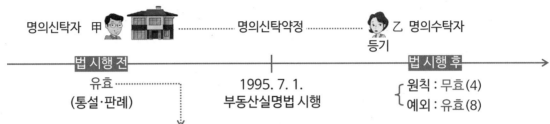

2. **유효한 명의신탁의 법률관계** : 신탁적 소유권이전(통설·판례) → 소유권의 대내외(對內外) 분리

 (1) **대내적 관계** : 명의신탁자가 소유권[28]을 그대로 보유하면서 목적부동산을 관리·수익한다. 명의수탁자는
 자기 앞으로 등기가 되어 있다고 하여 명의신탁자에게 소유권을 주장할 수 없다.

 (2) **대외적 관계** : 제3와의 관계에서는 등기명의인인 명의수탁자만이 소유권을 가진다.

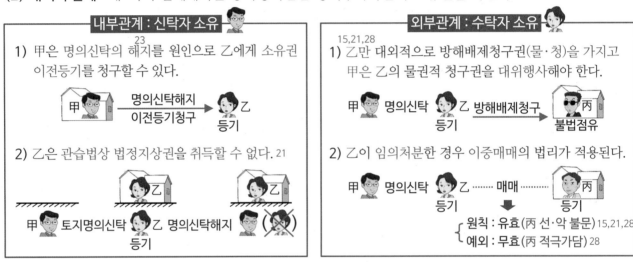

■ 2 부동산실명법의 주요 내용

1. **명의신탁 금지** : 새로운 명의신탁 금지(3), 기존의 명의신탁은 1년 내로 실명 전환(11)

2. **명의신탁의 효력(4)**
 (1) 명의신탁약정은 무효이다(4①).
 (2) 명의신탁약정에 따른 등기에 의한 물권변동도 무효이다.(4②)
 (3) 명의신탁약정과 등기의 무효로 제3자(선의·악의 불문)에 대항하지 못한다(4③). [14,15,16,18,22,23,25,26,30]

3. **적용제외(2)** : 다음 3가지는 동법이 금지하는 명의신탁에 해당하지 않는다.
 (1) **가등기담보·양도담보** [15,16,26] : 채무변제를 담보하기 위하여 채권자가 부동산물권을 이전받거나 가등기한 경우
 (2) **상호명의신탁(=구분소유적 공유)** [16,17] : 부동산의 위치와 면적을 특정하여 2인 이상이 구분소유하기로 하는
 약정을 하고 그 구분소유자의 공유로 등기하는 경우 → p.81 참고
 (3) **신탁법에 의한 신탁** [16] : 신탁법 또는 금융투자업법에 따른 신탁재산인 사실을 등기한 경우

4. **특례(8)** [15+] : 다음 3가지는 명의신탁에 해당하지만 예외적으로 허용된다(명의신탁약정 및 물권변동 유효).
 조세포탈, 강제집행면탈 또는 법령상 제한의 회피를 목적으로 하지 않으면서
 (1) **종중** : 종중이 보유한 물권을 종중 이외 자의 명의로 등기한 경우
 (2) **배우자** [18,22,24] : 법률상 배우자 명의로 등기한 경우(사실혼×) / 신탁자와 수탁자가 혼인하면 그때부터 특례 적용 [18]
 (3) **종교단체** : 종교단체의 명의로 그 산하조직이 보유한 부동산물권을 등기한 경우

3 무효인 명의신탁의 법률관계

1. 양자간 등기명의신탁

 甲 ·········· 명의신탁약정 ·········· 【무효】 乙 등기 ·········· 매매 ·········· 【무효】 丙 등기

(1) 명의신탁약정은 반사회질서의 법률행위가 아니다. 18
　　따라서 수탁자 명의의 등기는 불법원인급여가 아니다. 22
(2) 甲이 등기명의를 회복하는 방법
　1) 명의신탁해지를 원인으로 하는 소유권이전등기청구× 18,26,31,34,35
　2) 침해부당이득반환을 원인으로 하는 소유권이전등기청구× 34
　3) 원인무효를 이유로 하는 등기말소청구○ 31
　4) 진정명의회복을 원인으로 하는 소유권이전등기청구○ 34

(1) 丙은 선·악을 불문하고 부동산의 소유권을 취득 30,31,34,35
　　하고(4③), 乙은 甲에 대해 불법행위책임을 진다. 34,35
(2) 단, 丙이 乙의 배임행위에 적극가담한 경우에는
　　乙, 丙 간의 매매는 반사회적 법률행위로 무효가
　　되어 丙은 소유권을 취득하지 못한다.
(3) 소유권, 저당권 등 물권을 취득한 자뿐만 아니라
　　압류 또는 가압류채권자도 제3자에 포함된다. 34

2. 3자간 등기명의신탁(= 중간생략형 명의신탁)

중간생략등기

 丙 ·········· 매매 ·········· 【유효】 19 甲 ·········· 명의신탁약정 ·········· 【무효】 15+,30 乙 등기 【무효】
매도인　대금지급 + 중간생략등기 부탁 ← 매수인 신탁자　　　　　　　　　수탁자

丙, 甲 간의 매매계약은 유효하므로 甲은 丙에 대하여 19,23,25
매매계약에 기한 소유권이전등기를 청구할 수 있고,
丙은 여전히 甲에 대한 소유권이전의무를 부담한다.

乙이 신탁부동산을 임의로 처분한 경우 甲에 대한 불법
행위책임(손해배상책임)을 지거나 甲에게 그 이익
(처분대금)을 부당이득으로 반환할 의무가 있다.

(1) 甲이 등기하는 방법
　1) 乙에게 명의신탁해지를 원인으로 소유권이전등기청구× 19,24
　2) 乙에게 부당이득반환을 원인으로 소유권이전등기청구× 24,25,30
　3) 丙을 대위하여 乙에게 乙 명의 등기의 말소를 청구하고 15+,17,30
　　그 후 丙에게 매매를 원인으로 소유권이전등기청구○ 15+,19,24,25
(2) 乙이 자의로 甲에게 바로 소유권이전등기를 경료해 준 경우 20,26
　　실체관계에 부합하는 등기로서 유효 → 甲 소유권취득

3. 계약명의신탁

매수자금 제공 ←

 丙 【선의/악의】 ·········· 매매 【유효/무효】 ·········· 【유효/무효】 乙 등기 매수인 수탁자 ·········· 명의신탁약정 【무효】 32,33 甲 신탁자
매도인　　　　　　　　　　　　　　　　등기 매수인 수탁자

丙이 선의인 경우
丙, 乙 간의 매매계약과 乙 명의의 등기 유효
乙 소유권취득○ 14,16,20,26,33

매도인의 선의·악의 : 매매계약을 체결할 당시의
매도인의 인식을 기준으로 판단 32

丙이 악의인 경우
丙, 乙 간의 매매계약과 乙 명의의 등기 무효
乙 소유권취득× 15,16,23,25,32

(1) 부당이득반환 : 乙이 甲에게 반환해야 할 부당이득의 대상은
　　당해 부동산 자체가 아니라 甲으로부터 제공받은 매수자금이다. 18,20,27,32
(2) 매수자금반환에 갈음한 새로운 대물급부약정은 유효하다. 32
(3) 甲의 유치권 성립× : 乙의 소유물반환청구에 대해 甲은 매수 20,21,25,29,33
　　자금반환청구권에 기해 유치권을 행사할 수 없다(견련성×).

乙이 제3자에게 부동산을 처분한 경우 : 丙의 소유권을 침해하는 25
불법행위이지만, 丙이 乙로부터 대금을 수령한 상태라면 丙에게
손해가 없어 乙은 손해배상책임을 지지 않는다(∵동시이행항변).

타인의 명의로 매각허가결정을 받은 경우의 법률관계 → 계약명의신탁

1. **명의수탁자가 소유권취득** : 부동산경매절차에서 부동산을 매수하려는 사람이 매수대금을 자신이 부담하면서 다른
　사람의 명의로 매각허가결정을 받기로 약정한 경우, 경매절차에서 매수인의 지위에 서는 사람은 어디까지나
　그 명의인(=명의수탁자)이므로 부동산의 소유권은 매수대금을 실질적으로 부담한 사람이 누구인지에 상관없이
　그 명의인이 취득하고, 매수대금을 부담한 사람과 이름을 빌려 준 사람 사이에는 명의신탁관계가 성립한다. → p.25
18,29　　　　　　　　　　　　　　　　　　　　　　　　　　　　　　　17,27
2. **경매의 특수성** : 소유자가 명의신탁약정 사실을 알았거나 소유자와 명의신탁자가 동일인인 경우에도 명의수탁자는 27,29
　경매목적 부동산의 소유권을 취득한다(소유자는 경매절차에서 매수인의 결정과정에 아무런 관여를 할 수 없으므로).
3. **부동산 또는 처분대금 반환약정은 무효** : 위의 경우 매수대금의 실질적 부담자의 지시에 따라 부동산의 소유 명의를
18,26
　이전하거나 그 처분대금을 반환하기로 약정하였다 하더라도 그러한 약정은 무효이다.

법률관계의 제3자

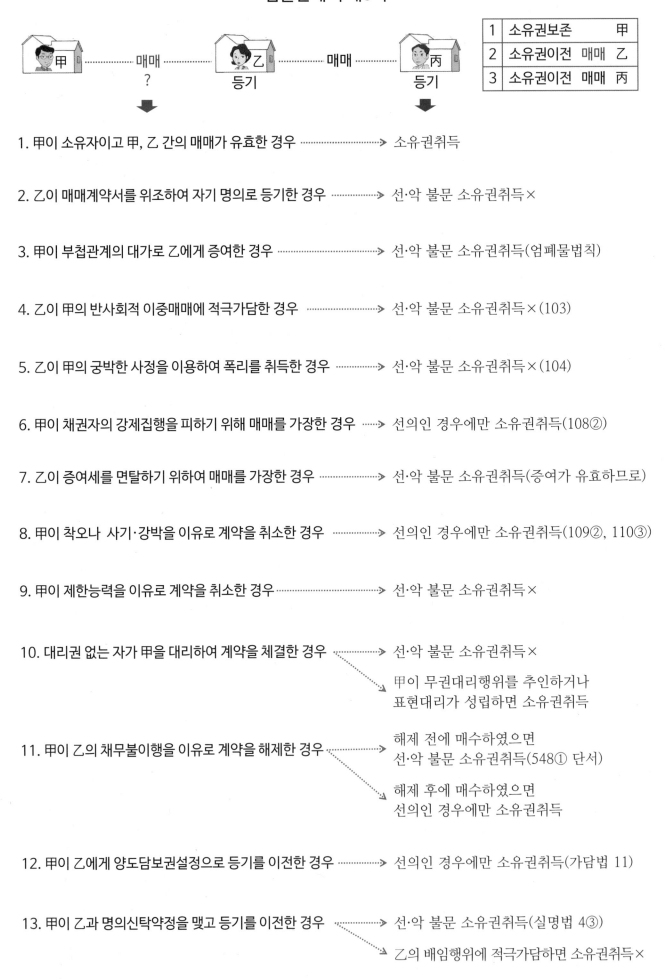

1	소유권보존		甲
2	소유권이전	매매	乙
3	소유권이전	매매	丙

1. 甲이 소유자이고 甲, 乙 간의 매매가 유효한 경우 ·············▶ 소유권취득

2. 乙이 매매계약서를 위조하여 자기 명의로 등기한 경우 ··········▶ 선·악 불문 소유권취득×

3. 甲이 부첩관계의 대가로 乙에게 증여한 경우 ·················▶ 선·악 불문 소유권취득(엄폐물법칙)

4. 乙이 甲의 반사회적 이중매매에 적극가담한 경우 ············▶ 선·악 불문 소유권취득×(103)

5. 乙이 甲의 궁박한 사정을 이용하여 폭리를 취득한 경우 ·········▶ 선·악 불문 소유권취득×(104)

6. 甲이 채권자의 강제집행을 피하기 위해 매매를 가장한 경우 ·····▶ 선의인 경우에만 소유권취득(108②)

7. 乙이 증여세를 면탈하기 위하여 매매를 가장한 경우 ··········▶ 선·악 불문 소유권취득(증여가 유효하므로)

8. 甲이 착오나 사기·강박을 이유로 계약을 취소한 경우 ·········▶ 선의인 경우에만 소유권취득(109②, 110③)

9. 甲이 제한능력을 이유로 계약을 취소한 경우 ················▶ 선·악 불문 소유권취득×

10. 대리권 없는 자가 甲을 대리하여 계약을 체결한 경우 ·········▶ 선·악 불문 소유권취득×

↘ 甲이 무권대리행위를 추인하거나
표현대리가 성립하면 소유권취득

11. 甲이 乙의 채무불이행을 이유로 계약을 해제한 경우 ·········▶ 해제 전에 매수하였으면
선·악 불문 소유권취득(548① 단서)

↘ 해제 후에 매수하였으면
선의인 경우에만 소유권취득

12. 甲이 乙에게 양도담보권설정으로 등기를 이전한 경우 ·········▶ 선의인 경우에만 소유권취득(가담법 11)

13. 甲이 乙과 명의신탁약정을 맺고 등기를 이전한 경우 ·········▶ 선·악 불문 소유권취득(실명법 4③)

↘ 乙의 배임행위에 적극가담하면 소유권취득×

민법상의 각종 책임

*파란색은 무과실책임

책임		조문	책임의 요건	책임의 내용	
대리인의 복대리인 선임·감독 책임	임의대리인의 책임	121	복대리인의 선임·감독에 고의나 과실이 있을 때에만 책임(과실책임)	본인에 대한 손해배상	
	법정대리인의 책임	122	복대리인의 선임·감독에 고의나 과실이 없을 때에도 책임(무과실책임)		
본인의 표현대리 책임	대리권수여표시에 의한 ~	125	대리권수여표시 + 표시범위 내의 대리행위 + 상대방의 선의·무과실	대리행위 내용을 이행할 책임 계약이행책임○ 손해배상책임×	
	권한을 넘은 ~	126	기본대리권 존재 + 권한을 넘은 대리행위 + 상대방의 선의·무과실		
	대리권소멸 후의 ~	129	대리권의 소멸 + 소멸 후의 대리행위 + 상대방의 선의·무과실		
무권대리인의 상대방에 대한 책임		135	대리권 증명×, 본인의 추인× 대리인의 행위능력, 상대방의 선의·무과실	상대방의 선택에 따라 계약이행 또는 손해배상	
점유자의 회복자에 대한 책임	선의 + 자주	202	점유자의 책임 있는 사유로 점유물이 멸실·훼손한 때	현존이익 배상	
	그 외			전손해 배상	
공유물분할로 인한 담보책임		270	공유자가 분할로 인해 취득한 물건에 하자가 있는 경우	각자의 지분비율로 매도인과 동일한 담보책임	
전전세 등의 경우의 책임		308	전세권자가 전세권의 목적물을 전전세 또는 임대한 경우	전전세나 임대하지 않았으면 면할 수 있었던 불가항력으로 인한 손해에 대하여도 책임	
전세권자의 손해배상책임		315	전세권의 목적물의 전부 또는 일부가 전세권자의 귀책사유로 멸실된 때	전세권이 소멸된 후 전세금으로써 손해배상에 충당	
채무불이행책임		390	채무자가 고의나 과실로 인해 채무의 내용에 좇은 이행을 하지 아니한 때	손해배상(이행이익배상)	
계약체결상의 과실책임		535	계약의 목적의 원시적 불능 일방의 악의나 과실, 상대방의 선의·무과실	손해배상(신뢰이익배상)	
매도인의 담보책임	전부 타인의 권리	570	권리의 전부를 이전할 수 없는 때	해제(악), 손해배상	×
	일부 타인의 권리	572	권리의 일부를 이전할 수 없는 때	대금감액(악), 해제, 손해배상	1년
	수량부족 일부멸실	574	수량이 부족하거나 일부가 멸실된 때	대금감액, 해제, 손해배상	1년
	용익권능의 제한	575	용익권이 존재할 때	해제, 손해배상	1년
	저당권의 실행	576	저당권이 실행된 때	해제(악), 손해배상(악)	×
	특정물 매매	580	물건의 하자 + 매수인의 선의·무과실	해제, 손해배상	6월
	종류물 매매	581	물건의 하자 + 매수인의 선의·무과실	해제, 손해배상 또는 완전물급부청구	6월
불법행위책임		750	고의 또는 과실로 인한 위법한 행위로 타인에게 손해를 가한 경우	손해배상	

민법상의 숫자

조문	내용
141	취소권의 제척기간 : 추인할 수 있는 날로부터 3년, 법률행위를 한 날로부터 10년
162	지상권, 지역권, 전세권의 소멸시효기간 : 20년
204 205	점유물반환청구권의 제척기간 : 침탈을 당한 날로부터 1년 점유물방해제거청구권의 제척기간 : 방해가 종료한 날로부터 1년
242	경계선 부근의 건축 시 거리제한 : 경계로부터 반(0.5) 미터 이상 거리제한을 위반한 건물에 대한 변경·철거청구권의 행사기간 : 건축에 착수한 후 1년
243	차면시설의무 : 경계로부터 2미터 이내의 거리에서 창이나 마루를 설치하는 경우
244	우물이나 용수, 하수, 오물 등을 저치할 지하시설 : 경계로부터 2미터 저수지, 구거, 지하실 공사 : 그 깊이의 반 이상
245	취득시효기간 : 부동산의 점유취득시효 20년, 등기부취득시효 10년 / 동산 10년, 5년
253	유실물 습득 시 공고기간 : 6개월
254	매장물 발견 시 공고기간 : 1년
263~265	공유관계 : 지분처분은 각자, 공유물관리는 지분의 과반수, 공유물처분·변경은 전원 동의
266	공유자의 의무 지체 시 다른 공유자의 지분매수청구권 행사 : 1년 이상 지체한 때
268	공유물분할금지의 기간 : 5년 내
280	지상권의 최단존속기간 : 수목 30년, 견고한 건물 30년, 일반 건물 15년, 공작물 5년
283	지료연체 시 지상권소멸청구권 행사 : 2년 이상의 지료연체 시
312	전세권의 최장존속기간 : 10년, **최단존속기간** : 건물전세권의 경우에만 1년
312	건물전세권의 법정갱신 : 전세권설정자가 기간만료 전 6월부터 1월까지 갱신거절통지×
312의2	전세금증액청구의 제한 : 1/20, 1년
313	기간약정 없는 전세권의 소멸통고기간 : 상대방이 통고를 받은 날로부터 6월
360	저당권의 효력이 지연배상에 미치는 범위 : 원본의 이행기일을 경과한 후의 1년분에 한함
573	예약완결권의 제척기간 : 약정이 없으면 예약이 성립한 때로부터 10년 권리의 하자에 대한 담보책임의 제척기간 : 선의의 매수인은 안 날로부터 1년 악의의 매수인은 계약한 날로부터 1년
582	물건의 하자에 대한 담보책임의 제척기간 : 매수인이 하자를 안 날로부터 6월
591	환매기간 : 부동산은 5년, 동산은 3년을 넘지 못함
626, 617	임차인의 비용상환청구권의 제척기간 : 임대인이 목적물을 반환받은 날로부터 6월
635	기간약정 없는 임대차의 해지통고기간 : 임대인이 통고하면 6월, 임차인이 통고하면 1월
640, 641	차임연체와 해지 : 임차인의 차임연체액이 2기의 차임액에 달하면 임대인은 계약해지 가능
649	임차지상의 건물에 대한 법정저당권의 효력이 미치는 범위 : 최후 2년의 차임채권

조문	내용
주임법 4	**최단존속기간** : 기간의 정함이 없거나 2년 미만으로 정한 경우 2년
6, 6의2	**묵시적 갱신** : 임대인이 기간이 끝나기 6개월 전부터 2개월 전까지 갱신거절통지× 임차인이 기간이 끝나기 2개월 전까지 통지× 임차인이 2기의 차임액을 연체한 경우에는 묵시적 갱신× 묵시적 갱신 이후 존속기간은 2년 / 임차인은 언제든지 계약해지可 → 3개월 후 효력발생
6의3	**계약갱신요구** : 임대차기간이 끝나기 6개월 전부터 2개월 전까지 **갱신거절사유** : 임차인이 2기의 차임액에 이르도록 차임을 연체한 사실이 있는 경우
7	**차임·보증금의 일방적 증액의 제한** : 1/20, 1년
7의2	**월차임 전환 시 산정률의 제한** : 10% 또는 기준금리+2% 중 낮은 비율 초과 금지
8	**소액보증금** : 서울 1억6천5백(5천5백), 과밀 1억4천5백(4천8백), 광역 8천5백(2천8백), 　　기타 7천5백(2천5백) **최우선변제의 범위** : 주택과 대지의 환가대금의 1/2 범위 내　　　　　* 2023. 2. 21.~
8의2	**주택임대차위원회** : 위원장 1명을 포함한 9명 이상 15명 이하의 위원으로 구성
9	**주택임차권의 승계** : 2촌 이내의 친족 / 승계포기 : 임차인이 사망한 후 1개월 이내
상임법 2	**적용범위** : 서울 9억, 과밀 및 부산 6억9천, 광역(+세종 …) 5억4천, 기타 3억7천 이하
9	**최단존속기간** : 기간의 정함이 없거나 1년 미만으로 정한 경우 1년
10	**계약갱신요구** : 임대차기간이 만료되기 6개월 전부터 1개월 전까지 **갱신거절사유** : 임차인이 3기의 차임액에 달하도록 차임을 연체한 사실이 있는 경우
10	**묵시적 갱신** : 임대인이 기간이 끝나기 6개월 전부터 1개월 전까지 갱신거절통지× 묵시적 갱신 이후 존속기간은 1년 / 임차인은 언제든지 계약해지可 → 3개월 후 효력발생
10의4	**권리금회수기회 보호** : 임대차기간이 끝나기 6개월 전부터 종료 시까지 방해행위 금지 **계약체결거절 사유** : 임차건물을 1년 6개월 이상 영리목적으로 사용하지 않은 경우 **권리금회수방해로 인한 손해배상청구권의 소멸시효기간** : 임대차가 종료한 날부터 3년
10의8	**차임연체와 해지** : 임차인의 차임연체액이 3기의 차임액에 달하면 계약해지 가능
11	**차임·보증금의 일방적 증액의 제한** : 5/100, 1년
11의2	**폐업으로 인한 임차인의 해지권** : 임대인이 해지통고를 받은 날부터 3개월 후 효력발생
12	**월차임 전환 시 산정률의 제한** : 12% 또는 기준금리×4.5 중 낮은 비율 초과 금지
14	**소액** : 서울 6천5백(2천2백), 과밀 5천5백(1천9백), 광역 3천8백(1천3백), 기타 3천(1천) **최우선변제의 범위** : 상가건물과 대지의 환가대금의 1/2 범위 내
가등기담보법 3	**청산기간** : 실행통지가 채무자 등에게 도달한 날부터 2개월
11	**채무자의 양도담보권 말소청구권의 제척기간** : 채무의 변제기가 지난 때부터 10년
집합건물법	**공용부분의 변경** : 구분소유자 및 의결권의 2/3 이상. 단, 권리변동 있는 경우에는 4/5 이상 **공용부분의 관리** : 통상의 집회결의(과반수) / **공용부분의 보존** : 각 공유자 **규약의 설정·변경·폐지, 의무위반자에 대한 제재(사용금지, 경매, 계약해제)** : 3/4 이상 **서면·전자적 방법 합의** : 3/4 이상 / **재건축결의, 건물가격 1/2 초과 멸실 시 복구결의** : 4/5 이상

용익권의 존속기간

	지상권	전세권	임대차	주택임대차	상가임대차
최장	없음	10년	없음	없음	없음
최단	30, 15, 5년	건물만 1년	없음	2년	1년
약정이 없는 경우	30, 15, 5년	언제든지 소멸통고 6월 후 소멸	언제든지 해지통고 6월, 1월 후 종료	2년	1년
법정 갱신	없음	건물소유자 기간만료 전 6월~1월 사이 갱신거절통지×	기간만료 후 임차인 사용·수익 계속 + 임대인 상당한 기간 내에 이의×	임대인 기간만료 전 6월~2월 사이 갱신거절통지× 임차인 2월 전 통지×	임대인 기간만료 전 6월~1월 사이 갱신거절통지×
		동일 조건 기간은 정함× 당사자 언제든지 소멸통고 (6월)	동일 조건 기간은 정함× 당사자 언제든지 해지통고 (6월, 1월)	동일 조건 기간은 2년 임차인만 언제든지 해지통고 (3월)	동일 조건 기간은 1년 임차인만 언제든지 해지통고 (3월)
갱신 청구 (요구)	지상권자의 갱신청구권		토지임차인의 갱신청구권	임차인의 갱신요구권 기간만료 전 6월~2월 사이 1회 / 2년	임차인의 갱신요구권 기간만료 전 6월~1월 사이 보증금 제한× / 10년

~증감청구권의 증액 제한

	지상권 지료증감청구권	전세권 전세금증감청구권	임대차 차임증감청구권	주택임대차 차임 등 증감청구권	상가임대차 차임 등 증감청구권
제한	없음	1/20, 1년	없음	1/20, 1년	5/100, 1년

비용상환청구권

	조	내용
지상권자		명문의 규정은 없지만, 전세권자와 동일한 것으로 해석된다.
전세권자	310	전세권자는 소유자에게 필요비의 상환을 청구할 수 없다. 유익비는 소유자의 선택에 좇아 지출액 또는 증가액의 상환을 청구할 수 있다.
유치권자	325	유치권자는 소유자에게 필요비의 상환을 청구할 수 있다. 유익비는 소유자의 선택에 좇아 지출액 또는 증가액의 상환을 청구할 수 있다.
저당물의 제3취득자	367	저당물의 제3취득자가 저당물에 필요비 또는 유익비를 지출한 때에는 저당물의 경매대가에서 그 비용의 우선상환을 받을 수 있다.
환매 시 매수인	594	매수인이나 전득자는 매도인(=환매권자)에 대하여 제203조의 규정에 의하여 필요비 및 유익비의 상환을 청구할 수 있다.
임차인	626	임차인은 임대인에게 임차물에 지출한 필요비의 상환을 즉시 청구할 수 있다. 유익비는 임대차가 종료한 후에 지출액이나 증가액의 상환을 청구할 수 있다.
무단점유자	203	점유자는 회복자에게 물건을 반환할 때 필요비와 유익비의 상환을 청구할 수 있다. 단, 점유자가 과실을 취득한 경우에는 통상의 필요비는 청구할 수 없다.

지상권과 토지임차권의 비교

	지상권	토지임차권
권리의 성질	토지에 대한 직접적인 사용·수익권이다(물권).	임대인에 대한 사용·수익청구권이다(채권).
효력의 범위 (대항력)	절대적 효력을 가진다. 즉, 제3자에 대항할 수 있다.	상대적 효력밖에 없다. 단, 등기하면 제3자에게 대항할 수 있다.
사용대가	지료는 지상권의 요소가 아니다.	차임은 임대차의 요소이다.
양도성	양도가 절대적으로 보장된다. 양도금지특약은 무효이다.	양도·전대에 임대인의 동의를 요한다. 무단양도·전대는 금지된다.
존속기간	최단기간의 제한이 있다(30, 15, 5년). 약정이 없는 경우 지상물의 종류에 따라 최단존속기간으로 정해진다.	최장, 최단기간의 제한이 없다. 약정이 없는 경우 각 당사자가 언제든지 해지통고를 할 수 있다.
토지의 유지·수선	지상권자가 부담한다. 지상권자는 필요비상환청구권이 없다.	임대인이 부담한다. 임차인은 필요비상환청구권이 있다.

전세권과 임차권의 비교

구분	전세권	임차권
권리의 성질	물권	채권
대항력	제3자에 대한 효력(대항력)이 있음	제3자에 대한 효력(대항력)은 없음
목적물	부동산(토지, 건물), 농경지는 제외(303②)	물건(부동산, 동산 불문), 농경지도 가능
권리의 처분	임의로 양도, 담보제공, 전전세 가능(306)	임대인의 동의 없는 양도, 전대는 불가(629)
존속기간	최장기간 제한 : 10년(312①) 건물전세권 최단기간 제한 : 1년(312②)	최장기간, 최단기간 제한 없음 단, 주택이나 일정한 상가는 최단기간 제한
기간의 정함이 없는 경우	각 당사자 언제든지 소멸통고(313) 6월 경과 시 소멸	각 당사자 언제든지 해지통고(635) 부동산 6월, 1월, 동산 5일 경과 시 종료
묵시의 갱신 (법정갱신)	건물의 전세권설정자가 존속기간 만료 전 6월~1월 사이에 갱신거절 또는 조건변경 의 통지를 하지 않은 경우(312④)	기간만료 후 임차인이 임차물의 사용·수익 을 계속하는데 임대인이 상당한 기간 내에 이의를 하지 않은 경우(639)
갱신청구권 지상물매수청구권	명문의 규정은 없지만, 토지임차인의 권리 를 유추적용하여 인정(판례)	토지임차인 : 갱신청구권, 매수청구권(643) 토지전차인 : 임대청구권, 매수청구권(644)
부속물매수청구권	전세권설정자의 매수청구권(316①) 전세권자의 매수청구권(316②)	건물 기타 공작물 임차인(646) 건물 기타 공작물 전차인(647)
유지·수선의무	전세권자에게 수선의무 있음(309)	임대인에게 수선의무 있음(623)
비용상환청구권	유익비상환청구권만 있음(310)	필요비, 유익비상환청구권 모두 있음(626)
권리자의 파산	전세권자의 파산은 소멸사유 아님	임차인의 파산은 해지통고사유(637)
보증금·전세금의 충당	전세권이 소멸된 후 전세금으로 손해배상 에 충당할 수 있음(315)	임대차존속 중에도 연체차임채무를 보증금 에서 충당할 수 있음

취소와 해제의 비교

		취소	해제
공통점		단독행위, 형성권, 소급효	
차이점	대상	법률행위	계약
	사유	법정사유 / 원시적 사유	법정사유 또는 약정사유 / 후발적 사유
	효과	법률행위의 소급무효 선의 : 현존이익 반환 / 악의 : 전손해 반환	계약의 소급적 소멸 선의·악의 불문 원상회복
	기간	추인~3년, 법률행위~10년	정함이 없는 경우 10년

유치권과 동시이행항변권의 비교

		유치권	동시이행의 항변권
공통점		재판상 인정되는 경우 법원은 상환이행판결(원고일부승소판결)을 선고한다.	
차이점	발생	법률의 규정에 의해 발생한다.	쌍무계약을 체결하면 발생한다.
	성질	법정담보물권이다. 누구에 대해서나 주장할 수 있다(절대권).	쌍무계약상의 이행거절권능에 불과하다. 채무자에게만 행사할 수 있다(상대권).
	효력	물건의 인도를 거절한다. 채권을 전부 변제받을 때까지 행사할 수 있다. 불가분적이다. 다른 담보를 제공하고 소멸청구할 수 있다.	자기 채무의 이행을 거절한다. 상대방이 이행제공할 때까지 행사할 수 있다. 급부가 가분적이면 항변권도 가분적이다. 해당사항 없다.

민법상 일반 공유물 vs. 집합건물의 공용부분

		일반 공유물	집합건물의 공용부분
지분	비율	균등한 것으로 추정한다(262②).	전유부분의 면적비율에 의한다(12①).
	처분	처분이 자유롭다(263). 부동산의 경우 등기를 해야 한다.	전유부분과 분리하여 처분하지 못한다(13①②). 지분의 득실변경은 등기를 요하지 않는다(13③).
	탄력성	적용된다(267).	적용이 없다. 전유부분과 함께 국유가 된다.
공유물	처분변경	전원의 동의를 요한다(264).	처분 : 전원의 동의가 있더라도 전유부분과 　　　분리하여 처분할 수 없다. 변경 : 관리단집회의 결의로 정한다(15①).
	관리보존	관리 : 지분과반수로 정한다(265). 보존 : 각자가 할 수 있다(265).	관리 : 통상의 집회결의로써 정한다(16① 본문). 보존 : 각 공유자가 할 수 있다(16① 단서).
	사용수익부담	사용·수익 : 전부를 지분의 비율로 　　　　　　사용·수익한다(263). 부담 : 지분비율로 부담한다(266).	사용 : 각 공유자가 용도에 따라 사용한다(11). 수익 : 지분비율로 이익을 취득한다(17). 부담 : 지분비율로 의무를 부담한다(17).
	분할	분할이 자유롭다(268).	전원의 합의가 있더라도 분할하지 못한다.

소급효와 장래효

소급효가 있는 경우	소급효가 없는 경우
• 무권대리행위의 추인 • 무권리자의 처분행위에 대한 권리자의 추인 • 토지거래허가 • 법률행위의 취소 • 가등기에 기한 본등기 시 본등기의 순위 • 선의점유추정의 번복 • 취득시효에 의한 소유권취득 • 소멸시효에 의한 권리소멸 • 계약의 해제	• 무효행위의 추인 • 취소할 수 있는 법률행위의 추인 • 조건의 성취 • 기한의 도래 • 가등기에 기한 본등기 시 물권의 변동 • 무효등기의 유용 • 공유물의 분할 • 계약의 해지 • 예약완결권 행사에 의한 본계약 성립

추정과 간주

추정	간주
• 기한은 채무자의 이익을 위한 것으로 추정한다. • 전후 양시에 점유한 사실이 있는 때에는 그 점유는 계속한 것으로 추정한다. • 경계에 설치된 경계표, 담, 구거 등은 상린자의 공유로 추정한다. • 공유자의 지분은 균등한 것으로 추정한다. • 매매당사자의 의무이행에 대하여는 동일한 기한이 있는 것으로 추정한다. • 집합건물의 하자로 인하여 타인에게 손해를 가한 때에는 그 하자는 공용부분에 존재하는 것으로 추정한다.	• 대리인이 본인을 위한 것임을 표시하지 않은 경우 그 의사표시는 대리인 자기를 위한 것으로 본다. • 무권대리행위의 상대방의 최고에 대하여 본인이 상당한 기간 내에 확답을 발하지 아니한 때에는 추인을 거절한 것으로 본다. • 선의의 점유자라도 본권에 관한 소에 패소한 때는 그 소가 제기된 때부터 악의의 점유자로 본다.

소멸시효와 제척기간

구분		소멸시효	제척기간
의의		권리불행사라는 사실상태가 일정한 기간 동안 계속된 경우에 권리소멸의 효과를 부여하는 제도	어떤 권리에 대하여 법률이 미리 정하고 있는 그 권리의 존속기간
예		채권 : 10년, 5년, 3년, 1년 물권 : 지상권, 지역권, 전세권 20년	취소권(3년, 10년), 예약완결권(10년) 환매권(5년, 3년), 점유회수청구권(1년)
차이점	소멸시기	기산일에 소급하여 권리 소멸	기간이 경과한 때로부터 권리 소멸
	중단 여부	권리의 행사가 있으면 중단	없음
	소송상 주장의 요부	당사자가 소멸시효의 완성사실을 주장한 때에만 재판에 고려된다.	당사자가 주장하지 않아도 법원이 당연히 고려해야 하는 직권조사사항이다.
	포기	소멸시효의 이익은 포기할 수 있다.	인정되지 않는다.
	단축, 경감	법률행위로 단축 또는 경감할 수 있다.	단축할 수 없다.

권리의 의의 및 종류

권리의 의의		권리란 일정한 이익을 누릴 수 있도록 법에 의하여 주어진 힘을 말한다(權利法力說).
내용에 따른 분류	재산권	재산권은 그 내용인 이익이 경제적 가치를 가지며, 일반적으로 거래의 목적으로 될 수 있다. 재산권의 대표적인 예로 물권과 채권이 있다. • 물권(物權) : 특정한 물건을 직접적이고 배타적으로 지배할 수 있는 권리이다. 가령 소유권, 전세권, 저당권 등이 그 예이다. • 채권(債權) : 특정인(채권자)이 다른 특정인(채무자)에게 일정한 행위(급부)를 청구할 수 있는 권리이다. 가령 매매계약에 있어서 매도인의 대금지급청구권이나 매수인의 소유권이전청구권 등이 그 예이다.
	비재산권	인격권, 가족권 등 그 내용인 이익이 비재산적인 권리를 말한다.
작용(효력)에 따른 분류	지배권	권리의 객체를 직접 지배할 수 있는 권리이다. 직접 지배한다 함은 권리의 내용인 이익을 실현하기 위하여 타인의 행위를 요하지 않는다는 의미이며, 이 점에서 청구권과 구별된다. 물권이 대표적인 지배권이다.
	청구권	특정인이 다른 특정인에 대하여 일정한 행위를 할 것을 청구할 수 있는 권리이다. 채권이 전형적인 청구권이다.
	항변권	상대방의 청구권 행사에 대하여 그 이행을 거절할 수 있는 권리이다. 동시이행의 항변권이 그 예이다.
	형성권	권리자의 일방적 의사표시에 의해 법률관계의 변동을 일어나게 하는 권리이다. 그 예로는 취소권, 해제권, 추인권, 환매권, 예약완결권 등이 있다.
효력이 미치는 범위에 따른 분류	절대권	권리행사에 있어서 특정의 상대방이 없고 누구에 대해서나 주장할 수 있는 권리이다. 대세권(對世權)이라고도 한다. 물권이 그러하다.
	상대권	특정인에 대해서만 주장할 수 있는 권리이다. 대인권(對人權)이라고도 한다. 채권이 그러하다.

선의(善意)와 악의(惡意)

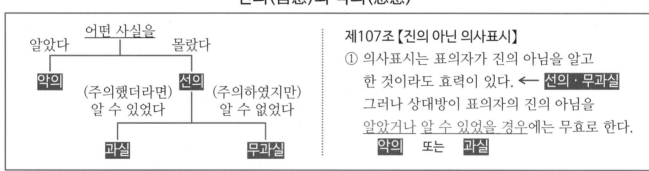

제107조【진의 아닌 의사표시】
① 의사표시는 표의자가 진의 아님을 알고 한 것이라도 효력이 있다. ← 선의·무과실
그러나 상대방이 표의자의 진의 아님을 알았거나 알 수 있었을 경우에는 무효로 한다.
악의 또는 과실

채권자대위권(404)

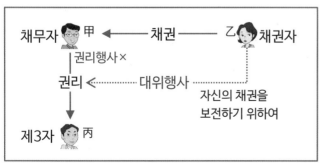

채권자취소권(=사해행위취소권)(406)

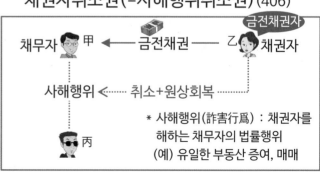

* 사해행위(詐害行爲) : 채권자를 해하는 채무자의 법률행위
(예) 유일한 부동산 증여, 매매

입증책임

효과를 주장하는 자가 요건을 입증해야 한다.

조문	요건	효과
103	법률행위의 내용이 선량한 풍속 기타 사회질서에 위반되면	그 법률행위는 무효이다.
104	법률행위가 당사자의 궁박, 경솔, 무경험으로 인하여 현저하게 공정을 잃으면	그 법률행위는 무효이다.
107	의사표시가 표의자의 진의 아님을 상대방이 알았거나 알 수 있었을 경우에는	그 의사표시는 무효이다.
108	상대방과 통정하여 허위로 한 의사표시는	무효이다.
109	의사표시가 법률행위의 내용의 중요부분에 착오가 있는 때에는	그 의사표시는 취소할 수 있다.
	그 착오가 표의자의 중대한 과실로 인한 때에는	취소하지 못한다.
110	제3자의 사기·강박에서 상대방이 그 사실을 알았거나 알 수 있었을 경우에는	그 의사표시는 취소할 수 있다.
111	의사표시가 상대방에게 도달하면	그 효력이 생긴다.
135	대리인에게 대리권이 없음을 상대방이 알았거나 알 수 있었을 경우에는	대리인은 무권대리인으로서의 책임을 지지 않는다.
147	법률행위에 정지조건이 붙어 있으면	법률행위의 효력이 발생하지 않는다.
	정지조건이 성취되면	법률행위의 효력이 발생한다.
750	고의 또는 과실로 인한 위법행위로 타인에게 손해를 가하면	그 손해를 배상할 책임이 있다.

입증책임에 관한 기출지문

비진의표시	상대방이 표의자의 진의 아님을 알았다는 것은 무효를 주장하는 자가 증명하여야 한다. [25회] ○
착오	표의자의 중대한 과실은 법률행위의 효력을 부인하는 자가 증명하여야 한다. [19회] × 표의자의 중대한 과실 유무는 착오에 의한 의사표시의 효력을 부인하는 자가 증명하여야 한다. [26회] ×
정지조건	정지조건부 법률행위에서는 권리취득을 부정하는 자가 조건의 불성취를 증명할 책임이 있다. [17회] ×
자주점유	점유자는 스스로 자주점유임을 증명하여야 한다. [17회] × 시효취득을 주장하는 점유자는 자주점유를 증명할 책임이 없다. [22회] ○ 시효취득을 주장하는 점유자는 자주점유를 증명할 책임이 있다. [23회] × A는 B의 X토지를 매수하여 1992.2.2.부터 등기 없이 2014년 현재까지 점유하고 있다. A가 매매를 원인으로 하여 점유를 개시하였음을 증명하지 못하면, 그의 점유는 타주점유로 본다. [25회] ×

제36회 공인중개사 시험대비 **전면개정판**

2025 박문각 공인중개사 서석진 그림민법

초판인쇄 | 2024. 12. 5.　**초판발행** | 2024. 12. 10.　**편저** | 서석진 편저

발행인 | 박 용　**발행처** | (주)박문각출판　**등록** | 2015년 4월 29일 제2019-000137호

주소 | 06654 서울시 서초구 효령로 283 서경 B/D 4층　**팩스** | (02)584-2927

전화 | 교재 주문 (02)6466-7202, 동영상문의 (02)6466-7201

저자와의
협의하에
인지생략

정가 18,000원
ISBN 979-11-7262-386-9